本书系教育部福建师范大学基础教育课程研究中心

2023年度开放课题"大单元视角下的思辨性阅读与表达研究"

（项目编号：KCA2023109）研究成果

走向有魅力的读写课堂

——核心素养视域下以读促写案例设计与指导

黄淑梅 著

海峡出版发行集团 | 福建教育出版社

图书在版编目（CIP）数据

走向有魅力的读写课堂：核心素养视域下以读促写案例设计与指导/黄淑梅著. —福州：福建教育出版社，2024.5
ISBN 978-7-5334-9952-5

Ⅰ.①走… Ⅱ.①黄… Ⅲ.①小学语文课－课堂教学－教学设计－研究 Ⅳ.①G623.202

中国国家版本馆 CIP 数据核字（2024）第 080114 号

Zouxiang You Meili De Duxie Ketang

走向有魅力的读写课堂
——核心素养视域下以读促写案例设计与指导

黄淑梅 著

出版发行	福建教育出版社
	（福州市梦山路27号　邮编：350025　网址：www.fep.com.cn）
	编辑部电话：0591-83726971
	发行部电话：0591-83721876　87115073　010-62024258）
出 版 人	江金辉
印　　刷	福州万紫千红印刷有限公司
	（福州市闽侯县南屿镇高岐村安里6号　邮编：350109）
开　　本	710毫米×1000毫米　1/16
印　　张	17.25
字　　数	238千字
插　　页	3
版　　次	2024年5月第1版　2024年5月第1次印刷
书　　号	ISBN 978-7-5334-9952-5
定　　价	48.00元

如发现本书印装质量问题，请向本社出版科（电话：0591-83726019）调换。

序

读写一体，指向深度阅读与写作价值的开发

阅读最主要的目的就是破解作者表达情感、思想的写作奥秘。"鲁迅提出的'应该怎样写''不应该那么写''应该这么写'是从创作角度、创作过程谈艺术奥秘的揭示的，所介绍的惠列赛耶夫的未定稿揭示、发现法，简直就是创作过程的回放。这就告诉我们文本解读的一个极重要乃至最重要的方向：解读就是解'写'，或者说，解'写'就是文本解读中揭'秘'、解'密'的最重要的任务。"而"解写"的主要目的就是寻绎表达的智慧，这也是关注价值思维的教学。"价值思维是一种以人为尺度的，在具体社会生活实践中全面把握主客体关系，确定自我的行为、情感和思想，建构思想的思维方式。"满足学生破解教材的写作价值，让学生获得借鉴，通过实践转化掌握未来。教学中，教师在教材写作价值开发上作了许多有益的探索，但还存在一些问题，主要表现有下面三个。

一是超越性开发。主要表现为超越文体特征与学生年龄特征，以致开发的"写作价值"失去意义。比如有教师在学生学习《四季之美》一文后，就让学生写一篇具有真情实感的《家乡之美》，因为教材是散文诗，写家乡之美的文章要有具体景物特征，或者景物与任务活动融合成一个场景，才能生动具体地表达情感。而在实践中，仿课文写家乡的春天之美，文章往往就语言华丽描写雷同，家乡之美无法真实具体呈现，情感更是空洞苍白。如果仅仿写课文中30字左右的一段话，让学生学会写景抒情，这样的写作价值的学习才有意义。

二是草率性开发。表现为写作任务简单或模糊，学生茫然随意写作，

以致胡乱作文，教师也不做评价矫正，导致写作质量低下。比如学了萧红的《回忆鲁迅先生》，就让学生写《回忆（父亲或教师或同学……）》，没有指导学生学习课文的动作、语言、神态、个性描写的技法与情感暗线贯穿的艺术，学生只会无主线地罗列几个故事，文章无法展现鲜活的形象，也无法体现文章的逻辑与要表达的思想，这样的仿写就不具写作价值。也正因教师没有挖掘教材的艺术价值，无法知道应该让学生获得何种写作价值，也就无法矫正与评价学生的作文。教师这样草率性开发，学生无法获得写作能力的提升。

三是偏移性开发。主要表现有二。一是忽视教材最重要的技法，比如学习《父爱之舟》，忽视了文章最主要的技法是物象衬托。作者"父亲送我离开家乡去报考学校和上学，总是要借用姑爹那只小渔船。他同姑爹一起摇船送我""我唯一的法宝就是考试，从未落过榜。我又要去报考无锡师范了。为了节省路费，父亲又向姑爹借了他家的小渔船，同姑爹两人摇船送我到无锡。我又见到了姑爹那只小渔船""老天不负苦心人，他的儿子考取了。送我去入学的时候，依旧是那只小船，依旧是姑爹和父亲轮换摇船"，文章三次出现小船，小船成为一条带动情节推进的线索。不仅让文章相互照应，结构严谨，更是暗含爱的摆渡，让读者有沉甸甸的审美感受。二是忽视文章的写作艺术思维，只是注重语言的学习与借鉴等。比如学习《巨人的花园》，学生只是记住诸如"花和人都会遇到各种各样的不幸，但是生命是无止境的，唤来寒冬的，是我那颗任性、冷酷的心啊！要不是你提醒，春天将永远被我赶走了。谢谢你！"这样引人深思的句子，并用在作文上，这是有一定写作意义的；但这篇文章最重要的写作手法是想象。如果不学习这最主要的手法，就违背教材四年级第八单元提出的"奇妙的童话，点燃缤纷的焰火，照亮了我们五彩的梦"的学习童话的单元目标，忽视了教材和本单元要掌握的语文要素。

教师这样错误开发写作价值，导致教材价值的流失，也导致开发价值的无效与低效，甚至加重学习负担。教材的写作价值，直接影响学生未来发展，教学中，教师当重视写作价值的开发，探讨优质高效而深受学生欢迎的写作价值开发策略。

值得提醒的是，读写一体化是写作中价值开发背景下的深度学习。

过去谈语文课程内容时，把阅读、写作、口语交际、综合实践活动分开表述，新课程标准则将之概括为三类：阅读与鉴赏、表达与交流、梳理与探究。这三类活动不是三个领域，而是糅合在一起的三种学习内容，涵盖了学生在语文学习中的所有行为——阅读时伴随鉴赏，阅读和鉴赏形成成果输出，就是表达和交流，梳理、探究是更有深度的阅读和鉴赏，伴随着新的发现、理解，直至形成观点、看法，观点、看法、主张还是要依赖表达，形成分享、交流、讨论，写作就已经包含在其中。也就是说，在"双新"教学中，由于不再把阅读和写作分开，任何一个学习任务或任务组合中，读写永远是一体的、共生的，互相成就的。

2020年春夏，黄淑梅老师以"统编教材背景下小语高段以读促写教学策略探究"获得福建省教育科学"十三五"规划2020年度课题。她还在主持教育部福建师范大学基础教育课程研究中心2023年度开放课题"大单元视角下的思辨性阅读与表达研究"，她不辍探索取得了可喜的成绩。她实践的"读写一体化"避免了超越性、草率性、偏移性的读写结合错误，体现三大特点。

第一，丰富性。

王荣生教授指出，我国中小学的写作课缺乏聚焦特点的学习元素的过程化写作指导。温儒敏教授曾对语文课堂程式化教学的乱象给予严厉批评："课型也是没有变化，没有节奏。老是那一套……"关于读写结合点与以读促写的多元化的话题，已经有研究者认为，应指导学生在文本学习中积累写作素材和学习掌握文本的写作方法与技巧，进而通过文本学习培养学生的联想与想象能力，做到读中有写，以读促写。黄淑梅老师引导学生从阅读文本中最大限度地挖掘规范的写作理论知识与实践技能，充分发挥阅读文本的写作示范作用，训练学生将文本阅读中可借鉴的知识运用于自己的作文写作中，实现阅读与写作教学一体化，提高阅读与写作教学的实效。

第二，实践性。

黄淑梅老师认为要先明确写作的目标与写作需要的方向，然后确立阅读文本与写作表达之间有怎样的共用知识点，如文本的素材选择、语言特色、写作背景、心理机制等都可以纳入读写结合点的范畴。最后再结合教师教授水平、文本解读能力、学生实际需求与"最近发展区"等因素，实事求是地选择读写结合点。实践中读写结合应更为灵活多元，读写互相成全，互相辅助，在各自的序列体系中，在微观的某些阶段或教学中的某些环节中实现二者的巧妙结合。

第三，开拓性。

在信息化强烈冲击的时代背景下，阅读的文本形式与类型体现出前所未有的极其丰富与多元的局面。黄淑梅老师认为那些连续性文本、非连续性文本及混合文本，那些博客、网站、论坛等电子媒介的加入，使得信息高速路上的阅读写作资源与挑战无限加入与发生，使得传统的阅读与写作面临跨学科等多样化的拓展与变化。

何处是归程，长亭更短亭，黄淑梅老师有炽热的教育情怀，经过不倦地探索，教研之路将越走越宽广。

是为序。

石修银于进德楼 501

（石修银，教授，特级教师，福建教育学院基础教育课程教材研究中心主任）

自 序

1992年，我师范毕业，背着梦想的行囊，成为闽北山区一名乡村教师。从小受当小学教师的母亲影响，我深爱着三尺讲台，觉得语文课堂是那样神圣，那样有魅力。我像一株野百合，紧随教育教研的脉搏，向下扎根向上生长，努力拓展我心中的教育的深度、高度和宽度。

以读促写是我作为一名一线语文教师的毕生的探寻。在三十多年来对理想语文课堂的追求中，我大致经历了以读促写教学实践与思考的三重阶段。

第一阶段是以读促写的前早期。

"阅书百纸尽，落笔四座惊。"我大力推崇课内与课外阅读实践，不断琢磨课堂的教学品质与学生成长。其中1995年《记一次竞赛活动》获福建省小学语文教师范文写作比赛三等奖，1998年执教续写作文《上学路上》参加南平市习作指导课现场教学获得一等奖，2000年撰写教师下水文《奥运畅想》获得全国三等奖。业余写教学随笔发表在不同刊物上。读读写写是我带着学生沉浸于此的日常。但我深知，追梦路上，要修远、登高，才能看到更亮丽的风景线。

第二阶段是以读促写的探索期。

2010年到2015年，一直追求平实教学风格的我有机会参与了两个省级阅读主题的课题研究，"小学语文原生态阅读模式研究"和"小学语文本色阅读模式研究"。之后我还继续参与了各级课题研究实践，"加强语文实践，提高语文教学质量"课题、"构建小学开放性习作教学的新体系"课题、"口语交际有效教学模式探究与实践"课题。其中，我有幸再次执教习作《记一次体验》在福建省小学新课程教学观摩研讨活动中获得一等奖。我也对"阅读"与"习作"教学实践有进一步的实实在在的思考与探索。撰写教学论文《让习作与绘画同构共生——我的"作文如画画"教学尝试》发表于2013年4月《小学教学研究》，《中年级阅读教学与口语交际同构共生探究》发表于2014年11月《福建教育学报》，《小学语文综合性学习资源开发与利用——以综合性活动"水果餐与语文餐"为例》发表于2015年12月《福建教育学报》。这些都是我探索阅读与写作的结合点的有益尝试。

第三阶段是以读促写的成熟期。

2016年后，经历了多年的小学语文以读促写的教学实践与思考，我更加执着地思考着能够通过课题研究系统地进一步学习探索与实践提升。我常常与一群志同道合的来自大学、中学、小学、不同学段不同学校甚至不同地域的老师们热烈地交流讨论。如福建师范大学文学院博士生导师周云龙教授，福建师范大学附属中学初中部徐丽华、缪媛媛老师等。2020年春夏，我以"统编教材背景下小语高段以读促写教学策略探究"为题向省教育科学规划办做了申请，获得福建省教育科学"十三五"规划2020年度课题。幸运的是课题活动始终得到福建教育学院石修银老师、闽江师专郭晓莹教授二位专家的支持与引导，他们多次莅临课题组进行指导。课题如期进行并于 2022 年 8 月顺利结题。其间在省普教室黄国才老师的指导下，我有幸执教六年级下册《以读促写，让真情自然流露》在 2021 年省级"初小衔接"主题现场教学活动作了展示。这堂课关注衔接，建构"导学领航唤醒情感、赏读名篇揣摩情味、向读学写学以致用、分享小结学有所获"以读促写初小衔接教学模式。此课通过现场观摩与网络同步直播，把研究成果辐射到了全市全省乃至省外。我撰写了两篇读写教学论文，其中《关注情景交融，引导向读学写》发表于 2020 年 9 月《福建基础教育研究》，《多维拓展阅读，以读促写提升语文素养》发表于 2021 年 11 月《福建教育学院学报》。

我深知，自己还需要继续努力耕耘，使自己成为科研型、学者型的教师。在实践中不断调整、丰富和完善教学经验，需要与外界进行信息交流，学习借鉴各种富有时代性的教育思想和教学改革模式，利于自己课堂品质的提高。从实践到反思再到实践，如此循环往复、螺旋式上升。这期间，我幸运地参加了教育部 2018 国培计划中小学一线优秀教师教研员研修项目培训，参加了 2023 年国培计划培训者研修项目思政教师培训，多年来参加福建省教育学院卢永霞小学语文名师工作室学习，收获良多。培训带给我理念、思维等的转变，如专业加油站，似东风一般，线上线下跨空间研修，跨时长研修，多维研修，与名师相遇，与理念相遇，与教研科研相遇……

《义务教育语文课程标准（2022 年版）》引导我们对以读促写进行新的探索。发展型学习任务群之"实用性阅读与交流""文学阅读与创意表达""思辨性阅读与表达"都对阅读与写作的结合点提出了思考。"思辨性阅读与表达"任务群，作为侧重培养学生理性思维和理性精神的课程内容，第一次整体集中出现在国家义务教育语文课程标准架构中，是 2022 年版课标修订的创新点之一。在语文学习过程中，通过语言文字，触摸思维本质，提高学生的思辨能力，是提升语文课程核心素养的重要途径。

2023 年 5 月，我与一直致力于"以读促写"的小伙伴们一起继续前行，申请的教育部福建师范大学基础教育课程研究中心2023年度开放课题"大单元视角下思辨性阅读与表达的实践与研究"课题获得立项并正式开启了研讨与实践探究。课题得到福建师范大学程明喜教授、福建师范大学文学院副教授于英丽老师、闽江学院卢翠琬教授三位专家的悉心指导。我组织团队成员创编"开启观察之旅，探寻写作密码"大单元作业设计获得2023年福建省义务教育阶段优秀作业设计，撰写《思辨性阅读教学之劣构问题情境探索》2024年3月发表于《福建基础教育研究》……

  陶行知说："捧着一颗心来，不带半根草去。"在南京师范大学随园校区学习期间，我望着三十余年前就熟记恪守的教育格言，满怀敬意地在教育家陶行知的塑像前留影。孔子曰："学而不已，阖棺而止。"人生有限，唯有学习，方可行远。生命应该更丰盈，更有厚度。我将继续怀揣教育梦想，肩负教育使命，行走在学习的路上，做一名幸福的教育追梦人！

目 录

第一章　小学语文以读促写内涵探索 …………………………… 1
　　第一节　小学语文以读促写历史沿革/1
　　第二节　小学语文以读促写再认识/3
　　第三节　课程实践变革与以读促写/5

第二章　小学语文以读促写价值追求 …………………………… 9
　　第一节　培养文化自信/9
　　第二节　引导语言运用/13
　　第三节　提升思维品质/18
　　第四节　培养审美情趣/24

第三章　基于以读促写的教学实施 …………………………… 37
　　第一节　前置性教学策略/37
　　第二节　教学策略探究/53
　　第三节　教学过程的展开/69
　　第四节　教学方法的选择/73
　　第五节　教学空间的拓展/80

第四章　基于以读促写的教学设计 …………………… 90

  第一节　感悟动静结合的写作手法/90

  第二节　关注情景交融，引导向读学写/97

  第三节　让真情自然流露/103

  第四节　打开以读促写创意之窗/109

第五章　大单元视角下以读促写习作指导与作业设计 …… 119

  第一节　统编教材习作指导设计/119

  第二节　单元统整视域下读写作业设计/131

  第三节　跨学科视域与读写长程作业/145

第六章　思辨性阅读与以读促写 …………………………… 156

  第一节　思辨性阅读与课堂教学中的表意/156

  第二节　多维度拓展阅读与以读促写/163

  第三节　思维导图与创意写作/170

  第四节　思辨性阅读与问题设计/175

第七章　新课程标准视域下以读促写教学案例 …………… 183

  第一节　在书本中学观察——以《学写观察日记》为例/183

  第二节　学诗歌，写诗歌，写生活——以《绿》为例/187

  第三节　体会场景、细节中的情感——以《慈母情深》为例/192

  第四节　在关键句段中感悟表意方法——以《匆匆》为例/199

附录 …………………………………………………………… 207

  一、关于核心素养背景下小学高段语文以读促写的教学行动研究问卷调查与思考/207

二、以读促写随文练笔一览表/212

三、培训心得/247

四、随笔/256

参考文献 ……………………………………………………… 261

第一章　小学语文以读促写内涵探索

第一节　小学语文以读促写历史沿革

一、古代："阅书百纸尽，落笔四座惊"

阅读与写作向来是组成语文教学的两大部分。"阅书百纸尽，落笔四座惊"，早在我国唐代，诗人杜甫就提出以读促写的重要经验。

在古人的认知中，阅读与写作的学习是有先后的。孩童初学时期是先进行集中识字，通过大量的阅读积累语言感觉，主要写作学习内容也仅仅是进行对对子之类的学习经验与实践积累，了解与掌握基本的押韵对仗知识。然后再进行大量的文本经典阅读，即各样的经史子集，获得信息，借助书籍中的各种思想，帮助自我形成观点，以形成"修身、齐家、平天下"的儒家传统价值观。最后才是主攻写作的学习，作文学习有着独立的学习内容与学习方式。比如元朝程端礼先生在《读书日程》（也作《程氏家塾读书分年日程》）中主张先学习写作基本的叙事和议论，并提出"后生学文，先能展开滂沛，后欲收敛简古甚易。若一下便学简古，后欲展开作大篇，难矣"[1]。写作学习初期，应该先学习展开铺陈习作的方法，第二步再学习如何收束、简洁、凝练。[2]

---

[1]　程端礼. 程氏家塾读书分年日程［M］. 合肥：黄山书社，1992.
[2]　李丽华. 我国传统语文读写结合演变与反思［J］. 河北师范大学学报（教育科学版），2023（11）.

古代研究者认为，阅读中获取的信息是可以转化为写作的素材。欲要写作，首先必须阅读有用的文章，从中搜集关于学术、国家政治大事、伦理品德等方面的资料，这样才能有作文的材料与丰富的知识储备，为作文准备观点和素材。因此读经史、学习各类的散文、楚辞等，就是学习各类文体的写作体式特征，学习这些文章的结构谋篇和语言风格等种种写作知识。程端礼先生认为，阅读就是为作文办"事料"。[1] 这里的"事料"就包含以上写作的素材。

二、近代至现代："使受教育的人明中探讨"

"读书破万卷，下笔如有神。"事实是否如此？近代以来，西方教育思想思潮在国内有一定的传播与冲击，也缘于分科教学模式的发展，读写结合的观念与做法有了新的变化。从之前认为先阅读再写作的观念，转变为强调要从写作知识的角度来前置性地培养学生的习作能力。"因为教育的本旨就在使受教育的人明中探讨，如果暗中摸索就可以，也就无需乎什么教育了。"[2] 研究者们可能认为，若只是寄希望于盲目的多读多写，花费了大量时间精力，却可能收效甚微，应该追求研究所读文章的结构与表达方式，继而将所学知识应用于实际的写作之中。叶圣陶先生认为具体的阅读过程应该是"第一步还在透彻了解整篇文章，没有一点含糊，没有一点误会。这一步做到了，然后再进一步，体会作者意念发展的途径及其辛苦经营的功力"[3]。此处的"功力"，指的就是文章的形式，布局谋篇的写作技法等。

三、当今时代："写作是阅读的最终目的"

20世纪80年代，中小学语文课程在教学实践和教材编写方面，依然

---

[1] 程端礼. 程氏家塾读书分年日程 [M]. 合肥：黄山书社，1992.
[2] 叶圣陶. 叶圣陶语文教育论集 [M]. 北京：教育科学出版社，2015.
[3] 叶圣陶. 叶圣陶语文教育论集 [M]. 北京：教育科学出版社，2015.

沿用以读促写的读写结合传统理念，如丁有宽老师的读写结合教学改革实验，明确系统地确定各读写结合点，读写结合形成了完整有序的体系。丁老师用了近三十年的时间进行了"读写结合"研究，形成了独有的读写结合导练教学新体系和"读写结合教学法"，亦给了今天的以读促写教学很大借鉴。

美国教育心理学家桑代克认为，读和写这两种学习中存在相同要素时，会发生迁移。我国叶圣陶先生在《论写作教学》中说："阅读与写作，吸收和表达，一个是进，从外到内，一个是出，从内到外，当然与吸收有密切的关系"。朱作仁教授在其著述的《阅读心理》中，曾把阅读定义为"一种从书面言语中获得意义的心理过程"。并指出这种意义，不但指阅读材料内说的"是什么"，对于学生来说，更重要的是作者是"如何表达"。潘新和教授提出从写作本位的角度，可以表述为"写作是阅读的最终目的"，写作可以促进阅读。"从广义上说，阅读知识是一个过程或手段，写作、言语创造、言语生命的自我实现才是语文教育的终极目的"[①]。

第二节 小学语文以读促写再认识

一、读写结合点的多元化再探索

传统读写一直有着明确的紧密结合点，但是似乎显得过于单一和狭窄。比如阅读文章的中心思想主旨内涵对应着写作表达的立意确立，阅读文章的段落划分和结构梳理对应写作表达的提纲模拟，阅读文章的语言鉴赏对应写作表达的语言表现力，等等。这样排列的读写结合，十分严谨也显得苛刻，在一定程度上的确发挥了作用，容易立竿见影，但也容易急功近利，从而可能走向另外一种狭隘的趋向。其实有许多文学文本并不一定有刻意的主题，如果一定要为其贴标签，就容易失去文学本身的丰富性。

---

① 潘新和. 语文教学的新范式：写作本位——走向以写促读，以写代读，写读互动 [J]. 语文教学通讯，2011（9）.

无论是教师还是学生，如果急着发掘那些所谓的"杠杠条条"，而直接省略了文章本身带来的情感体验、隐含信息与背后的思想，忽略了文章的整体理解和语言特色的体味，就容易缺失阅读本身带来的语感，从根本上影响到阅读的深度，从而不利于学生阅读素养的形成。读写结合的教学方式，应该是要让学生的手、眼、耳等多感官参与到语文课堂来，在读中感受精彩，在写中感受内涵，在读写结合中感受语文语言之美。"写"是阅读更高层次的感知和理解，是一种意思的表达，是一种情感的沟通和交流。①

二、以读促写未来发展的趋向

(一)打开一切感知的渠道

吕叔湘先生说："作文要针对自己的对象和目的，不能一味模仿。人家怎么写，我也怎么写，就变成生搬硬套。"② 读写结合的常见实践形式是进行仿写的学习活动。内容是文章的重要组成部分，学生需要在习作伊始被激发与打开心灵，需要有创作的冲动与欲望，有分享与表达的欲望，这才是真正的读与写的结合点。阅读理解时，学生心理一般要经历从期待，到冲突，到扬弃，最后相融合的过程。经验与新知的视域冲突是理解的过程，冲突后的视域融合是理解的结果。③ 读不仅仅局限于纸质书本内容，更要有大的"读"的认知，即"世事洞明皆学问，人情练达即文章"。创作者即学生需要打开自己的一切感知的渠道，阅读书籍，阅读人生，用耳聆听万物之声，社会之声，"风声雨声读书声声声入耳，家事国事天下事事事关心"。这样的一种生命生活状态才是良好的生态的阅读装填。这就需要学生在写作中具有良好的思想水平，在写作技巧、方法之外，需要通

---

① 陈燕菊. 读写结合让语文课堂更精彩 [J]. 教育，2020 (2)
② 吕叔湘. 谈读写 [A] // 张定远. 作文教学论集 [C]. 天津：新蕾出版社，1982.
③ 张宁. 阅读冲突的建立与渐隐：提升学生思维能力 [J]. 语文建设，2023 (1).

过阅读提高学生的思想认识。阅读是间接获取积累已有文化知识，从阅读中可以经历和认识感受自己未曾经历和不能直接体验的世界，并在日积月累中内化为自己的阅历、情感价值观和认知，进而表现在自己的写作中。仿写不应仅单一停留在写作技法上，而是也包括在写作素材的视野拓展上，思想情感的丰富和沉淀上。

（二）以读促写应多样化拓展

王荣生教授指出，我国中小学的写作课缺乏聚焦特点的学习元素的过程化写作指导。温儒敏教授曾对语文课堂教学程式化的乱象给予严厉批评："课型也是没有变化，没有节奏。老是那一套……"关于读写结合点与以读促写的多元化的话题，已经有研究者认为，应指导学生在文本学习中积累写作素材和学习掌握文本的写作方法与技巧，进而通过文本学习培养学生的联想与想象能力，做到读中有写，以读促写。引导学生从阅读文本中最大限度地挖掘规范的读写作理论知识与实践技能，充分发挥阅读文本的写作示范作用，训练学生将文本阅读中可借鉴的知识运用于自己的作文写作中，实现阅读与写作教学一体化，提高阅读与写作教学的实效。

在信息化强烈冲击的现时代背景下，阅读的文本形式与类型体现出前所未有的极其丰富与多元的局面。那些连续性文本、非连续性文本及混合文本，那些博客、网站、论坛等电子媒介的加入，使得信息高速路上的阅读写作资源与挑战无限加入与发生，使得传统的阅读与写作面临跨学科等多样化的拓展与变化。

第三节　课程实践变革与以读促写

一、课程实践变革

小学语文课堂实践变革需要理论引领，更需要行动实践研究。只有将以读促写的研究活动变成自觉自发的教学行为，只有不断更新自己的教学理念，只有不断与新的教育思想相互碰撞，以及在反思中逐步改进相关教学行为，以读促写才能真正良性发展。改进这一教学行为的核心与关键是，教师学会站在学生现有的思维水平起点思考学习的导入点，触动学生阅读与写作活动关联的发动力量开关。教师还应该信赖学生的自主实践能力与创作能力，在阅读实践中切实解决学生真实生发出来的难题或困境，循序渐进地促进学生独立思考解决表达的难题。

因为语文课堂的变革是一个开放动态的体系，所以在教学实践中，教师需要根据语文学科语言性与实践性的特点和学科的内容特点进行调整和完善，而不能拘泥于某一种固定的形式，渐成思维的固化。专业成长的关键就是善于反思。在语文课堂变革中，教师应以改进学习目标，构建阅读与写作路径的结合为重要的思考点，以学生为中心进行情境化、任务化的课堂活动设计。

《义务教育语文课程标准（2022年版）》（以下简称"新课程标准"）中关于对表达与写作的提示，有非常具体的阐述。发展型学习任务群之"实用性阅读与交流"任务群指出："根据具体交际情境和交流对象，清楚得体表达，有效传递信息，满足家庭生活、学校生活、社会生活交流沟通需要。""引导学生关注社会，表达和交流自己在生活中的发现和感受。"在"文学阅读与创意表达"任务群指出："观察、感受自然与社会，表达自己独特的体验与思考，尝试创作文学作品。"其中在第三学段"学习运用细节描写等文学表现手法，描述自己成长中的故事"。第四学段"引导学生成长为主动的阅读者、积极的分享者和有创意的表达者"。第三、第四学段"侧重考察学生对语言、形象、情感、主题的领悟程度和体验，评价学生文学作品的欣赏水平，关注研讨、交流以及创意表达能力"。

根据新课程标准对习作教学目标的解读，习作教学目标的达成离不开阅读，写作素材也好，写作手法也罢，都应首先立足于文本的阅读理解。高效的课内阅读，能为学生提供写作的范本，能提供遣词造句的丰厚的语言文字，能给予构思与布局谋篇的启发与借鉴。我们应在课堂阅读的基础上，对单元中的课文、习作资源进行整体规划，引导学生将课文之中的写作知识与写作手法迁移到自己的写作之中，以达到以读促写的目的，助推学生有效形成语文素养。

二、以读促写的实践路径探索

除了正确梳理以读促写的结合点，以读促写的结合路径也值得探究。要先明确写作的目标与写作需要的方向，然后确立阅读文本与写作表达之间有怎样的共用知识点，如文本的素材选择、语言特色、写作背景、心理机制等都可以纳入读写结合点的范畴。最后再结合教师教授水平、文本解读能力、学生实际需求与"最近发展区"等因素，实事求是地选择读写结合点。实践中读写结合应更为灵活多元，读写互相成全，互相辅助，在各自的序列体系中，在微观的某些阶段或教学中的某些环节中实现二者的巧妙结合。①

未来阅读内容与写作内容、读写形式及路径都更多元化，比如吴欣歆教授提出，要丰富学生的表达交流，应有过程性写作、文学性写作与评论性写作。其中文学性写作主要指续写、改写和文学创作等。探索文学性写作的操作办法可以是请学生记录阅读过程中的某个细微感觉，用一系列的比喻或拟人描述这种感觉，整理不同角度的描述，用音乐感强的语言呈现等等，即遵循诗歌创作的一般规律设计诗歌写作的任务流程。② 由此可见，新课程标准视域下的读写结合也随之发生变化，具有随文而写、随课堂进行、非完整性和片断性、跨媒介性、在活动中进行等特点，需根据不同的情境任务更加灵活多样进行。

语文的外延与生活相等。"问渠那得清如许，为有源头活水来"借水之清澈，我们从思考中得到启发，只有思想永远活跃，以开明宽阔的胸

---

① 李丽华. 我国传统语文读写结合演变与反思 [J]. 河北师范大学学报（教育科学版），2023（11）.

② 吴欣歆. 培养真正的阅读者——整本书阅读之理论基础 [M]. 上海：上海教育出版社，2019.

襟，接受种种新的尝试，对鲜活的知识，广泛包容，方能才思不断，细水长流。正因为小学生本身的生活经历相对简单有限，写作素材需要教师有意识地提供或者创造。我们在重视阅读教学与写作教学之间的联系与融合的同时，还要为他们创造各种积极的写作契机，比如开展阅读活动，结合班情开展综合性实践活动等。在小学生原本认知理解的基础上开拓视野，丰富情感体验，无形中就能给予他们更多的创作表达的动机与灵感，充实创作的思想及内容。

第二章　小学语文以读促写价值追求

第一节　培养文化自信

新课程标准指出："课程教材要发挥培根铸魂、启智增慧的作用。""语文课程应引导学生热爱国家通用语言文字，在真实的语言运用情境中，通过积极的语言实践，积累语言经验，体会语言文字的特点和运用规律，培养语言文字运用能力……积淀丰厚的文化底蕴，继承和弘扬中华优秀传统文化、革命文化、社会主义先进文化，增强对习近平新时代中国特色社会主义思想的理解和认识，全面提升核心素养。"

文化自信是一个民族的重要根基，是践行社会主义核心价值观的重要体现。正如新课程标准在课程目标中告诉我们："文化自信是指学生认同中华文化，对中华文化的生命力有坚定信心。通过语文学习，热爱国家通用语言文字，热爱中华文化，继承和弘扬中华优秀传统文化、革命文化、社会主义先进文化，关注和参与当代文化生活，初步了解和借鉴人类文明优秀成果，具有比较开阔的文化视野和一定的文化底蕴。"

培养小学生的文化自信是小学语文教学的根本任务。新课程标准指出了语言学科核心素养培养的主要内容为文化自信、语言运用、思维能力、审美创造。其中文化自信首当其冲，因为文化自信的养成与立德树人这一教育根本任务的落到实处是紧密相连的。语文的教学文本的本身就是文化的重要载体。

统编小学语文教材内容具有非常丰富的文化底蕴，在政治、人文、自然、历史、社会等多方领域皆有涉及。教师深入研读挖掘与延伸教材内容中的文化因素，在课堂教学中积极创设读写结合与以读促写的机会，就能引导学生在口头及笔头表达之中更进一步、深一层地理解与运用语言文字，并扎扎实实领会文章的主题思想和丰厚底蕴。以读促写，为语文阅读课堂增添一方空间，献出一份心力，在传统文化教学之中渗透与传承祖国的民族精神与人文底蕴，在革命文化主题的教学之中学习与发扬红色革命精神，在古文诗词教学之中赏析与熏陶祖国千百年来的传统文化。以读促写，努力促进民族文化自信在学生心中萌芽成长，培养认知能力，塑造人格品质。下面试举几个教学实例。

四年级上册第四单元为神话单元，编排了经典的神话故事。语文要素之一是"了解神话中神奇的想象和鲜明的人物形象"。如《盘古开天地》这一创世神话要求学生边读故事边想象画面，交流感到神奇之处，体会盘古高大伟岸与无私奉献的形象。例如教学第5自然段，交流盘古化为万物的神奇画面："他呼出的气息变成了四季的风和飘动的云；他发出的声音化作了隆隆的雷声……他的汗毛变成了茂盛的花草树木；他的汗水变成了滋润万物的雨露……"

在这里，相同句式的叠加，使得盘古倒下后身体化为风云雷雨、日月山川以及花草树木的神奇画面特别神奇，显现出中华神话的独特魅力。在学生全身心地进入故事情节去感受去惊叹的时候，引导学生当堂练写，继续补充想象：盘古的身体还可能发生哪些或者怎样的神奇变化？有的学生略作思考后便模仿句式写道：

"盘古的牙齿变成了深埋地层的矿藏宝石，为大地增添宝贵的资源；盘古的头发化作江河两岸茁壮成长的杨柳，为人类增添生命的色彩……"

在这样创设情境想象补白的过程中，学生也具体领会到盘古的神圣以及伟大的开创精神与彻底的奉献精神。对这样神话中的华夏文化始祖的形象就产生了进一步的感动。

再如《女娲补天》教学中可以通过发挥想象讲述女娲历尽艰辛从各地寻拣五彩石头的努力的经过，体会女娲不辞辛苦为民造福的美好品质。故事前几段描写那些天地发生大变动的景象，那些洪水喷涌、野兽跑散的画面，那些人们生活处于险境的情景，都为下文女娲"冒着生命危险，把天补上"这一重要情节做了铺垫。因此在引导把握课文大意之后，师生交流故事之中的神奇之处以及特别感动的情节，从而体会人物形象。教师提出女娲是如何"冒着生命危险，把天补上"，如何"寻找补天用的五彩石"。为补白这一情节，将她从各地拣来五种颜色的石头这一过程说清楚说生动，学生联系上下文，特别是第2自然段，想象了找五彩石的路上可能会遇到哪些困难。一位学生提笔写道：

"女娲不分昼夜地奔走了七七四十九天，累了、饿了、困了，也不肯停下脚步。她蹚过洪水肆虐的江河，顾不得躲避一个又一个浪头。她穿过荒凉寂静的密林，翻过直插云霄的高山，还沿途收拾了几头不可一世为非作歹的恶狼豺豹，帮扶困于水深火热之中的人们，顾不上歇息，喘口气继续向前……"

另一位学生写道：

"她在红色的枫叶林中找到了红彤彤的石头，她在黄昏的高粱地里挖到了黄色的石头，她在大海边的礁石旁扳下一块蓝色石头，她在铺满浓霜的山顶上找到了纯白色的石头，红、黄、蓝、白四种颜色齐了！啊，还缺少一种纯青石，绝不能前功尽弃！于是，她继续找啊找，无论刮风还是下雨，无论烈日还是酷暑，她都一刻也不停歇地苦苦寻找。咦，那溪边青青的绿苔上，不正是我要的纯青石吗？找到啦！找到啦！五彩石找齐了，终于能补天了，人类有救啦！"

学生就这样在充分的想象中进一步理解课文内容，在创编与补白中进一步感受女娲不怕困难、不畏危险、意志坚定、为民造福的美好品质。学生从练笔中进一步感受神话故事的神奇，体会中华传统文化的优秀内涵，从而切实树立文化自信。

渗透文化自信是落实立德树人的必然要求。文化认同是文化自信的重要表现，只有真正认同文化，才能切实形成文化自信。教学中努力拓宽学生视野，让学生在宏观的文化背景之中去理解文本，教师关注以读促写，将写作主旨与写作意图放在中华优秀传统文化视域中阐述与落实。同时深入理解革命文化、社会主义先进文化，充分融入爱国情怀的培养，进而增强学生的文化认同和民族荣誉感。

祖国文化博大精深源远流长。统编教材五年级下册《村晚》，展示了一幅饶有生活情趣的牧童骑牛晚归图。教学中，教师适时向学生进行热爱生活、热爱劳动这样的文化品质与思想的渗透式教育，以增强对中华文化热爱的情感。在将诗词改写为现代文的训练中，一位学生提笔写道：

"夏末秋初的傍晚，乡野真美！池水高涨的池塘边，青草和芦苇那般茂盛，荷叶尖上滚动着晶莹剔透的小水珠。微风拂过，叶尖上的小水珠调皮地滴滴答答跳入池塘，水面泛起一圈圈的涟漪，引得池塘中的小鱼儿快活地吐着小泡泡。夕阳西下，与两座雄伟的山相连接，仿佛是夕阳轻轻咬住了青山，那般柔和。从远处看，好像一幅勾勒着金边的山水画。这景色连同小桥和岸边的树木一起倒映在青绿色的池塘中，随着池中细小的波纹轻轻荡漾。"滴哩哩……"笛音响起，有一个八九岁模样的牧童怡然自得地横坐在牛背上，漫步在回家的途中。他手中拿着一支短笛随意吹着，虽然听不出什么曲调，但四处旷野之下，那悠扬的乐声能传得很远很远，给人以款款放松之感，仿佛连那不知名的鸟儿也快活地随着笛声翩翩起舞了。"

这样的表达训练，学生更充分地感受到古诗描绘的画面与其中的趣味，沉浸于中华诗词独特的韵律与美感之中，从而使文化自信得到有效的培养与熏陶。

革命文化主题的文本教学也同样可以在以读促写的训练之中，挖掘课文蕴含的文化因素，帮助学生感受人物艰苦奋斗、英勇无畏、无私奉献等精神品质，在潜移默化中得到教育，树立文化自信。如二年级上册《朱德的扁担》可以想象与续写朱德与战士们一起动手挑粮食的动作与语言。《难忘的泼水节》可以让学生借助插图描写周总理与傣族人民一起过泼水节的快乐场景。五年级下册《军神》可以引导学生围绕文本中的动作语言与神态描写，勾连上下文揣摩，补写刘伯承的心理活动，还可以使用沃克医生的口吻复述故事，进一步体会人物内心。学生在解读、思索、共情、表达之中，感受到刘伯承钢铁一般的意志，以及为了革命不惜承受巨大痛苦的精神品质。

可见，在学习文本的基础上，进行引导、拓展和表达，能厚植文化底蕴，更扎实地培养学生的民族精气神，建立对祖国传统文化的认同感与归属感，加深对红色文化的自豪感。学生从心理上认同，并在表达之中潜移默化地激发家国情怀，积极参与世界文化的对话交流，文化自信必然更加厚重。

第二节　引导语言运用

在义务教育语文课程中，学生的文化自信、审美创造、思维能力都以语言运用为基础，并在学生个体语言经验发展过程中得以实现。语文课程培养的核心素养，就是学生在积极的语文实践活动中积累、建构以及在真实的语言运用情境下表现出来的。

新课程标准指出："语言文字既是文化的载体，又是文化的重要组成部分，学习语言文字的过程也是学生文化积淀与发展的过程。在语文课程中，学生的思维能力、审美创造、文化自信都以语言运用为基础，并在学生个体语言经验发展过程中得以实现。"小学语文学习阶段是语言发展的非常重要与关键的一个时期，也是提升小学生语言积累与运用能力的主要时期。语言运用是指学生在"丰富的语言实践"中，进行"主动地积累、梳理和整合""能在具体语言情境中有效交流沟通；感受语言文字的丰富内涵，对国家通用语言文字具有深厚感情"。提升语言运用能力的前提无外乎就是语料积累，识记、储存、整理，在此基础上充分运用，最终形成语言能力。积累语言的途径为课堂积累、课外阅读积累及生活感受之中积累。运用语言的途径也应为课堂内外口头与笔头的表达。单就课堂学习而言，教师最基础最根本的任务就是依托文本的教学加强对语言文字的积累与运用。要积极营造表达氛围与情境激发学生表达欲望与兴趣，重视学生的口语与笔头的表达能力培养。

语文教学的最终目的在于让学生获得实际运用语言的能力，应充分利用教材资源进行培养语言运用能力的实践。教材是教师实施教学的重要资源与载体，指向语文实践活动并具备迁移运用、延伸拓展、自主阅读及习作范例的功能。学以致用，用以致学，读写结合教学能抓住教材与生活、理想与现实的冲突，铺设一条抽象与直观、感性与理想相融合的通道。它创造性地使用教材资源，切实培养并验证学生语言运用能力。

统编语文教材对于每一单元的习作要求的设定非常清晰，为促进教学目标的达成，在教授本单元学习的文本内容时，教师应尽可能提前起步，依据文本内容中的写作亮点去引导仿写。教学中循序渐进，课上或课后的片段训练常常可以是仿照文本的一个表达句式、一种观察角度、一种抒情方式和一段特色语言等，使用简短的话语表达自己的一个生活场景。教师不需要空洞地说教，只要点拨到位，告诉学生，写作就是用笔来说话，学生在写作时就能找到切入点，不至于束手无策。只要常常进行有效的表达，就能循序渐进地写出有品质的文字来。

祖国语言文化博大精深，承载着几千年中华民族优秀的文化精髓。小学生好奇心重，擅长模仿，随文仿写就是"丰富语言经验，培养语言直觉"，充分发挥模仿在语言运用训练过程之中的作用。当然依托文本，并不是一味地依葫芦画瓢，而是要依据文本特点具体引导，由仿到创，最终培养学生举一反三的语言运用能力。

以统编语文三年级上册若干课文为例，新课程标准在第二学段的"表达与交流"中指出："尝试在习作中运用自己平时积累的语言材料，特别是有新鲜感的词句。"在阅读的课堂上，教师可努力挖掘文本的语料，找到写作的突破口，将丰富鲜活的素材有机转化为语言实践的契机。或遣词造句，或修辞手法，或人物语言动作神态心理等描写，或段落篇章结构，或特定情节，都可以捕捉到语言要素，创设有效的任务情境，引导学生积极参与语言表达实践，提高语言运用能力。

《大青树下的小学》一文，表达丰富，有许多新鲜感的词句，"从……从……从……"与"向……向……向……"的反复句式值得仿写。环境描写衬托主体这一手法也值得关注。但如果语言运用材料不能有效地转化为学生自己的感知与表达，那语言运用提升就无从谈起。因此课后小练笔为：你的学校是什么样的？同学们在学校里做什么？选择一个场景说一说，写一写。

【范例1】

清晨，从和煦的微风里，从大街小巷家家户户，从爬满爬山虎的墙根下或榕城的绿荫道上，走来了许多忙碌的小身影。瞧啊，校园里那拾级而上的同学们，那鲜艳的红领巾，为学校增添了勃勃生机。"叮零零，叮零零"，望北台清脆的铃声响起，上课了，同学们大声、整齐地朗读课文。此时窗外渐渐安静，风停下了脚步，早起的小鸟也不歌唱了，它们好像都在凝神倾听这世界上最美妙的声音。（黄凌夕）

【范例2】

图书馆阅读区的氛围更是宁静又庄严，仿佛空气中都弥漫着知识的香气，让人心旷神怡。高年级的同学常常在电子阅读区查找资料，中年级的同学总是在津津有味地埋头看书，低年级的同学特别喜欢在朗读亭里吟诵诗词。他们或眉头紧皱，或嘴角含笑，或屏气凝神。每个人都在自己的阅读世界中尽情享受这份快乐时光。（陈沐遥）

《铺满金色巴掌的水泥道》以儿童的视角观察身边景物，在发现与感悟生活之美的同时，打开表达的崭新视角。课后小练笔："铺满金色巴掌的水泥道"，多美的发现啊！你在上学或放学路上看到了什么样的景色？

用几句话写下来吧。引导发现生活中平凡事物之美，使用自己积累的富有新鲜感的词句，在细致描摹中加深对课文语言的感受。

【范例3】

　　放学时，同学们伴随着欢声笑语，结伴而行，行进在这条小路上。小路一旁是座古老的墙，上面满布着青苔。另一旁是郁郁葱葱的大榕树，高大挺拔、枝叶浓密，像一把把撑开的绿色大伞，替行人遮挡着炎热的太阳。走过这条小路，沿着海军大院外墙的人行道，听着军号声，一直走到附中，就能看到开着蓝紫色花的树，足足有十几米高，树顶上的蓝紫小花朵，一团团一簇簇，一阵风吹过，好似一个个小铃铛排排坐，为来往的行人演奏美妙的乐曲……（吴梦洋）

　　《富饶的西沙群岛》一文语言生动，富有儿童情趣，如珊瑚的形状像"花朵""鹿角"，海参"懒洋洋地蠕动"，大龙虾"全身披甲"很"威武"，这样的语言将事物特点表达得生动又形象。教师聚焦写作特色作为核心的语言运用内容来展开教学，引导学生注意事物的颜色、样子、神态、动作等描写，也引导回顾文中一些表达手法，如拟人比喻的修辞，如围绕一个意思写的段式，为学生"怎么写"提供助力。

【范例4】

　　你可知道，一片黑暗的深海是怎样的？海底的居民们在做什么？看，色彩斑斓的珊瑚礁城堡矗立在海底，鮟鱇鱼像一盏盏灯，照亮了城堡，吸引了海底生物来参加演奏会。鲶鱼群发出"咚咚"的声音，好像在打军鼓；黑背鲲发出"沙沙"的声音，好像在摇沙锤；比目鱼在低声吟唱，时而像风琴演奏，时而像小提琴演奏；海豚发出"吱吱"声，好像在高歌一曲；海底最著名的口技演员非石首鱼莫属，他发出的声音时而像猫叫，时而像打鼓，时而像吹口哨……啊！深不可测的海底竟然有如此精彩的演奏会！（陈颢劭）

　　《大自然的声音》以富有韵味的语言，把人们习以为常的声音写得丰富鲜活妙趣横生。教师循序渐进，拾级而上，引导学生仿照课文联系生活经验，回顾一些生动语句如拟声词等，运用到表达中。课后小练笔可以从说一说到写一写：你听到过哪些"美妙的声音"？试着写几句话和同学交流，如，"鸟儿是大自然的歌手……""厨房是一个音乐厅……"

【范例5】

厨房不仅是一个烹饪美食的地方，它更像是一个音乐厅。在这个不大的空间里，每一个厨具都是乐器，每一个食材都是音符，而主厨则是指挥家，演奏出一首首美妙的乐曲。每一道菜肴更是一首独特的乐曲，由主厨巧妙地编排和演奏。

每当姥姥做饭的时候，她就成为了指挥家，仿佛每一寸空间都在跳动着节奏。你听，"咔哒，咔哒"，刀切菜板的声音清脆有力，像是鼓点在为这场音乐会拉开序幕。"滋啦，滋啦！"锅铲在锅里翻炒的声音，那是热烈的小号吹奏；"噼啪，噼啪！"油炸食物的声音，那是优雅的小提琴旋律；烤箱的滴答声，那是清脆的木琴敲击声；抽油烟机的呼呼声，那是低吟的大号伴奏。

我站在厨房门口，闭眼聆听着每一种食材在火候中的转变，那是一种独特的旋律，任何乐器都难以诠释。我用心去感受每一种调料的加入，那是音乐的高潮，让人心潮澎湃。我想象着食物在锅中跳跃，发出欢快的节奏，交织出美妙的和弦，我的手也不由自主地舞动起来。突然电饭煲发出"叮当"的声音，宣告着饭菜已经准备好了，一场盛大的音乐会随之落下帷幕。（纪舒悦）

以读促写，降低写作难度，借助文本内容，聚焦语言表达，汲取表达精髓，以丰富的语感经验积累与充足的语用实践，促进学生语言运用素养的提升。让学生在语料积累、语感建构及语言表现中，深化文本内容与主旨。以读促写，以语言运用为抓手，形成系列，体现梯度，在培养学生语言运用素养的同时，学生的文化自信、思维能力及审美创造也同步协调发展。

第三节　提升思维品质

思维品质作为语文课程培育的核心素养之一，其重要性是可想而知的。思维能力就是内化语文课程核心素养的关键所在，它所包含的直觉思维、辩证思维和创造思维无一不影响着学生的联想想象、分析比较、归纳判断等认知表现以及分析推理创造能力的提升。在习作能力方面，思维能力特别关联着表达是否连贯，是否有层次与系统性，思考是否深刻等等。

特级教师于漪老师说："思维是对外界事物概括的、间接的反映，思维是借助于语言来实现的。语言是思维的工具，没有语言的思维是不存在的；思维是语言的内容，没有思维就不可能有语言。"写作实际上首先是一种思维活动，是运用语言文字表现写作者思想认识的思维活动。以读促写是发展学生写作思维的重要方式，促进学生直觉与形象思维，逻辑与辩证思维，以及批判与创新能力的发展。

新课程标准将"思辨性阅读与表达"作为课程内容的一部分。各学段各单元语文要素无处不体现对学生思维的循序渐进地培养与指引，不断提升学生的思维能力和思维品质。如三年级下册第一单元"试着一边读一边想象画面"，第五单元"走进想象的世界，感受想象的神奇"，四年级上册第一单元"边读边想象画面，感受自然之美"，五年级上册第三单元"了解课文内容，创造性地复述故事""提取主要信息，缩写故事"，五年级下册第六单元"了解人物的思维过程，加深对课文内容的理解"，等等。这些语文要素落实在阅读与表达中，或体现了直觉思维的培养，或指向形象思维训练，或开始注重抽象逻辑思维，或导向逻辑思维与辩证思维。

统编教材加大了"说理"写作的比重，虽然并没有纯粹的说理文本，但说理思维无处不在，如六年级下册第五单元的主题为"科学精神"，编排课文《学弈》《两小儿辩日》都是通过一个小故事来阐明某个道理；《真理诞生于一百个问号之后》课题即论点，全文提出观点，印证观点，总结观点,写法很有代表性;《表里的生物》中"我"对父亲的怀表从疑惑、好奇、猜测到终于证实了自己的猜测,但又产生了新的疑问,再用自己的想象解答;《他们那时候多有趣啊》这篇科幻小说立足于"未来",反观"现实",提出对教育的反思,学会理性表达。再如,五年级下册第六单元主题为"思维的火花",语文要素为"了解人物的思维过程,加深对课文内容的理解",编排的《自相矛盾》《田忌赛马》《跳水》三篇课文皆展现出思辨与智慧,意在引导学生树立结合实际思考问题的意识,以及根据具体情况选择合适的解决问题的方法。以读促写的训练如何助力于学生思维的提升?如何借助课文内容具体把握人物的思维过程,初步感受人物思维逻辑的缜密?如何培养学生根据实际情况选择合适的办法解决问题的能力,从而促进思维水平的发展?要善于捕捉表达的契机与话题,还要注意提炼表达的观点,并且讲究"重证据的表达",以及凸显表达过程的条理。总之应建构起常态的理性表达机制与课堂结构,在有限的写作训练中拓展与提升思维。

一、以读促写与形象思维

语文课程和教学主要培养学生的形象思维,情境的创设,看图说话与写话等训练都是形象思维与联想想象的训练,如三年级上册第三单元为学习童话"想象"的专题单元,下册第五单元为训练"想象"的习作单元。四年级上册第三单元语文要素为"体会文章准确生动的表达,感受作者连续细致的观察"。笔者布置学生观察豆芽的生长过程,设计相关的记录表格,使用拍摄或者画图的方法记录豆芽的变化。这样的配图作业帮助学生强化训练,由图到文,降低表达坡度,学生从记录表格转化到完成观察日记,轻松表达之中形象思维就到位了。再者,四年级下册《记金华的双龙洞》设计画游览的路径这一流程图的安排,为学生设计学习单,让学生写下地名、主要景物、画出游览路线图示,最后组织交流,标注一两处印象深刻的景点。这样不但梳理文脉,达成"了解课文按一定顺序写景物的方法"的语文要素，对写作的思路也借此变得更加清晰起来，习作的结构更有条理性。此外，可以借助思维导图提升学生习作表达的思维品质，这是培养学生思维品质的重要抓手。

二、以读促写与逻辑思维、辩证思维

逻辑思维也称抽象思维，是指借助概念、判断、推理等思维形式能动地反映客观现实过程，是认识的理性阶段。辩证思维则是指以变化发展视角认识事物的思维方式。

在大量的文学阅读的课堂中，我们总认为教学应该是沉浸式的，一味主张想象与移情，往往过于张扬个性化的体验与个人的理解。但如果能够超越个人的感情，站在一个更公正的立场上来理解和评价及表达，学生的价值判断能力和分析理解能力就能飞速提升。有时候阅读的目的是获取真知，或者为了解决问题，个人的好恶与体验都要退居其次，而阅读的准确性、明晰性与合理性，就成了判断阅读效果的首要标准。结论的对错有一个客观的、公共的判断标准。这样的阅读与表达，要求读者的思维处在"思辨"的理性状态，自觉地进行分析与论证、权衡与判断。

如六年级上册小古文《书戴嵩画牛》："有一牧童见之，拊掌大笑曰：'此画斗牛也。牛斗，力在角，尾搐入两股间，今乃掉尾而斗，谬矣。'处士笑而然之。"牧童的见解正确与否？究竟是牧童错了，还是画家错了，还是作者苏轼有误呢？此处学生有困惑。教师应结合注释，解释牛角斗时的真实情况。播放牛相斗时的视频，引导学生谈感受。学生会发现真实情况是，牛角斗时两种情况都可能存在，牧童的观察无误，画家也无误。作者苏轼表达的意思呢，应该是告诫人们凡事要多看多了解，请教有经验者，毕竟古代信息不够发达。而我们作为现代人不可断章取义产生错误观点。在思辨的基础上，教师可再进行读写训练，请学生试着从杜处士、牧童、苏轼等不同人物的角度来复述《书戴嵩画牛》的故事，他们的表达就显得更显理性，思维同步得到发展。

【范例】

杜处士的内心独白

哎呀，我杜处士锦囊玉轴、常以自随的一幅珍藏作品《书戴嵩画牛》，却被一个放牛的小孩这样笑着指出来画错了！这还了得啊？实在有点尴尬呀。

都说艺术创作讲究的是"象物者不在工谨，贵得其神也。"再者戴嵩作为著名的画家，画牛的高手，按理来说是不会画错的。但是都说艺术来自生活，眼前这个天真率直的小牧童整天跟牛打交道，所以他对牛更了解更有发言权吧？尤其是敢于在大庭广众之下质疑，也着实令人佩服。做学问的确应该实事求是虚心求知，方不失我处士之风范。我应该拿出友善谦虚的态度来，多看多听多了解，并"笑而然之"。是非曲直，留待后人评说呗。

学生对复杂得难以抉择的问题进行理性分析作出判断，发表看法说明理由，学会透过表面现象把握事物的本质与规律，为将来在生活、工作中解决复杂问题奠定扎实基础。如练笔《〈自相矛盾〉后记》，教师提示："夫不可陷之于盾与无不陷之矛，不可同世而立。"同学们，矛与盾确实不能同时出现吗？究竟有没同世而立的可能呢？观看坦克的图片，拓展阅读《矛与盾的集合》，从不同角度发现更多可能性，续写的"后记"就能促进学生不断发展批判思维及发散性思维，多一点以变化发展视角认识事物的辩证思维以及创造精神。

【范例】

《自相矛盾》后记

2300年前的某一天，楚国的集市上人来人往，车水马龙，商人吆喝声声高，行人熙攘好物挑，好一番热闹景象。然而，那里发生了一个虚假广告事件——《自相矛盾》。读起这个故事，大家都觉得主人公愚不可及，卖家思维的确有缺陷，这盾是防守的，而矛是进攻的，这"莫不陷"的盾和"无不陷"的矛，攻守之间怎么可能两者皆胜呢？但仔细思考一下：生活中还真有这样的现象存在呢。想马儿跑，又想马儿不吃草；想取得优异的成绩，又不愿刻苦学习；自己脱发却推销"生发灵"……真令人汗颜哪！

我呢就是卖矛又卖盾的那位商贩的后裔。品古文之意蕴，悟古人之智慧。我国古代著名的大哲学家、思想家韩非子为何要提出这个矛盾，给我们讲这个故事呢？时代在不断发展，叫卖的武器也随之有了变化，而不变的是进攻与防御之间的关系。如果咱们叫卖人的思维模式仍然不变，就只能是换一种兵器的笑话而已。

有篇科学寓言《矛和盾的集合》，讲的就是发明家拿着矛和盾与朋友比赛，发现在对方矛的进攻下，自己举盾只能防御，无法进攻，而且盾还不能完全保证自己不被对方矛刺到。所以他想到应该将盾设计得更大一些，在盾上凿个洞，还可以用矛进攻，于是乎就发明了后来的坦克。这就告诉我们谁善于把别人的长处集于一身，谁是最终的胜利者。可见趋利避害扬长避短实在是明智之举势在必行。

时代发展日新月异令人振奋，矛与盾居然也有同世而立的今天！假如有时空隧道可穿越，我一定要去告知那位卖矛又卖盾的先人这个道理。换一种思维，就可以让他不再困惑，也不再做矛盾之蠢事啦。

三、以读促写与创造思维

创造思维是所有思维类型的综合与融通，是一切创造活动的灵魂与核心。美国认知心理学家奥苏贝尔提出"为迁移而教"的教学思想。"纸上得来终觉浅，绝知此事要躬行。"阅读迁移能力的最大特点，是由此及彼，举一反三，学以致用，学用相长，这也是学生适应未来生活需要的关键能力。例如统编教材五年级下册《草船借箭》有一段诸葛亮与周瑜的对话，两人语言皆颇有内涵与深意，周瑜步步紧逼胜券在握，诸葛亮运筹帷幄决胜千里。笔者曾借鉴教学名师何捷老师的设计，请学生为对话配置"画外音"，学生经过阅读迁移，表达颇具创造性。周瑜说："现在军中缺箭，想请先生负责赶造十万支，这是公事，希望先生不要推却。"诸葛亮说："都督委托，当然照办。不知这十万支箭什么时候用？"此时有学生设计画外音：

"周瑜假公济私来为难人，先发制人，不许人家推辞，真是阴险至极啊。"

周瑜问："先生预计几天可以造好？"诸葛亮说："只要三天。"此时画外音设计：

"我根本不走寻常路，不准备造任何一支箭。设计去曹操那儿借箭即可搞定差事。为什么要定三天，看天气行事啊。"

在表达之中，课堂教学得以扩充，创造思维的空间得以充分释放。像这样的思考补白人物内心所想，学生的思维是非常积极活跃的，原创性非常强，既避免了答案的唯一性，也体现了学生关联全文统筹思考的过程。

特级教师薛法根老师提出"角色赋能"，四年级上册《西门豹治邺》教学让学生时而化身西门豹，将调查的民情写成奏折向魏王禀报，时而化身村民的邻居，将西门豹惩治巫婆和官绅头子的新闻告知逃到外地的村民，劝他们返乡来兴修水利。这样的以读促写任务就是"假戏真做"，学生在表达中必须注意思维的逻辑性，关注情节前后勾连，还要遵循课文的语言特色以及提炼人物的性格与品质等等。各种思维串联融合在一起，就是一场值得投入的"思维风暴"。可见语言文字运用与思维密切相关，不断促进学生思维能力与思维品质的提升。

思维是内化语文课程核心素养的关键所在。充分利用统编教材中大量的学习任务群思想的萌芽，将语文要素与"思辨性阅读与表达"任务群对接，聚焦思维方法、思维过程，让以读促写为学生提供开放性学习场域，让思维实现看得见的生长。有思考随行的读写课堂，才是我们理想中的充满智慧与魅力的课堂。

第四节　培养审美情趣

当代小学语文教育面临着新的挑战和机遇。传统的语文教学注重知识传授和应试训练，忽视了学生的审美情感和创造性思维的培养。然而，随着教育改革的推进和教育理念的更新，"审美创造"作为一种新的教育理念被引入到小学语文教学中。新课程标准中指出，义务教育语文课程培养的核心素养，是学生在积极的语文实践活动中积累、建构并在真实的语言运用情境中表现出来的，是文化自信和语言运用、思维能力、审美创造的综合体现。所谓"审美创造"是指学生通过感受、理解、欣赏、评价语言文字及作品，获得较为丰富的审美体验，具有初步的感受美、发现美和运用语言文字表现美、创造美的能力；涵养高雅情趣，具备健康的审美意识和正确的审美观念。审美创造视域下的读写结合教学策略，旨在通过引导和激发，帮助学生理解和表达作品中的情感，引导他们从情感的角度去体验和理解文学作品，与作家实现情感共鸣，培养学生的审美情趣和创造力，提高他们对文学作品的理解能力和欣赏能力。那么，以读促写这一训练方式如何致力于学生审美创造素养的培植与发展呢？下面，笔者以统编教材五年级上册第七单元第22课《四季之美》为例，谈谈审美创造视域下以读促写教学实践。

一、审美创造视域下教学内容的"美点"解读

《四季之美》是日本平安时期清少纳言的一篇散文，课文按一年四季的顺序描写了春天的黎明、夏天的夜晚、秋天的黄昏和冬天的早晨等不同时间的景致。作者用细致的笔触描写出不同时间、不同景物的动态变化，营造了美的氛围，展现了她内心独特的审美体验。

独特之一是选取特定的时段。清少纳言选择了与春夏秋冬四季相对应的、她认为最美的四个时刻：黎明、夜晚、黄昏、早晨。一天之中，作者

唯独没写光线更明亮的白天。而学生以往学习的《乡下人家》《美丽的小兴安岭》也是按照季节顺序来写，是直接抓住最有特色的景物来写。所写时段也几乎都是白天的景，白天的活动。

独特之二是选取特殊的景物。写春天写黎明时的天空。写夏天，对于明亮的月夜，作者只用"固然美"一笔带过，着重描写了漆黑漆黑的暗夜和蒙蒙细雨的夜晚中的萤火虫；写秋天选取的是归鸦和大雁，还有风声、虫鸣；写冬天，对于"落雪的早晨"只用"当然美"三个字概括，写了"铺满白霜"或"无雪无霜"的早晨手捧火盆穿过走廊的情景。景物的选择也体现了作者独特的审美情趣。日本与我们中国一衣带水，隔海相邻，气候与我国北方大体相似，四季分明，风景如画。一位留学日本的学生这样讲述：日本一年四季的风景美不胜收，每个季节都有着自己的风物诗，春天的樱花，夏天的花火，秋天的红叶，冬天的雪景。《源氏物语》第二十回，源氏与紫姬欣赏冬夜的雪景也曾说道："四季风物之中，春天的樱花，秋天的红叶，都可赏心悦目。但冬夜明月照积雪之景，虽无彩色，却反而沁人心肺，令人神游物外。"可见，在日本人们公认的美景是樱花，是红叶，是雪景。但清少纳言一个都没写，只是选择自己感受最深的、容易被忽略的景致，正如她自己所说："我只是想将心中感动之情，对你们言说。"

独特之三是以动衬静的写法。第1自然段描写春天黎明时分的天空，用"鱼肚色、红晕、红紫红紫"写出了天空颜色的变化，用"泛、染、飘"等动词和"一点儿一点儿、微微的"等叠词写出了天空颜色变化的过程。第2自然段描写夏夜萤火虫飞舞的情景，用"翩翩起舞"和"闪着朦胧的微光"等词语，写出了萤火虫飞舞时的迷人景色。第3自然段描写秋天黄昏时分的景致，描写了归鸦"急急匆匆"朝巢里飞去和大雁"比翼而飞"的情景，赋予归鸦、大雁以情感，画面具有动态感；其中，"夕阳斜照、夕阳西沉、夜幕降临"等词语，形象地写出了太阳落山的动态过程。第4自然段描写在冬天的早晨，作者手捧火盆穿过长廊的场景。作者描写的是一个个动态的景致，但营造的却是恬静的氛围，动与静的完美结合，构成了文章独特的韵味。

独特之四是作者独特的审美情趣。这篇课文的作者是——清少纳言，《四季之美》出自她的代表作《枕草子》。"清"是姓，"少纳言"不是名字，是她在宫中的官职。她出生于世代文官家庭，自幼熟读《汉书》《蒙求》《白氏书籍》等汉文著作，才华不凡，深受定子皇后赏识。她一生婚姻不幸，尝尽人生百态。但她始终以积极、乐观的态度面对生活，以轻快的笔触描写周围的一切。《四季之美》写的都是那些平凡、细微的小事：天空微微的红晕，萤火虫的微光，风声、虫鸣，冬日的炉火……都是一些容易被人忽略的细节，而这些细节往往是最真、最美的，在她的眼里，这些情景"着实迷人"；着实"叫人心旷神怡"；连"这寒冷的冬晨"也与"那闲逸的心情"呈现无比的和谐来！作者捕捉了四时之中那些微细轻盈的动态美与淡远平和的静态美，展示了四时之景的清新与明净。这份清新与明净也是清少纳言的生命态度，是她对万物、对生命的珍爱。

二、审美创造视域下以读促写教学实践

统编教材五年级上册第七单元以"自然之趣"为主题组文，编排了古诗词《山居秋暝》《枫桥夜泊》《长相思》及《四季之美》《鸟的天堂》《月迹》三篇写景散文。单元语文要素是"初步体会课文中的静态描写和动态描写"。本单元习作内容为"＿＿＿＿＿即景"，要求按照一定的顺序描写景物，并写出景物的动态变化，使画面更加鲜活。习作与阅读要素密切相关，是对单元学习语文要素的实践运用，以形成自觉的审美意识，培养高雅的审美情趣。

聚焦单元教材整体编排，关注学生能力发展序列，关联文本自身特点，笔者将通过抓季节中景物的动态变化引导学生进行画面的想象，去理解不同季节中独特的美，促进学生形象思维、抽象思维等多种思维水平的提高，培养学生良好的思维品质。根据学生的阅读兴趣，选择某一个段落

指导学习，边读边画出作者写了哪些最美的景致，初步体会作者感受的细腻，感受景致的独特韵味，然后让学生自主学习其他段落，进行交流汇报。然后，指导学生通过朗读进一步体会景物的动态变化，达到熟读成诵。利用多种朗读的方式，如配乐朗读，借助图片感悟来读，老师范读，学生个人品读，师生合作读，等等，让学生多读，然后教师适当引导，在读中去感悟、熏陶，抓住景物特点来说自己的感受。最后，引导学生学习作者抓住景物的颜色、动作、声音等方面的变化来表现动态美的方法，写一写校园中自己印象最深的某个景致，激发学生对于美的思考和感受，让他们从日常生活中发现和欣赏美的存在，培养学生观察、感知、表达和欣赏美的能力，同时提高他们的写作技巧和文学素养。

设计课例

【教学内容】统编语文教材五年级上册第22课《四季之美》

【教学目标】感情朗读，背诵课文。借助关键语句，联系上下文，初步体会景物的动态描写。

【教学过程】

板块一：链接生活，激趣导入

播放视频并解说：春有百花秋有月，夏有凉风冬有雪。寒来暑往，四季轮回，大自然的变化让我们看到不一样的美景，体会到不一样的趣味。四季中，你最喜欢哪个季节的风景？四时景物皆成趣，不同的人有不同的体验。今天就让我们一起跟随日本作家清少纳言去欣赏她笔下的《四季之美》。

互动环节，欣赏大自然四季的美景，激活学生生活经验，引发他们对不同季节景色的喜好和体验的思考。

板块二：抓关键句，发现独特

这是一篇写什么的文章？清少纳言眼中的四季最美的分别是什么？读读每段开头的第一句，你有什么发现？

由课题入手，了解课文围绕"四季之美"来写；梳理文章结构，发现作者独特的视角和编排，感受文章的结构之美。在潜移默化中促使他们把目光聚焦到表达方法的学习上，引导学生感受到文学之美。

板块三：圈画景物，感受独特

四季中，这些独特时段都有哪些美的景致呢？请大家自由朗读，并提笔圈画出作者写到的景物。思考：从景物的选择来看，你有什么发现？

在写景的文章中，春天我们一般会写花，万紫千红总是春嘛！夏天啊，我们总喜欢写荷花！秋天往往写枫叶！冬天呢？写雪！这些写法我们已经耳熟能详了！但清少纳言写春天写黎明时的天空，写夏天对于明亮的月夜，只用"固然美"一笔带过，着重描写了漆黑漆黑的暗夜和蒙蒙细雨的夜晚中的萤火虫；写秋天选取的是归鸦和大雁，还有风声、虫鸣；写冬天，对于"落雪的早晨"只用"当然美"三个字概括，写了"铺满白霜"或"无雪无霜"的早晨手捧火盆穿过走廊的情景。通过提笔圈画作者描写的景物，与平时生活对比，发现作者独特的审美情趣，从而感受作者笔下细腻的美。

板块四：品读春天，学习写法

清少纳言笔下这些独特时段下的景物到底美在哪呢？让我们先走进春天的黎明吧。请同学们自由读，边读边圈画出让你感受到春天黎明美的词句。你圈画了什么？这些词带给你什么感受？从"泛着""染上""飘着"这三个动词，你体会到什么？

此环节，通过圈画动词和表示云彩颜色的词语，预设学生有这样的发现："泛""染""飘"，这些词语表现的是变化之"微小"；"红紫红紫、漆黑漆黑、蒙蒙、翩翩"等叠词，将"微微"的动态描写得传神。教师点拨：运用"动静、视听、虚实、色彩渲染"的手法的描写，让景与物更有生命力。通过自由读和圈画的方式，鼓励学生主动参与，并通过选择和强调感受到的词句来深入理解和体验春天黎明的美，激发学生阅读的兴趣和主动性，让他们在阅读中积极思考和感知美的特点。

板块五：自主学习，体会动态美

像这样具有动态之美的景致文中还有吗？默读第 2、3、4 自然段，文中还有什么景物在动？怎么动，带给你什么感受？请你圈画出相关词句，并做简要批注。

1. 夏夜里萤火虫在飞给你什么感受？雨夜里飞行的萤火虫呢？见过萤火虫飞舞的夜景吗？（播放视频）这样的夏夜，带给你什么感受？师生合作读，读出安静夜晚中的动态变化来。

2. "点点归鸦急急匆匆地朝窠里飞去。"想象，归鸦为什么这么急着飞回家？也许……也许……也许……这样一联想，归鸦仿佛就是归人，"急急匆匆"不仅写出它飞的样子，还让我们感受到它的心情怎么样？谁能读出归鸦急切的心情？

3. 大雁"比翼而飞"又是一种怎样的动态？欣赏着这样的景致，你有什么感受？

4. 无论是夏天夜晚里的萤火虫，还是秋天黄昏时的归鸦和大雁，我们都能从中感受到景物的动态之美。对比看，这两段在表达上有什么异同点？

5. 冬天的早晨美在哪？你见过熊熊的炭火吗？什么特点？这炭火在什么时候生起？那是怎样的早晨？明明是对比强烈的景致，作者为什么会觉得和谐呢？你可曾有过这样一种闲适的体验？读时注意语调的舒缓。

从"春之黎明"学生学习了云彩的动态描写，到发现"夏之夜晚"萤火虫的活动，秋天黄昏时的倦鸟归巢，冬天早晨时的熊熊炭火的动态之美显而易见。但如果仅仅让学生认识到这一点，显然是低层次的，是学习行为的简单重复。此处的教学旨在引导学生发现动态描写中的画面之美、诗意之美，沉潜于朦胧的美感之中，充分感受作者的艺术匠心和悠然脱俗的意趣。通过阅读文本中描写的动态景物，采用观看视频、图片、联想的方式感受景物的动态之美，并通过共同朗读和讨论来深入理解这种美感，培养学生对于美的感知和表达的能力，同时增强他们对于文学作品的欣赏和思考。

板块六：总结拓展，课堂练笔

四时之景皆成趣，入于心者最动人。清少纳言视角独特，通过对事物微妙的感觉，抓住景物的颜色、动作、声音等方面的变化进行描述，将自己情感融入景物之中，写出了四季独特的动态之美。我们像她这样，也来写一写自己心中最美、印象最深的景致。

课前，老师布置同学们去观察校园，寻找你认为校园最美的景致。你眼中最美的景致是什么？美在何处？在学习单上仿照清少纳言描写景物的方法，把你心目中校园最美景致的动态之美写出来，并交流分享：我眼中校园最美的景致是什么？有描绘出景物的动态之美吗？是怎么写出来的？

清少纳言的作品风格对后来的日本文学创作影响深刻，她的散文集《枕草子》很受欢迎，川端康成、德富芦花的散文集也能把我们带入美的自然之中，品味闲逸的人生。此环节，鼓励学生通过观察和感受事物的微妙变化，将自己的情感融入景物之中，写出自己心中最美、印象最深的景致，激发学生对于美的思考和感受，让他们从日常生活中发现和欣赏美的存在，培养学生观察、感知、表达和欣赏美的能力，同时提高他们的写作技巧和文学素养。

板块七：布置拓展，观察景物

同学们，文章就是在这样不断积累、修改完善中走向优秀的。课后，到户外走一走，观察一种自然现象或一处自然景观，注意景物的变化，运用今天所学的动态描写的方法写下来。引导学生"成长为主动的阅读者、积极的分享者和有创意的表达者"，促进学生的精神成长。

三、审美创造视域下以读促写教学再思考

本设计，首先放手让学生沉入文本、触摸语言，在感受的基础上聚焦那些美感特征鲜明、强烈的字眼、语句，通过比较品评深入挖掘语言文字所蕴含的美感，培养学生观察、感知、表达和欣赏美的能力，切实提高了

学生的写作技巧和文学素养。笔者由此总结出提升学生"审美创造"这一核心素养的三点经验。

1. "审美创造"必须与文本展开独立对话。语文的美，来自语言文字本身。语言文字既是美的载体，本身就是一种美的存在。《四季之美》中的美就体现在作者独特的构段方式、独特的景物选择、独特的审美体验，通过自由朗读、圈画批注、联想想象，让学生与文本进行充分的对话，收获了初步的感受美、发现美的能力，锻炼了运用语言文字表现美、创造美的能力。

2. "审美创造"要求对美有深刻理解和欣赏。文字的美，首先来自对文字的直接感受。在教学中，必须唤醒、呵护这种"第一印象"，这是感性的复活。但对文字美的直接感受毕竟是朦胧的、模糊的，因此，审美素养的培养，不能仅满足于这份初始的直觉和感动，还需要注入理性的分析。比如，春天黎明时云彩的动态变化，夏天夜晚时萤火虫的活动姿态，秋天傍晚时倦鸟归巢的景象，冬天早晨时炭火熊熊燃烧的情景背后的情趣之美，就需要教师带领学生通过追问、讨论、交流等方式在语言文字的品析玩味中深入理解作者笔下独特的审美体验，培养学生的审美创造能力。

3. "审美创造"要辩证看待"发现"和"创造"。发现美，就是知道"美在此处"；创造美，就是表现"美其所美"。如果不能表达出"美在此处"，我们就不可能知道美在哪里，发现也就无从说起，而表达"美在此处"，已经是对美的创造；同理，创造美，一定基于对美的再发现、再体认，从创造美的过程中我们同样可以感受到学生对美的发现。对于《四季之美》文本，学生的欣赏并不是单纯的阅读，而是伴随着思维的活动。"四季之美"虽然是客观存在，但它也能够在读者与文本的对话中生成新的意蕴。

【范例】

五年级上册《四季之美》仿写

　　日落即景（林臻荣）

哪儿都有日落，但让我印象最深的，还得数那次黄昏在山顶看的日落。

　　那次傍晚，我登上了鼓山山顶，看着那黄昏的太阳，心里所有的烦恼便已烟消云散。

　　那夕阳甚是有风采，她的光芒有力地透过了树枝与树叶的缝隙，照在地面上，一黄一红的，好似为这原本一灰一白的地面披上了一件"迷彩衣"，周遭的一切好似幻变成了一幅画，画出了日落傍晚的独有的美。

　　远处，飘飘悠悠的白云不知何时由那雪白雪白变成了金黄金黄，那一朵一朵金黄金黄的云朵哟，一会儿密一会儿疏，一会儿又像大海的波涛一般汹涌澎湃地翻滚着，像正在上演着一场历史的轮回。几只还未归巢的鸟儿不紧不慢地扇着翅膀从夕阳下飞过，他们有着他们独特的生活节奏呢，嘴里或许还衔着他们的晚餐吧！

　　近处，几只鸟儿正在树枝上扑睃睃地打闹着，好似乡野里一个个淘气可爱的小孩子，在玩着新发明的游戏。一两只恋花的虫儿还是不愿归去，贪婪地用他们嘴里的那根"吸管"吸取着花蜜。

　　夕阳渐渐沉下去。走在下山的路上，隐约能听见清清的泉水流淌的声音，那风声透过树林，发出"沙沙、沙沙"的声音，那虫鸣，一强一弱的，似有似无。那是在为夜晚的"音乐大会"拉开序曲吗？我还可以继续"大饱耳福"吗？

　　再次眺望远处，这多情的夕阳还余下一丢丢光彩。一群不知名儿的飞鸟排成了一个斜的"一"字方阵飞向高空。顿时，眼前便浮现出了一幅"落霞与孤鹜齐飞，秋水共长天一色"的动人情景。

　　我看得痴迷了，心里欣欣然赞叹道："一切似乎都是刚刚好，这大自然的杰作，这不容错过的人间美景啊！"

　　解析与点评：在学习清少纳言的《四季之美》后，教师倡议学有余力的学生进行仿写训练，由此加强审美体验。引导学生选取自己印象最深的景致，再对其颜色、动作、声音、形状等方面的变化进行描述，表现景物的动态美，表达内心独特的感受以及对大自然四季美景的喜爱之情。这篇练笔，即使只是黄昏时分稍纵即逝的日落即景，小作者也分为"那夕阳甚是有风采"与"夕阳渐渐沉下去"两个时间点。这些细微的时间差别，体现了小作者笔触的细腻。虽然描绘的景物是常见的，夕阳下的"鼓山""树枝""地面""白云""鸟儿"并无特殊性，但学生也尝试着像课文的描述那样，结合自己的生活经验与认知、情绪去感受去描绘。"原本一灰一白的地面披上了一件'迷彩衣'，周遭的一切好似幻变成了一幅画。"地面在夕阳的映照下是有变化的，"飘飘悠悠的白云不知何时由那雪白雪白变成了金黄金黄，那一朵一朵金黄金黄的云朵哟，一会儿密一会儿疏，一会儿又像大海的波涛一般汹涌澎湃地翻滚着，像正在上演着一场历史的轮回。"白云在夕阳的映照下是有"经历"的。"几只还未归巢的鸟儿不紧不慢地扇着翅膀从夕阳下飞过，他们有着他们独特的生活节奏呢。"鸟儿在夕阳的烘托下是有自己的"生活节奏"的。作者在观看，在倾听，在感受，在融入，在共鸣。此时的小作者，从开始的"看着那黄昏的太阳，心里所有的烦恼便已烟消云散"，到篇末的"我看得痴迷了，心里欣欣然赞叹道：一切似乎都是刚刚好……"神奇如画的大自然如一位智者，她赋予了人类多少美好的感受呀！读者能感受到小作者此时心绪的平和与宁静，那是一种难得的优雅淡然的心态与境界。在仿写中，学生进一步体味到课文《四季之美》作者清少纳言的审美情趣及景物的动态变化。同时，作家的语言风格，叙事方式，情感的细腻表达，都潜移默化地影响着孩子们，在审美情趣之中进一步积淀写作的底蕴。

【范例】

六年级上册《月光曲》仿写

《听音乐联想开去》片段描写（翁涵）

我静静地听着。在隐隐约约的乐曲声中，我仿佛置身于丛林之间，在清幽的树林中漫步。听着小鸟的鸣啭，看着高耸入云的白桦木，脚踏着早已泛黄的落叶。渐渐地，小鸟唱得越发欢乐，群鸟飞过树梢，轻轻掠过我的指尖。我抛下所有的烦恼，走上一座小桥，桥下是小溪潺潺流过。头顶上是一片奇妙的碧蓝，脚下是淡淡幽雅的芳香。我从未有过如此美妙的体验，但正是这丛林之路，给我带来了一种无与伦比、无可言说的舒畅。忽然，小桥流水人家的转角之处，劳作的农人三五成群荷锄归来，那说说笑笑热闹的相聚打破了旷野的寂静，我好像穿越到了农耕时代，一切都是那么淳朴自然，好像人和自然完美和谐地交融在了一起，携手共创一派淡雅奇妙的空间，天地之间自然而然地悠然合奏出一曲劳动的赞歌。

解析与点评：六年级上册第七单元围绕"艺术之美"这一主题，语文要素为"借助语言文字展开想象，体会艺术之美"。如何将艺术之美写得具体可感，《月光曲》提供了很好的范例。课文不但引导学生从音乐角度感受艺术魅力，还领会到美好乐曲的产生不仅来自丰富的想象力，更来自高尚而真挚的情感。单元习作也紧扣课文内容，先从课文阅读之中感受艺术之美，进而联系现实生活，表达自己在学习艺术或技能方面的感悟。教学中，教师尽可能地开阔学生的视野，帮助学生从多角度展开想象，丰富他们的审美体验，注重语言的品味。教学策略主要是：第一，借助语言文字展开想象，感受优美的乐曲，品味艺术之美。在第9自然段的联想与想象中，把文字描述分为三幅画面，从"月亮正从水天相接的地方升起来"到"洒满了银光"，再到"月亮越升越高"直至"忽然，海面上刮起了大风……"体味到音乐从舒缓到高昂激越节奏变化的美妙，切身感受音乐的旋律与艺术的魅力。第二，将对以上文字的理解与感悟通过感情朗读表达出来，配上音乐，注意语气随乐曲旋律的变化而变化。第三，听一段自己喜爱的音乐旋律，闭目聆听，默默回想，展开想象与联想，也可以小声哼唱，感受自己脑海中出现的画面。在学生随堂仿写片段《听音乐联想开去》中，小作者从"隐隐约约的乐曲声"到"小鸟的鸣啭"，再到"渐渐地，小鸟唱得越发欢乐"，从"无可言说的舒畅"到"合奏出一曲劳动的赞歌"，可想而知，乐曲节奏鲜明，时而舒缓，时而明快，时而悠扬，时而热烈。文字将读者带入了乐曲描述的美妙境界。这样的练笔尝试为学生借助文字展开想象解读文本做了呼应与回扣。

【范例】

六年级上册《少年闰土》片段仿写

生活中的一瞬间（王子悠）

夜幕降临，深蓝的天空中挂着一轮皎洁的明月，表演现场在那一瞬间变成了灯的海洋，幻化为她的天地，她的世界。只见她身穿一件淡蓝色的纱衣，上面用一朵朵山茶花儿点缀其间，下身是海蓝色的丝绸制作而成的七分裤裙。她盘起的发髻上戴了一朵银色的绢花，娇俏模样颇为引人注目。

她微微仰头，细长的眼角顾盼流光，自然而然瞟向长长的团扇。一手做兰花指状，一手娴熟地翻动着手中的扇子。她嘟起嘴，轻轻哼出"喂喽喂、喂喽喂……"宛若百灵展喉。轻柔的背景音乐里那优雅的起舞动作，令台下的观众们无不感觉行云流水般的美妙。

渐渐地，观众们被深深感染，好似不只是在看她跳舞，仿佛自己也随之身临其境进入舞蹈的天地。看，在波光粼粼的海面上。霎时间洒满了浪花，卷起了巨浪……啊，她仿佛和水融为一体。她自由地在海面上散步，在海上她一会儿"捉迷藏"一会儿玩着浪花，一会儿又在听鱼儿们诉说它们有趣的经历。渐渐地音乐结束了，舞者款款收式，盈盈退下。大家都还怔怔观望，过了许久才回过神来。

这少年便是我，一个舞台上的我。

解析与点评：新课程标准指出，要让学生"积极观察、感知生活，发展联想和想象，激发创造潜能，丰富语言经验，培养语言直觉，提高语言表现力和创造力，提高形象思维能力"。小作者模仿鲁迅先生的《少年闰土》首段"月下看瓜刺猹的闰土"的写法，通过正面描写与侧面描写塑造了"舞台上的我"这一人物形象，充分体现了以刻画人物为中心的表达特点。小作者以柔美的语言文字聚焦回忆中的画面，有抓住环境描写的关键语句"夜幕降临，深蓝的天空中挂着一轮皎洁的明月"，仿佛是小作者在向经典致敬；有表示色彩的关键词"淡蓝色的纱衣""海蓝色的丝绸""银色的绢花",宛如调色板上跳跃灵动的花色;更有凝练的动作刻画,勾勒出舞台上激情投入翩翩起舞的舞者形象。"她微微仰头,细长的眼角顾盼流光,自然而然瞟向长长的团扇。一手做兰花指状,一手娴熟地翻动着手中的扇子。她嘟起嘴……"运用了外貌、语言、动作、神态等正面描写。文中写"渐渐地,观众们被深深感染,好似不只是在看她跳舞,仿佛自己也随之身临其境进入舞蹈的天地",读者也随观众渐入佳境。"渐渐地音乐结束了,舞者款款收式,盈盈退下。大家都还怔怔观望,过了许久才回过神来"。这样的侧面描写,一方面凸显场景描绘,增强互动感;另一方面更衬托出台上舞者的技艺精湛风采迷人。这样美好的形象,这样迷人的场景描写,犹如一幅精美的油画画面,厚重丰满舒缓大气。也令读者对舞者留下镜头定格的经典记忆。由此,正如《少年闰土》首段对"月下看瓜刺猹的闰土"的精彩刻画那般,在小作者及读者心中,"我"的舞者形象也是十分动人美好的。

第三章 基于以读促写的教学实施

第一节 前置性教学策略

一、本色阅读模式研究

以读促写的前置性教学策略无外乎就是大量有益的课外阅读积累。关于阅读，笔者结合省级课题"小学语文本色阅读模式研究"作一番回顾与探讨。

新课程标准在关于"整本书阅读"这一拓展性任务群指出："引导学生在语文实践活动中，根据阅读目的和兴趣选择合适的图书，制订阅读计划，综合运用多种方法阅读整本书；借助多种方式分享阅读心得，交流研讨阅读中的问题，积累整本书阅读经验，养成良好阅读习惯，提高整体认知能力，丰富精神世界。"一直以来，课外阅读就是每一位小学生必修的每日功课。引导学生阅读积累是以读促写的前置性教学策略，早在2011年，笔者就与志同道合的教师伙伴们开启"小学语文本色阅读模式研究"这一福建省基础教育课程教学研究课题。

本色阅读模式的研究背景和意义是什么呢？长期一线教学中，笔者发现小学中低年级的儿童在学校教育中，仅仅依靠"聪明"、靠之前"攒"下的积累基础似乎是可以取得好成绩的。但是，小学生如果缺乏一定的持久的课外阅读能力，学习能力一般都表现平平，年级越高学习会越吃力，甚至力不从心。苏联教育家苏霍姆林斯基十分关注儿童的阅读，他深信

"学生的智力发展取决于良好的阅读能力""让学生变聪明的方法,不是补课,不是增加作业量,而是阅读,阅读,再阅读。""读书破万卷,下笔如有神"成为经久不衰的古训,大量阅读是我国传统语文教育的法宝。"多读书、读好书"是教育界公认的硬道理。曾经有人向鲁迅先生请教写作经验,鲁迅说:"哪有什么经验,无非是多看了几本书罢了。"语言学家吕叔湘先生曾经说过:"语文水平较好的学生,你要问他的经验,异口同声说是得益于课外阅读。"

尽管人人皆知课外阅读的重要性,但小学生阅读的现状依然不容乐观,主要问题有:第一,阅读兴趣不浓。一方面,在信息高速运转时代,外部光怪陆离的环境因素极具诱惑,增加了开展课外阅读活动的难度,给学生的阅读带来巨大的负面影响。调查显示,在玩电脑用手机还是看书的兴趣性选择上,大部分学生选择的是前者。另一方面,缺乏必要的引导,孩子们难以真正体验阅读的乐趣,即便看书,只是因教师规定和父母逼迫而被动阅读。阅读兴趣的丧失,是学生阅读的最大敌人。第二,阅读方法不当。有的学生仍然把"划分段落、概括段落大意、分析文章思想"的语文学习方法,运用于课外阅读;有的学生不懂精读和泛读之别,该精读的却走马观花,草草读过,读而不思,不求甚解,而只需粗读的却浪费了许多宝贵的时间。实际上,课本阅读与课文阅读是两种不同的方式。课外阅读纯粹是"读",是语言输入,这种阅读需要辅以适当的"背"和摘抄的活动,以帮助记忆、积累语言和内化知识。第三,阅读书籍不适。主要表现为:有的教师和家长并不清晰该选择什么样的读物,家长往往随意网购塞给孩子,甚至愿意买一些作文选或作文辅导用书,使阅读的兴趣大打折扣;没有时间阅读,很多家长在孩子完成老师布置家庭作业之外,仍然自行"刷"大量的习题,或参加各种各样的校外辅导培训班。

本色阅读模式研究主要目标为:第一,落实语文课程标准精神,关注整本书阅读,扩大阅读量,提高学生的阅读素养。阅读素养是学生从小学开始就应该掌握的最重要的能力。只有掌握了阅读的能力,孩子才能更好地学习其他知识，接受全方位的信息，满足个人精神世界发展的需求。第二，改变教学方式，激发儿童的阅读兴趣。兴趣是学习最好的老师，兴趣会持续产生强大的驱动力，让人废寝忘食地阅读和思考而不觉疲劳。第三，训练认知技能和阅读方法，使儿童成为熟练的阅读者。大脑具有可塑性，后天的教育经验会推动儿童阅读的复杂认知过程，一旦掌握了阅读技能，就会成为熟练的阅读者。第四，加强阅读指导，提高儿童自主学习能力。阅读的潜在问题是自主学习能力弱，能够汲取大量信息资源能力的儿童，会善于自己选择、判断、反思阅读材料的重点、难点。

所谓"本色"，是指突出阅读的本真、本体和本位。其中，"本真"是真实阅读，阅读选材真实趣味、贴近儿童的心理特点；"本体"就是学生为主体，全员参与阅读，整体提高阅读水平；"本位"是指读写为主的语文本能，以读促写，以写促读，读写共同提高。"小学语文本色阅读模式"的建构，是能够有效开展阅读活动，提高阅读能力的。"本色阅读模式"研究的创新点是什么呢？我们重新认识阅读的意义，界定"本色阅读"内涵，明确阅读目标，这是创新点之一。通过"本色阅读"，让学生学会有效阅读，养成良好的读书习惯，提升人文素养，这是创新点之二。主张以读为主，读写兼顾，提高儿童综合语言能力，这是创新点之三。

以新课程标准为指导，积极地倡导自主阅读，培养学生浓厚的阅读兴趣，教给学生一定的阅读方法，教育学生读好书，从书中汲取营养，从书中受益，逐步养成良好的阅读习惯。我们制定阶段性的阅读目标，让每一学段的学生在阅读中有一定的目标可循。我们把减负与学生的阅读结合起来，通过阅读来提高学生的语文素养，发挥阅读对学生情感的熏陶和教育功能。引导学生逐步养成良好的阅读习惯，把阅读当作自主的行为。积极建立班级图书角，图书室增添更适合孩子阅读的书籍，开发图书室管理体系，开放阅览室，张贴关于读书的名人名言，建立学校与班级读书的文化氛围。制订调查问卷，分别调查不同年段的学生、语文教师和家长，从多方面获取儿童阅读需求的信息，分析我校学生阅读的现状，并形成调查报告，然后研制儿童阅读书单，制订阅读计划。布置课外阅读篇目、数量，由各班语文教师安排时间进行阅读、背诵。重在培养阅读意味、阅读习惯、阅读兴趣等；语文教师上好阅读指导课。适当增加调整课外阅读篇目、数量，学会作读书笔记。树立课外阅读榜样，提高学生阅读兴趣；记录阅读活动情况；搜集各学段经典阅读篇目，编写课外阅读材料，增加课外阅读篇目、数量，增加阅读时间，以满足阅读的需要。评估阅读活动，调整阅读方案。及时调整完善阅读指导方案在实践教学中的可操作性。精心设计各学段寒假阅读作业。

"本色阅读模式"是否能够有效提高儿童的阅读素养？时间与实践能有力地验证"本色阅读模式"的有效性。我们开展语文研究性学习实验，较好地实现了课内外阅读的有机结合，形成了良好的课内外阅读的互动，使课内外阅读互为补充，相互促进，激发了学生阅读的兴趣，促进了学生阅读能力的提高。

首先，在班级里创设良好的读书氛围，让学生身处书海。在刚开始实施这个课题时，我们就在教室营造书香气氛、开设图书角、推荐必读书目、定时更换书籍，让学生在浓厚的读书氛围中进行读书。兴趣是相互传染的，在一开始让学生们的看书劲头足了，阅读兴趣浓了。其次，保证阅读时间，让学生充分地进行阅读。课余暇时，学生可以阅读自己从家里带来的书，也可以借教室里的书进行阅读。再次，利用家长会对家长进行知会，要求家长在家与孩子"共同阅读"并经常陪同孩子进行阅读。再者，组织一些班级读书活动，激发阅读兴趣。如：定期举办"推荐一本好书"活动，课前2分钟美文诵读活动，开设班级小小书吧……充分调动学生的兴趣，鼓励学生去阅读。比如开展"奉献一本书，阅读百本书"的活动，学生做到摘录好词佳句，体会优美生动的文章，把自己阅读到的最动听的故事、最有趣的知识介绍给全班同学听。登台向大家介绍本周所读书的名称、内容或体会、收获。不仅满足他们的好奇心，也培养了学生爱护书籍，与他人合作的良好品质。如此由读到讲，既培养了学生的读说能力，又提高了他们的学习积极性。让他们更加努力地从书本中寻找乐趣，体会阅读得来的愉悦感，体验阅读带给的成功。

最后，我们得以建构课外阅读指导教学模式，第一步骤：创设情境，激发兴趣。在整本书阅读教学中，教师可以根据阅读内容创设相应的情境，如故事情境、问题情境、生活情境等，以激发学生的学习兴趣和好奇心。第二步骤：引导思考，培养思维。在整本书阅读教学中，教师可以根据阅读内容提出相关问题，引导学生深入思考和讨论。第三步骤：合作学习，促进交流。在整本书阅读教学中，教师可以组织学生进行小组讨论、角色扮演等活动，让学生相互交流、分享阅读体验和感受。

在实践中，教师根据阅读内容和学生特点创设相应的情境，引导学生深入思考和讨论，促进学生的交流和互动。同时，教师还应该注重培养学生的思维能力和解决问题的能力，让学生在学习中获得更多的成长和发展。经过课题的初步研究与实践，阅读兴趣的提高与经常性阅读习惯的形成，提高了学生的阅读能力，也大大改善了部分学生的精神状态。此外，广泛的课外阅读丰富了他们的知识，培养了他们的审美品质，使他们获得了自信。

研究实践中也有一些困惑，与自身存在的一些不足，以及今后要更加努力的方向。其一，阅读对学生学习语文的重要性是不言而喻的，在"本色阅读"实践中，我们在"培养学生阅读兴趣、阅读习惯和阅读方法的研究"中有了较明确的目标，取得一定成绩，但由于缺乏深入细致的研究，无论是对课外阅读的指导，还是对课外阅读的评价，无论是对课外读物的选择，还是对课内外阅读的互动研究等，都没有形成一套完整的体系。没有系统的理论作指导，使学生良好的阅读习惯的形成效率大打折扣。所以，研究尚停留在低层次中，特别是研究的深度广度还不够，还无法将阅读指导策略形成一整套可循的体系。在下个阶段应着重解决课内外阅读的互动。其二，开展丰富多彩的课外阅读活动，是学生有效阅读的绿色通道。这段实践过程中我们感到，阅读兴趣和习惯的培养与其家庭教育息息相关，家长观念与文化素养对我们研究的开展有着很重要的影响，因此，怎样让学校的指导带动家庭教育，使本色课外阅读真正深入渗透到学生的生活中，使学生真正终身受益，是我们应尽之义。其三，事实上重课内轻课外的现象还常出现，且小学生学习的时间是有限的，学生认知水平差异和学习习惯的悬殊也促使阅读产生了良莠不齐的现象。有些阅读活动可能脱离学生的实际，不能与其他学科知识融汇贯通，出现为读而读现象，误入一种形式主义，增加了学生的负担。因此要把如何构建学生课外阅读能力自主化、自觉化品质作为一个探索重点。要使得课外阅读轰轰烈烈地开展起来，有时也颇有难度。究竟怎样处理好课外阅读与课堂学习的关系，合理安排好课堂学习与课外阅读的时间，切实提高课外阅读的质与量是我们面临的新问题。

二、本色阅读实践例谈

苏霍姆林斯基说："潺潺小溪，每日不断，注入思想的大河。读书不是为了应付明天的课，而是出自内心的需要和对知识的渴求。"所谓本色阅读，就是不做过多修饰的低碳阅读；所谓本色阅读，就是不做过多要求的无压力阅读。扎实，是本色阅读的真正意义。让孩子爱上阅读，就是本色阅读的根本宗旨。

1. 设立我们的小书吧。

最佳教育来自最佳的情境中。学校的图书只能在每周一次的借阅中得到流通，有许多的图书成了名副其实的"藏书"。这是很大的资源浪费。我们调查到，现在的学生对课外阅读的兴趣比较浓厚了，他们愿意读书，但急需构建阅读的平台。放眼六十余人的班级，如何让学生随时随地都能拿到书读，让读书真正成为学生生活的一部分，甚至还培养学生自主管理能力呢？我想到在班级开设几个"小书吧"！

人人带上一本最喜爱的课外书放在教室抽屉里。发动学生自由组合，三个一群，五个一伙，积极献计献策。先给"小书吧"起个美美的名字，再从制定图书借阅管理条约到"小书吧"日常管理，从制作各具风格的借阅卡到开展图书展览活动，从书籍的筛选到编写围绕读书主题的精彩板报，宣传自己推荐的图书，大家都忙起来。他们乐于将自己的图书献出来与大家分享。让"小书吧"成为幸福成长的精神家园。我们贴在教室门口的班级宣言就是"书山有路勤为径，学海无涯乐作舟"。一学期下来，全班阅读积极性提高了，始终处于浓浓的读书氛围之中。大家都反映自己读的书特多特快特好看呢。

2. 教孩子学会选择。

叔本华在《论阅读与图书》中提到："阅读好书的前提之一就是不要读坏书。"我们多次发现，由于阅历限制，孩子往往只凭兴趣阅读，有不少低级趣味的书，他们也能读得入迷。家长呢，明白课外阅读的重要性，但由于专业和能力的限制不知如何指导孩子阅读，也不知哪本书适合孩子去读。因此，我们要发挥教师的主导作用，帮助孩子们摒弃那些不入流的图书，巧妙转移孩子的阅读兴趣点，引导他们远离低俗，爱上经典。

教师的确必须把握好学生读什么书，在开学初我们也推荐他们尽量阅读教育部推荐阅读书目。每逢遇到一些不错的课文，我们总引导他们去阅读相关的课外读物。比如学了《盘古开天地》《女娲补天》，让他们读读《中国古代神话故事》；学习了《蟋蟀的住宅》，让他们读读《昆虫记》……孩子们有目标了！但过多地向学生推荐书目，终究无法培养孩子们自己判断读物品位的能力。笔者曾经读到艾登·钱伯斯在《打造儿童阅读环境》一书中就描述了儿童自主选择的重要性。的确，就应该让他们在一大堆书中，在自主鉴别、比较、选择中培养其自主鉴别、比较、选择的能力。否则，将来孩子离开学校，仍然无法去寻找真正属于自己的书。鉴于此，笔者开展一周一次的阅读汇报课，专门进行"好书推荐"的交流活动。我们发现，但凡读到好书的孩子在推荐时两眼放光，小脸绯红，理直气壮，滔滔不绝，急于分享。而不加判断随意翻阅，胡乱看看的孩子显得支支吾吾，无法讲清他的"推荐理由"。几次活动下来，大家伙都心明眼亮。选择书物显得慎重了，眼光变亮了。孩子们总善于寻找一些能赢得大家喝彩的书籍，班级也常评选每周的"推荐专家""伯乐奖""阅读之星"，大大激发了孩子们慎重选择、阅读推荐的热情。

3. 让阅读变成"悦读"。

新课程标准在拓展型学习任务群之"整本书阅读"这一板块中指出："合理规划阅读时间。应创设自由阅读、快乐分享的氛围，善于发现学生阅读整本书的成功经验，及时组织交流与分享；善于发现、保护和支持学生阅读中的独到见解。"其意味就是不给孩子太多约束，让孩子全身心无拘束地投入到与书的亲密接触中去。有时我们发现，如果总强调让学生在阅读时批注、写读后感，是勉为其难的，是"面目可憎"的，它可能造成了一种"阅读伤害"。那么我们就容易好心办坏事，让孩子抵触阅读，那就违背了我们的初衷了。只有让阅读真正融入他们的生活中去，适度地把阅读感悟转化为文字，才是水到渠成的。兴趣是最好的老师。我们只有不强求孩子摘抄，写读后感，不热衷作"阅读策略"的指导，才能真正推广阅读，让孩子们爱上阅读。

在孩子们的阅读记录本上，他们可以写写心得、画画心情，可以请同伴点评，自由地交流心得，表达见解，可以邀请家长参与评价，可以要求老师评点探讨。不拘形式，这样，在孩子、家长与老师之间架起了一座分享、交流、争鸣的桥梁。不少家长反馈，孩子在家不再迷电脑上网，而是随时随地捧起书来，美美地读。笑出声来。他们自己也被孩子带动着，读了一些很有趣味的书，与孩子更有共同语言了。他们仿佛也在与孩子一起成长着！

随着孩子们课外阅读的深入发展，也许我们本色阅读的形式会变，载体会变，但不变的是它对孩子们成长道路上的精神引领。本色阅读这一探索正在踏踏实实地前行，也一定会有更多的收获。

新课程标准指出："采用读书笔记、读书报告会、读书分享会等方式引导学生高质量完成整本书的阅读。"阅读能力的提高和培养是语文学习的重点和难点。学生在小学阶段的阅读积淀能够锻炼学生的思维能力和阅读理解能力，同时对学生的写作能力也有很大的助力，能够为锻炼学生的口头表达能力和书面表达能力打下坚实的基础。因此，倡导本色阅读，以此来拓展他们的见闻，发现语文课堂以外的丰富世界，对学生学习兴趣的培养和能力的提高都有很大的帮助。

记得多年前读过一本《对抗语文》，作者叶开以自家孩子的阅读为例谈及教材，给出的建议是：语文课可以上得再简略一些，老师自己可以多看一些经典，然后把孩子带向阅读经典之路。他指出："在教育工具化、教育关系物化的理念控制下，语文教材的编选，从小学的虚假道德、中学的空洞理想到大学的无趣审美，形成了一条严格运行的废品生产流水线——学生们寒窗苦读多年，毕业之后，人人都成了合格的废品。这才是语文教育的真正伤痛。"此观点时时警醒与鞭策笔者，教育教学中应有所警惕，常常自我反思。

三、设计课例

《草房子》整本书导读

【教学内容】课外阅读书目《草房子》（作者：曹文轩）

【教学目标】通过赏析学生佳句、名家名篇等方式，学习用具体事例及融情于景的方法来间接抒情，自主修改语段，真实自然地表达情感。

【教学过程】

板块一：谈话导入，激发阅读的兴趣

1. 关于"童年"。

同学们，当毕业的脚步临近，我们的童年也将慢慢走远。童年中，你最难忘的经历是什么？我们每个人都有独属于自己的童年记忆，如果用文字记录，那便是一本厚厚的书。

2. 关于《草房子》。

今天我们要一起阅读的《草房子》，就是中国著名儿童文学作家曹文轩以自己的童年生活为素材创作的长篇小说。关于这本书，你想知道什么？比如作者的童年生活是怎样的？草房子是怎样的房子？书中讲什么故事？书中哪一个人是作者的化身？作者是怎么把童年生活写成一本书的？……这节课让我们一起走进《草房子》，去感受曹文轩笔下别样的童年，去探寻他的写作密码。

板块二：了解"草房子"，感受优美的环境

1. 聊聊"草房子"，我们就从书名开始吧！自由读一读这段文字"这一幢一幢草房子……"跟你印象中的草房子一样吗？哪不一样？（很贵重，很讲究的，很有韧性、经久不衰的，很美、很有趣的房子……）

点评：善于抓关键词来体会。

2. 聊聊"油麻地小学"。

书中的油麻地小学就是这样清一色的草房子，我们跟随文字去校园看看吧。"十几幢草房子……"说说你对油麻地小学的印象？（一幢幢草房子随意地立在那里，在太阳的照射下闪闪发光；校园里种满了植物，又竹子、蔷薇、美人蕉、夹杂着小花的草丛……）

是啊，油麻地小学在这些景物的点缀下，在阳光的照耀下，美得就像一幅画！故事就在这所美丽的油麻地小学里上演。我们一起来读读这段话，边读边想象，将这所美丽的学校记在心间！（配乐读）

点评：同学们读得可真好，听着你们的朗读，我仿佛走进了油麻地小学。

板块三：阅读目录，了解特别的结构

1. 看，生活在油麻地的人们来迎接我们啦！他们是——桑桑、秃鹤、纸月、白雀、秦大奶奶、细马、杜小康……

2. 对照书中的目录，说说你有什么发现？比如有几个章节直接以人名命名。你最想先认识谁？为什么？

板块四：认识桑桑，体会鲜明的形象

1. 我们先从"桑桑"开始吧！看，他来了！（播放桑桑夏天穿棉袄视频片段）他给你留下怎样的印象？（与众不同、特立独行……）文字比视频更精彩哦！谁还记得我们五年级学过的提高阅读速度的方法？（集中注意力；连词成句地读，不回读；遇到不懂得跳过去读……）快速浏览，并概括材料围绕桑桑写了几件事。锯碗柜做鸽子笼，拆蚊帐去捕鱼，大夏天穿棉衣棉裤……阅读不仅有速度有质量。

2. 从这些事件中，你看到了一个怎样的桑桑？请大家再次认真默读材料，画出描写桑桑的词句，体会桑桑是个怎样的孩子，并做简要批注。

3. 桑桑给你留下怎样的印象？运用材料中的语言有理有据地交流。

同学们，刚才我们抓住了作者对桑桑的语言、动作、心理等方面细致的描写，认识了一个天真可爱，异想天开、敢想敢做的桑桑。

4. 你的身边有像桑桑这样的同学吗？他曾做过哪些出人意料的事？在你身上发生过类似的事情吗？无论是作者自己，还是书中的桑桑、生活中的你，这宝贵的想象力，这难得的创造力，都是我们值得珍藏和回忆的！

板块五：课堂总结，拓展延伸

1. 《草房子》是一本"永远的好书"，值得一读再读！——著名儿童文学作家、诗人金波

2. 读《草房子》真正是一种享受，是一种文学的享受、艺术的享受，是一种真、善、美的享受。——中国社科院文学研究所研究院樊发稼

解析与简评：经典阅读，引领成长。本课例运用内容重构策略，品析书中精彩片段，引导学生关注书中人物关系、景物描写、细节描写、情节变化等方面，激发学生的阅读兴趣，带领学生走进纯美的儿童世界。在感受书中诗意美好的环境、催人泪下的情节和纯净善良的人物心灵之时，培养学生良好的阅读习惯、丰富而细腻的情感品质。导读旨在将书本的世界和学生的生活联系起来，让学生从中汲取精神养分，获得成长的力量。

2023年海峡冰心杯"我们的书房"主题青少年写作大赛部分获奖征文
【优文1】

我的阅读列车（朱一涵）

"鸟欲高飞先振翅，人求上进先读书。"我喜欢阅读，喜欢沉浸在书海里，喜欢书中那神奇的文字，喜欢将阅读融入生活。阅读之旅就像一列正在前行的列车，隆隆驶向远方。

我的第一站，听妈妈给我读故事。

小时候，我常黏着妈妈为我读故事。每天晚上抱着一叠书，等候在门口，小眼睛里充满了期待。我要妈妈给我读哪一本书呢？先读哪个故事呢？"咔"开门声打断了我的思想。我急忙抬起头，抱着书，撒着娇"妈妈，妈妈，我要听你给我读！"妈妈浅笑盈盈走进来，牵着我的手坐在沙发上温柔地读起来。好像是谁拉动了时间线，时光飞速流逝，很快就九点了，要睡觉了。我才依依不舍地将书放回书架上，慢吞吞地回到床上。梦里还在回味着阅读的无限乐趣。

我的第二站，我的边读边想象之旅。

有时候，我低头看着书，手里翻着书页，眼前会浮现出书中的画面。我在看《西游记》中孙悟空大战二郎神时，仿佛身在其中：二郎神手持三尖两刃枪，点起神兵领着哮天犬，威风凛凛地来到花果山挑战孙悟空了！孙悟空不会被打败吧？孙悟空才不会被打败呢，他可是齐天大圣！我仿佛就是猴哥拔下的一撮猴毛变成的小猴猁，抓耳挠腮急得团团转。"滴滴滴"忽然不知从何处传来的雨滴声把我从花果山拉回现实，唉，要是时间过得慢一点就好了，我正看到最精彩的部分呢！

下一站，我来当阅读列车火车头。

落日暇时，妹妹总爱缠在我身旁，请求我给她读书，我也乐意。选一个比较舒服寂静的地方坐下来，我会先读书上的内容，再看着插图，添上一些自己想象的故事，绘声绘色地讲着，妹妹也听得入神，和我一起融入书海之中。

"同学们，今天我向大家推荐的书目是《城南旧事》……那沿街叫卖的小贩，城南游艺园的剧场，横七竖八的胡同……那充满了老北京味道的一切，不仅是英子不可忘却的童年记忆，也成了我不可忘却的记忆。"班级的阅读分享课上，我侃侃而谈，吸引着同学们好奇的目光……

哦，我的阅读列车还会继续不断地飞驰，载着我和小伙伴们，到更广阔更美好的阅读天地去！

解析与点评：小作者将自己的阅读经历以"火车旅程"为明线串联了起来，妙哉！这阅读列车意趣横生，引人入胜，仿佛带着读者在作者的阅读世界中走了一遭。以自我对阅读的感受入文，开门见山，直接入题，将自我对写作的认知以名言警句的方式开篇宣明心意，连用三个"喜欢"铺陈自我对写作的爱好，因为热爱，一切都顺其自然，一切都如涌泉自然流淌。全文分作三个驿站，从自我初始阅读的懵懂感悟，讲述自己作为积极聆听者，聆听妈妈为自己讲故事，继而自己走进书的世界，与书本对话，最后，成为阅读的传递者，层层递进，实现阅读历史的迭代升级，构思巧妙，思想深刻。

【优文2】

悦斋，我的精神乐园（李司尘）

刘禹锡为他的"陋室"写下了脍炙人口的《陋室铭》；杜甫在他的"浣花草堂"发出了"安得广厦千万间，大庇天下寒士俱欢颜"的呼喊……而我的书房——悦斋，陪伴我成长，也是我的精神乐园。

上一年级时，爸爸妈妈给我准备了一间书房。爸爸说："这是我们阅读的地方，那就叫'阅斋'吧。"我昂着小脑袋对爸爸说："这是我们享受快乐的地方，应该叫'悦斋'。"爸爸刮了刮我的小鼻子，笑着说："就这么定了！"推开悦斋的玻璃门，四面是水蓝色的墙壁，一张米白色的小书桌，窗台上放着几盆绿植，两排书架上整齐地摆满了书籍。在书籍的奇妙世界里，我跟着皮皮鲁和鲁西西的步伐，去童话世界冒险；我化身小侦探，和福尔摩斯一起细致观察、严密推理、还原真相；小细菌菌儿带着我漫游细菌的世界，开启探究科学的神奇之旅……

我们一家人都喜欢阅读，经常在悦斋享受温馨的亲子时光。每周我们还在悦斋举行"诗词飞花令大会"。记得第一次飞"花"的诗词，我信心满满，可是两轮后，我绞尽脑汁却想不起背过的诗句，我开始有些紧张，好不容易想起"花间一壶酒，独酌无相亲。"却被妈妈抢先说了！没在规定时间答出题来，我输了比赛。我嘟着嘴对妈妈埋怨道："我本来也要说这句的，都被你说了！"妈妈不语，翻开我的诗词小笔记，说："看，你不是背了这么多带花的诗句吗？""可是我都忘了，你说上句我会接下句，但是我自己就是想不起来"？我低着头小声答道。"你都背下来了，怎么就都忘了呢？"妈妈皱了下眉头问道，"哪里还没做好呢？"我挠了挠脑袋，问妈妈："那你是怎么记下来的呢？""如果你不急躁，其实你也能记起来的，而且我有个小秘诀。"妈妈故作神秘，看着我期待的小眼神，笑着说，"先把这个字组词，再想诗句就更容易了。你也来试试？"是的，如果我先组词"桃花"，那就有"山寺桃花始盛开""桃花流水鳜鱼肥""桃花潭水深千尺"……所以，想要赢得"飞花令"不仅靠诗词积累，还要学会好的方法，更重要的是沉着冷静。我开始慢慢总结，发现好方法。有一次飞"月"字，我连用《春江花月夜》里的十几句成为了冠军，赢得爸爸妈妈的夸赞，欢笑声充满了悦斋。

我的书房陪我度过了许多美好的时光，见证了我成长的点点滴滴。我爱阅读，我爱和爸爸妈妈一起"悦"读，我更爱我的悦斋！

解析与点评：小作者的书斋，是心灵愉悦放松的地方，是亲子相处的美好时空，是一家人成长的美好所在。书斋已经不仅仅是书房那么简单的含义了，更融合了小作者的成长历程，汇聚着来自爸爸妈妈的关爱与教育智慧，在书香中踩实成长的步履。以时间为轴，在叙事中将成长故事娓娓道来，画面生动，朴素感人，以书房为契机，写出自己的成长感悟——成长是书香弥漫的，是欢声笑语，是小情绪与小成长并列的。

【优文3】

我与书的喜怒哀乐（欧蕴森）

我有一个特别的好朋友——书，送给了我四份礼物，分别是：喜、怒、哀、乐。

喜

"我骄傲，我能助力同学们借阅到好书……"学校图书馆招收小助手，如果能当选，我就能天天与图书待在一块啦。赶忙去报名！我准备了一份长达三分钟的演讲稿，还认认真真地回答老师提出的问题。等呀等呀，仿佛过了一个世纪，终于挨到名单公布。"中选啦！"我欣喜若狂，"太棒了！幸甚至哉！"

怒

成为图书馆小助手后，我有了更多时间和书接触。这天，我在图书馆看着《上下五千年》，读到了英雄岳飞居然被奸臣秦桧设计陷害！太可恨了！我跳了起来，随即反应过来，就算把书给撕了也不能改变历史啊。于是，我只得坐回位置调整情绪继续看了起来。"怒发冲冠，凭栏处、潇潇雨歇。"我默默诵读着岳飞写下的《满江红》，崇敬之情油然而生。

哀

当然，有时我也会从图书馆借书回家慢慢读。这不，最近我就迷上了一本《未来的学校》，常常爱不释手。连奶奶喊吃饭都挪不开腿，还有什么比手中的书更香呢？风卷残云般扫完饭，马上又回到房间继续狼吞虎咽般品了起来。突然老爸冲了进来，"你作业做完了吗？钢琴弹了吗……"一连串连珠炮似的问，把我整蒙了。"这本书先没收，等你表现好了再还！"我苦苦央求道："不要呀！我还剩几页，就看完了！"老爸连看都没看我一眼就抓着书走开了，只留我一人在那独自哀嚎。

乐

《未来的学校》简直是解开学习谜团的金钥匙，我应该把它介绍给更多的同学！于是，在班级阅读分享会上，我闪亮登场！"你想探知二十年后的学校生活吗？……"，绘声绘色的描述引发台下爆发出阵阵掌声。接下来的几天你猜怎么了？同学们竟然开始争相阅读《未来的学校》，我可太意外了，当然也为自己掀起了又一波读书热潮而暗自得意！

习爷爷说："阅读是人类获取知识、启智增慧、培养道德的重要途径。"这一本本小小的图书就是我飞翔远方的翅膀、航行汪洋的船帆。好朋友，让我们继续出发吧！

解析与点评：小作者的构思别具一格，用"四份礼物"表白自己对书本的独特感受，中心突出，结构明了。文章节选了作者与书交往中的四个典型片段，时间上，一脉相承，一以贯之，与书不分离，情感日深，感悟愈发深刻。初识书本，只为形式上与书相伴，随着越来越深入地阅读后，达到思想上的共鸣，品尝到阅读的滋味，真正意义上与书为友。再后来，以生活中的真实情境表现与书的亲密程度日增，最后，成为推动阅读的阅读之星，由内而外的成就感油然而生，文末，指向远方的期待，再出发，读来让人不忍释卷。

【优文4】

图书馆"寻珍"记（林敬尧）

"叮铃铃……"又逢热热闹闹的课间，同学们到室外参加各种各样的活动。我呢，却最喜欢冲向校园新建的"寻珍"图书馆。嘿，像约好了似的，我天天都想着奔那儿去呢。

一百米，五十米，二十米，十米，五米，到了！按捺不住心中的兴奋，我以百米冲刺的速度"飞"向图书馆。一进整洁的图书馆，明媚的阳光挥洒下来，映入眼帘的是无数个像我一样的"书虫"抱着书的小背影，那么安静，那么投入。每一个角落里，阅读自然而然地发生，每一个人的眼睛都氤氲着求知的光芒。图书馆里的稀罕"珍宝"还很不少。看，茉莉阅读区，分享小剧场，师生驿站，"墨水瓶"区域……简直就是为我们量身打造的多功能智慧学习空间。每每打开一本本书，我仿佛架起了与作者沟通的一座座桥，也开启了认识世界的一扇扇窗。

对，上回看到哪儿了？我迅速在偷偷"标记"好的位置上，找到让我上课魂不守舍的《内燃机车的故事》。这是一本关于火车的书籍，里面介绍了火车的种类和不同车型的内部结构和用途。因为我从小就喜欢看《托马斯和他的朋友们》这部动画片，看托马斯和他的一群个性迥异的火车朋友们在"多多"岛上，一同冒险，一同成长。从《内燃机车的故事》上，我了解到内燃机车的诞生，速度记录，以及内燃机车与国家、社会和人们发生的故事，看到了中国机车高铁走向世界……

有位徐特立老先生说过："任何一种容器都装得满，唯有知识的容器大无边。"徜徉在文字的海洋里，我总忘记了时间，这是我幸福时光哪！图书馆给我的远不止这简简单单的十分钟，我总是喜欢在"她"跟前徘徊，在"她"的怀里看世界，流连忘返。我看到了《桂林山水甲天下》的独一无二，《七色花》的浮想联翩，《灰尘的旅行》的神奇的观察角度，《中国名人故事》的荡气回肠……内容丰富的故事书让我感觉脑海里好多人在"表演"呢！要不是得保持静谧，我一准儿能"哈哈哈"地乐出声来。

"当！当！当！"上课的钟声催促着我返回教室，我急忙借好喜欢的"珍宝"，满头大汗地奔回教室。这就是我奇特的"寻珍"记！图书馆是我的秘密"书房"，她陪伴我度过了美好的时光。

解析与点评：小作者语言个性鲜明，富有动感，充满孩童的俏皮可爱，读来如闻其声如见其人。文章标题取得非常巧妙，利用学校图书馆的名字"寻珍"，一语双关，既是指向现实版的建筑——图书馆，又比拟了自己的阅读之路犹如寻找珍宝一般，构思可谓精巧。文章风格自然贴切，如小溪流淌娓娓道来，读者的心弦也被拨动，小作者将自己对读书的爱好描述得热切而娴熟，有童年阅读历程的铺排，也有自己阅读时候的深切感受，字里行间流露出对阅读的由衷热爱。

第二节　教学策略探究

一、课题缘起

经历了多年的小学语文以读促写的教学实践，笔者更加执着地思考着能够通过课题研究系统地进一步学习探索与实践提升。笔者常常与一群志同道合的来自大学中学小学不同学段不同学校甚至不同地域的老师们热烈地交流讨论。其中就有福建师范大学文学院博士生导师周云龙教授、福建师范大学附属中学初中部徐丽华、缪媛媛老师等。2020年春夏，笔者以"统编教材背景下小语高段以读促写教学策略探究"为题向省教育科学规划办做了申请，获得福建省教育科学"十三五"规划2020年度课题（立项编号：FJJKXB20-838）。幸运的是课题活动始终得到福建教育学院石修银老师、闽江师专郭晓莹教授二位专家的支持与引导，他们多次莅临课题组进行指导。课题如期进行并于2022年8月顺利结题。

二、简介部分

（一）序言

本课题的提出是基于对当前小学语文统编教材背景下高年段阅读教学课堂中以读促写教学策略的探究与研讨。

1. 从国内外同一研究领域现状我们可知，读和写这两种学习存在相同要素时，会发生迁移。但长期以来，阅读教学与习作教学貌合神离，各自为政。许多阅读教学课堂并没有充分认识到教材面向生活、面向实践的引导性与示例性。当前一些教师研究"指向表达的阅读"或者"指向写作的阅读"，往往陷入对表达方式极其繁琐分析的窠臼，使得课堂成为枯燥的写作方法分析课，这也与当前"双减"教育教学趋势相违背。我们应积极探析读写突破点与关键点，实现阅读与写作教学一体化，提高阅读与写作教学的实效。

2. 在新高考及统编教材的背景下，加强学段衔接，探究小学高段以读促写教学策略颇有深意。我们试图切实抓住统编教材新举措的时机，改变阅读教学与习作教学貌合神离的传统格局。梳理与提炼教学策略及教学模式，让学生习作技能的学习经历从演绎到概括的过程，通过学生的自我建构，把隐藏在文字中的表达技巧吸收、内化，最终形成能力，突破高段学习的难点。基于以上的思索，我们提出全新的"统编教材背景下小语高段以读促写教学策略探究"作为期两年的课题研究。我们希冀能经济、有效地提高阅读质量，增强写作能力，更能切实减轻高年级学生课业负担。

（二）摘要

统编教材背景下小学高段语文以读促写教学策略探究，就是教师把阅读指导与写作训练紧密结合起来提高学生写作能力的教学方法。本课题的研究重在探讨阅读课堂中以读促写教学策略的价值目标与实效性。以开展拓展阅读这一前置性教学策略衔接文本阅读与写作，以建构关注情景交融引导向读学写的教学模式，突破表情达意的教学难点，以初小衔接形势下以读促写教学模式的探究促进教与学双向适应。运用得当的读写教学策略，建立一定的教学模式，创造性改变冗长的分析，聚焦学习点，结合文章进行相应的写作指导。从而使学生的写作水平得到有效提高。多维度探寻以读促写的教学策略与教学模式，实现减负增质，为小学高段的读写课堂提供有益借鉴。

三、主体部分

（一）研究问题

1. 研究目标。

在之前的研究实践基础之上，以研究统编教材为契机，打破阅读与写作各自为政的局面，关注初小衔接，在高年级阅读与写作之间铺垫拓展性阅读板块，建立对应的教学模式，聚焦学习点，通过学生的自我建构，把隐藏在文字中的表达技巧吸收、内化，最终形成能力，突破高段学习的难点。从而总结出具有推广价值的教学策略与模式。

2. 研究意义。

"以读促写"是一种教学理念，也是一项基本的阅读教学策略。小学高年段教学中落实以读促写是提高学生语文素养的重要途径。这是对语文课堂教学"少、慢、费、差"的挑战，在提升学生语文综合素养中有着举足轻重的意义。在新高考以及统编教材背景下，教师提高课堂教学效率，改变学生的思维与学习方式，开阔学生视野与潜能及思想价值追求。同时提升学校教研水平，发展教师专业能力。

3. 核心概念。

(1) 以读促写。以读促写即以文章为载体，挖掘文章写作训练的元素，设计与之相关的写的训练，使阅读、写作、思维训练三者融为一体。通过读中学写，以写促读的读写训练，促进学生乐于表达，善于表达的能力。在语文教学中，以读促写训练将读和写紧密地联系起来，既是对阅读的反馈又是写作能力的提升。

(2) 统编教材。统编教材亦称"通用教材""部编教材"，是由国家教育行政部门统一组织编辑，通用于全国各地学校的教材。统编教材按照整体规划，有机渗透的思路，自然渗透立德树人，落实社会主义核心价值观。依据儿童素养发展规律，合理布局语文学习各板块内容。统编教材采取以"语文素养"与"人文精神"双线组元的方式编排阅读单元结构，重视语文核心素养，重建语文知识体系，重视语文知识的积累和读写能力的培养，强化语文学习的综合性与实践性。选文注重经典性、时代性、文质兼美、适宜教学。注重习作与学习能力，强调语言运用。

(3) 教学策略。教学策略为实施教学过程的教学思想、方法模式、技术手段这三方面动因的最优化框架式集成整体，是教学思维进行策略加工而形成的方法模式。教学策略，属于教学设计的有机组成部分，即教师在特定教学情境中为完成教学目标或教学意图，适应学生认知需要而采取的一系列教学方式和行为。

统编教材背景下小学高段语文以读促写教学策略探究，就是教师把阅读指导与写作训练紧密结合起来提高学生写作能力的教学方法。教师在阅读教学中贯穿写作意识，在分析文章的词句段落、主题表达以及写作方法时进行相应的写作指导。引导学生把阅读与写作联系起来，让学生将从阅读中习得的方法与技巧运用到自己的写作中去，达到为己所用的目的，从而使学生的写作水平得到有效提高。

（二）研究背景和文献综述

本课题的相关研究有着较为广泛的理论基础与相关研究成果。

丁有宽老师的"读写结合"研究，给了今天的以读促写教学很大借鉴。美国教育心理学家桑代克认为，读和写这两种学习中存在相同要素时，会发生迁移。我国叶圣陶先生在《论写作教学》中说："阅读与写作，吸收和表达，一个是进，从外到内，一个是出，从内到外，当然与吸收有密切的关系。"潘新和教授认为写作可以促进阅读。

王荣生认为我国中小学的写作课缺乏聚焦特点学习元素的过程化写作指导。温儒敏教授曾批评语文课堂教学程式化教学的乱象。已经有研究者认为，应指导学生从阅读文本中最大限度地挖掘规范的写习作理论知识与实践技能，充分发挥阅读文本的写作示范作用，实现阅读与写作教学一体化，提高阅读与写作教学的实效。

2019年秋季，统编版语文教材已基本普及。部编教材强调了经典性及时代性，文质兼美，适宜教学。一线教师在解读与使用统编小语教材中，初步感受到利教便学，同时也产生了新的困惑，教"好"并不容易。比如，对于适用于各个学段的写作题目，教师难以细化。我们梳理了统编教材四、五、六年级的语文要素，发现与文章表达方式有关的语文要素大致有十几项。把体会课文中基本写作方法的目标定位在迁移运用上，才能让学生真正领会这些写作方法的价值，从而在阅读时更加积极主动地去发现更多有用的写作方法，以阅读促写作，以写作促阅读，从而获得双赢（吴忠豪，2021）。教材文本是教学的最好例子，全面深度理解教材文本，充分发挥统编教材的范例功能，是需要老师在教学中研究的重要课题（张海联，2022）。探析统编教材的读写教学策略，以教材为依托，以课堂为载体，衔接教学内容与教学策略，使得学生的学习"减负"而"高效"是十分必要的。我们力图从教学用书、单元导语、思考题和拓展题、综合性学习、写作、名著选读等中"补白"。研究教材，梳理其"隐在"的知识体系，比较自然而又扎实地体现在教学中。

第三学段是初小衔接的关键点，但一直以来教学理论与实践并没有明确的过渡与衔接。针对高年级学情确立衔接的教学起点，教学要有针对性，不必面面俱到、兼而顾之，而是要有所限定、有所聚焦，根据习作要求和具体学情确立好特定的学习"例点"，发挥其"例子"的功能（谢慧云，2021）。通过学习，感悟蕴含其中的习作知识、策略或原理等，提炼出"已经成形的知识"，以帮助学生理解、内化，这是统编教材赋予的独特教学功能。它像一座桥梁，连接着高年级的阅读感知与写作实践。重新划归"以读促写"能力构成要素，以期为小学读写教学与评价提供有益参考。

（三）研究程序

本课题以统编教材为依托，结合以读促写的教学模式研发，探索统编教材背景下高段以读促写策略。

1. 研究思路。

本课题遵循理论研讨——调查分析——实践探索——总结推广的路线进行研究。首先，系统学习统编教科书教学指导用书，学习有关读写结合有效教学理论，提高认识，初步掌握同类课题的研究发展动向。其次，关注语文阅读教学之现状研究，主要从教学内容与方式、学习方式等方面展开调查，了解当下语文阅读教学的整体概况，发现当中可能存在的问题。再次，继续进行以读促写相关理论探析，探讨阅读课堂以读促写的相关理论，建构相关阅读理论框架与体系。制定研究方案与具体实验计划，收集有关实验数据信息，进行个案分析和阶段性小结，明确研究特点和实验方向。接下来，进行统编教材背景下以读促写的课堂教学模式的建构，提炼以读促写教学模式（含教学目标定位、教材选择与组织、策略指导等）。最后，改进研究方案，形成"以读促写"的有效的阅读课教学模式。进行教学模式的效果测试，学生写作水平测试，学生阅读写作能力的评估。

2. 研究过程。

第一阶段：选定课题，制定课题研究方案；收集文献资料，研究相关书籍；开展问卷设计和调查；准备阅读与写作素材，制定实施方案。

第二阶段：启动课题研究，开展以读促写教学活动，做好读写指导、监控、展示、评价等各方面工作。根据前期研究调整读写阅读教学策略，确保课题研究顺利进行。

第三阶段：观察记录教学中特殊学生的阅读感受和品质，观察其能力、水平和习惯的纵向变化情况，开展反思性教学，探索出读写教育的新思路。

第四阶段：在近两年实验活动的基础上，对课题研究进行全面的分析、整理和总结，整理研究成果，撰写研究报告，开发校本课程，推广研究成果。

3. 研究方法。

在具体研究过程中，我们采取以下方法来展开和推进。

（1）文献资料法。通过查阅有关统编教材解读的有关文献资料，找出本课题的理论依据，为本课题的顺利实施提供理论保障；通过搜集和分析研究当下小学语文读写教学策略的研究概况，比较当前一些读写教学模式，并建构以读促写的高段阅读课堂教学模式。

（2）问卷调查法。深入小学中高年级，有目的、有组织、有步骤地通过调查、访谈、问卷等形式，调查高年级小学生语文阅读课堂与写作现状，掌握丰富的第一手资料，根据调查结果调整相应的做法。

（3）实证研究法。课堂进行"统编教材背景下以读促写的高段阅读课堂教学"教学模式的实践，考察对学生阅读力、写作能力的影响，并结合读写阅读教学情况，开展反思性教学，在研究中自我监控、评价和调整方式方法。力图激发读写教学研究的灵感，引起更多有价值的思考，探索出读写教的新思路。

（4）经验总结法。在课题实验和研究过程中，随时积累材料，记录实验过程，探索有效措施，及时反思和总结得失，探究科学合理的有效的读写教学策略。

（四）研究发现

课题研究以来，课题组以研讨统编教材的读写教学设计与实施为实证案例，在理论研讨的基础上，研制以读促写的系列教学策略，建构相关教学模式。结合校本教材建设、校本作业设计编制，将探讨的教学思路、策略与模式运用到课程中去，并针对性地提出实施的具体举措，践行统编教材背景下的以读促写的理念，以此有效地提高阅读质量与促进写作能力，切实减轻高年级学生课业负担。

1. 深挖内涵，开展多维度拓展阅读，形成以读促写前置性教学策略。

课题组研究发现，语文核心素养背景下，在教材阅读与仿写表达之间，拓展阅读为以读促写提供有力支持。开展拓展阅读这一前置性教学策略衔接文本阅读与写作，从拓展阅读的相似性、比较性、补充性、迁移性等多维度探析教学策略。以统编教材为基础发掘适当的拓展性阅读，利用借鉴与模仿，补充与迁移，切实促进读写素养的提升。

（1）从相似性拓展阅读中聚焦场景细节刻画。相似性拓展阅读特别注重拓展阅读材料与教材的契合度，题材相似，写作手法接近，在阅读教学中运用比较广泛。拓展阅读由教材阅读延伸而来，并与文本合力牵引学生实现阅读理解与鉴赏能力的质的突破，培养主动运用积累的语言或素材去表达的意识。指向写作的高年级阅读课堂，让相似性拓展阅读精准回扣教材，强调如何聚焦场景并做细节刻画，写法一课一得。

（2）从比较性拓展阅读中感悟动静结合手法。比较是思维的基础。比较分为同类事物之间的比较和不同类事物之间的比较，可分为求同比较和求异比较。鉴于同主题下作家们多样的写作构思方法，适时引导学生在教材解读"意犹未尽"的基础上展开比较性拓展阅读，既提高阅读的思辨性，又在新的层面上反哺教材，更强化了对作家表达手法的认识与感悟。

从比较性拓展阅读中感悟动静结合手法并延伸出小练笔，不必支离破碎地进行繁琐解析，破坏文章的意境与美感。应引导学生充分赏析，由景及情，由语言及写法，豁然开朗。既遵循了章法，又享受创作的魅力。当学生从比较阅读中求同存异，又以写反哺，教材与拓展阅读就都充分体现了其文本价值。

（3）从补充性拓展阅读中关注情景交融表达。统编教材的编排尤其注重阅读与表达的整合，当然有些文质兼美的教材因考量了对学生的影响及其文章自身价值，会在原作中进行删减改版，或因为教材与学生实际差距较大，可补充的拓展空间就比较大。适时补充一些作者自身材料或其他作品，既加深对教材的理解，也实现阅读广度与深度的协调与提升，最终实现以读促写。通过补充性拓展阅读让学生得以行走在作者的世界里，了解写作背景，关注他的其他作品，产生更丰富的思考，推进更深的情感体验，从中架构起以读促写的桥梁。

（4）从迁移性拓展阅读中开拓布局谋篇视野。高年段学生习作应有谋篇布局的观念，即思考所写文章的整体架构，使其言之有序，脉络清晰，有章可循。迁移性拓展阅读着力构建学生的阅读背景知识体系，以统编教材编写体系做主线，以单元话题做中心，以相关话题为基本点，援引与教材相关的材料，引导学生见"树木"更见"森林"。达到借鉴写法、赏析文藻思想、着眼立意布局之目标，也就是给学生进行了具体可行的写作指导。因此，阅读教学即写作训练。

教材中作者其他作品的拓展。凡被选入统编教材的课文，皆经千挑万选。对这些知名作者，在学习其一篇课文后，应引导学生去补充认知空缺，更加透彻地了解作者及其他作品。既增加阅读量，耳濡目染陶冶情操，又能更了解作者写作风格与写作手法等，借鉴写法领略作文布局谋篇之精髓。阅读中可以练写提纲或制作思维导图，以此确定主题详略大意，开端发展高潮结局，以及分层分段等，提纲既成则作文成功一半，最终把握布局谋篇之能力。

由段落到篇章的拓展。感受名著魅力，赏析文脉架构。让阅读穿梭于文本整本与单篇之间，既引发阅读整本名著的动机，又提升单篇阅读的品质。迁移性拓展阅读的策略，即抓文中最具特点的写法，引导学生了解作者的构思、布局谋篇和表现手法。当学生感悟到作者表达方法的精妙，就能循序渐进地掌握写作技能，增强写作能力。

综上所述，开展多维度拓展阅读，形成以读促写前置性教学策略，不断激发读与写的契机，适时找准与挖掘读写的结合点，是高年段读写一体化提升语文素养的必要举措。

2. 找准角度，建构关注情景交融，引导向读学写的教学模式。

课题组以建构关注情景交融引导向读学写的教学模式，突破表情达意的教学难点。统编教材中许多高段文本从情感表达的角度出发，教学中要引导学生体会课文对人物内心、动作、周围环境的细致描写，感受细腻真挚的情感。学习作者情景交融的表达情感的方式并用于习作，引导学生主动对比阅读，由此及彼、组合积累，实现类化、迁移。体会课文在语言上的特点，学习课文的表达方法。就情感表达的教学问题展开解析，建构关注情景交融，引导向读学写的教学模式。

(1) 从表达生活的真情实感出发，激发关注情景交融的阅读热望。情景交融是中国人表达情感特有的方式，其中有着深厚的民族文化心理积淀，其肌理与内涵又并不像看上去那么易于言传，正所谓情景交练，得言外意。从情感表达的角度出发，品读人物内心、动作、周围环境的细致描写，感受细腻真挚的情感。学习作者情景交融的表达情感的方式并用于习作。"知人"方能"论世"。要让学生对课文中的情感感同身受，就需要了解作者生平，进一步激发阅读文本关注情景交融的表达的热望。从表达生活的真情实感出发这一教学一环为进入课文情境提供氛围，且做好了思想和情感上的铺垫与酝酿。

(2) 从感知全文理清脉络出发，促进解读情景交融的能力提升。提高阅读速度与提升有目的阅读的能力，是高年级阅读训练重点之一。在此基础上，把握文意，长文短教，凸显下一个表情达意的教学环节。阅读时，要教给学生合适的阅读策略。比如特别注意表示时间、心情等关键信息的词句。可借助表格梳理，提纲挈领，以达到快速正确解读课文的高效阅读。同时，此举也潜移默化地借鉴到习作中，提醒学生思考如何围绕文章情感主线展开情景交融式的表达。

（3）循心情变化，由扶到放，品味情景交融语言的领悟表达。既要关注内容，围绕印象最深的感受，选择合适的事例，并按照事情发展的顺序理清思路，把印象深刻的内容写具体；又要关注写法，把情感真实自然地表达出来，如果情感有变化，还要把情感的变化写清楚。在阅读及阅读教学中向作者学习"怎么写"，学生从阅读中汲取的那些"怎么写"的营养，引导调动学生情感经验与积累。学生在分析文章蕴含的情感的提示，其表达情感的能力也在同步的提升，最终实现读写双赢。接下来的阅读中，由扶到放，引导继续关注作者这样的情感表达方式。

（4）根据阅读，对比习作，内化情景交融表达的读写互动。对表达形式的学习模仿，通过阅读学会习作，因此更应重视迁移性和比较性的拓展。推荐与课文内容或形式相类似的内容，引导学生主动对比阅读，由此及彼、组合积累，实现类化、迁移。阅读的拓展，可促进习作与阅读的深度整合。最后，学以致用，初试身手，实时训练。写是对读的延续与发展。对文章写作手法语言表达进行提炼与思考，结合自身的生活体验来进行语言表达，实现真正意义上的读写结合，并将这些要素与方法应用到具体的写作当中，就是对写作技能的延伸与发展。对比习作，读写互动。

建构关注情景交融，引导向读学写的教学模式，还可利用"交流平台"栏目对本单元学习到的表达方法进行梳理和提示；借助"初试身手"栏目提供片段练习或实践活动。要让学生试着用学到的方法练一练，在获得感性认识的基础上，学习掌握一定的习作方法。在习作中将内心情感自然表达。内化情景交融表达方式，向读学写，为写而读。

3. 关注衔接，建构"导学领航唤醒情感、赏读名篇揣摩情味、向读学写学以致用、分享小结学有所获"以读促写初小衔接教学模式。

课题组以初小衔接形势下以读促写教学模式的探究促进教与学双向适

应。教学中在教材阅读与提笔表达中找准习作的"支点"与"生长点"，有效解决学生习作真实存在的问题，在反复的"写读改"训练中渐进提高学生表情达意的能力。初小衔接就是把思维的空白处和间断处联系起来，着眼于对上一阶段知识的延伸，通过整合，归纳，引导自主学习，内化学习材料，即深入体会课文例文是如何选择印象深刻的事情或合适的内容，真实、自然地表达自己的情感，从而学以致用。

以教材为依托，衔接教学内容。关注学生的心智变化，树立衔接意识，关注中学教材，适当调整教育教学目标，适时导入相对复杂的叙事类散文作为拓展阅读，以提升小学生对相对复杂的文章的认知能力。适当给教学内容增加梯度。从扶到放，循序渐进，提高语文素养。

以习惯为保障，衔接写作方法。小学毕业班的语文教学，应对初中教学目标及实施方法要有一定的适应性理解。自学习惯应加强。在指导习作时，在深度与广度做适当加深与延伸，适当增加学生自学机会。读写结合教学策略下，写作可以作为检测阅读效果的途径，这也是对初中语文核心目标的回应。向读学写的写作方法，以促进初中师与生、教与学双向适应。

（1）导学领航唤醒情感。创设征稿情境，任务驱动，明确主题揭示习作要求，让学生在实实在在的项目活动中，产生习作的兴趣，激发习作动机。唤醒学生内心的情感体验，引导学生衔接生活，打开记忆的闸门去搜寻素材。引导回顾事件经过，回忆心情。学习课文范例，向读学写，用情感变化图来理清写作思路。

（2）赏读名篇揣摩情味。赏析佳句名篇，领略"直接抒情"，简要梳理"直接抒情"的抒情方式，让学生在回顾中增强其情感体验，赏析中内化其表达方法。学习"间接抒情"，引导定义"间接抒情"。借例文片段赏析"融情于景""融情于事"。

（3）向读学写学以致用。拓展阅读，赏析表达。向读学写，主要通过赏析范式、名家名篇等方式，进行针对性指导。引导学生用"融情于景"

"融情于事"等方法来间接抒情，真实自然地表达情感。从教材本身出发，挖掘教材中适合拓展的内容。拓展阅读用于检验所得，并增强读中学写习惯与能力。

（4）分享小结学有所获。学以致用，修改赏析。先小组交流，接着自主修改，最后展示赏析。注意语言表达需要修改；是否选取典型的，有代表性的事物进行表达；事物的状态是否合适。梳理收获延伸课后。

教学要有针对性，不必面面俱到兼而顾之，要有所限定、有所聚焦，根据习作要求和具体学情确立好特定的学习"例点"，发挥其"例子"的功能。通过学习，感悟蕴含其中的习作知识、策略或原理等，提炼出"已经成形的知识"，以帮助学生理解、内化，这是统编教材赋予范文例文的独特教学功能。它像一座桥梁，连接着阅读感知与写作实践。

围绕"减负增效"，这样的初小衔接课模式有几个衔接点。一为教学目标的衔接，初中在小学基础上深入探讨。从领略一二到写作必备基本功的逐步深入。二为教材课例的衔接，含使用的文本教材及拓展阅读教材。三为教学方式的衔接。我们以任务驱动型的教学课堂，更适合六年级学生的年龄调整，注重培养合作学习与自主探究学习习惯，增强向读学写意识，培养写作自信。从扶到放，循序渐进，努力提高学生语文素养。

（五）分析和讨论

统编教材背景下小语高段以读促写教学策略探究的新思考：在统编教材背景下，将教学思想、方法模式、技术手段等进行最优化，让学生习作技能的学习经历从演绎到概括的过程。通过学生的自我建构，把隐藏在文字中的表达技巧吸收、内化，最终形成能力，突破高段学习的难点。课堂教学模式的建构，凸显学生的阅读吸收与写作表达融为一体的实践环节，促进紧抓语用的写作表达。统编教材背景下小学高段语文以读促写课程资源研究与开发，以生为本，根据学生的习作需求充分挖掘相应的文本资源，有意进行相关辅助教材研究。充分挖掘相应的文本资源。促进教师、教学、学生三方发展及补充、借鉴、拓展与提高。

统编教材背景下小语高段以读促写教学策略探究的新探索：课题组以研讨统编教材的读写教学设计与实施为实证案例，在理论研讨的基础上，研制以读促写的系列教学策略，建构相关教学模式。结合校本教材建设、校本作业设计编制，将探讨的教学思路、策略与模式运用到课程去，并针对性地提出实施的具体举措，践行统编教材背景下的以读促写的理念，以此有效地提高阅读质量与促进写作能力，切实减轻高年级学生课业负担。

其一，深挖教材内涵，从拓展阅读的相似性、比较性、补充性、迁移性等多维度开展多维度拓展阅读，形成以读促写前置性教学策略。利用借鉴与模仿，补充与迁移，切实促进读写素养的提升。其二，建构关注情景交融引导向读学写的教学模式。激发阅读热望，促进能力提升，品味领悟表达，内化读写互动。其三，关注衔接，围绕"减负增效"，建构"导学领航唤醒情感、赏读名篇揣摩情味、向读学写学以致用、分享小结学有所获"以读促写初小衔接教学模式。通过真实的任务情境，以教材为依托，衔接教学内容。以习惯为保障，衔接写作方法。在深度与广度做适当加深与延伸，促进初中师与生、教与学双向适应。

（六）建议

1. 课题可更进一步丰富研究成果的体现方式。

研究过程中，我们发现由于学生的语文基础与学习能力存在客观差异，在采用统一模式、统一标准进行教学的同时，应特别关注学习的层次性、差异性和梯度性。在今后的教学研究实践中，将尝试进行分层教学与梯度性教学，既关注高阶思维的训练，又适度降低对部分学生的要求，给予更多的关照和表现的机会，让每个学生得到最佳程度的发展。

2. 新形势下应不断更新研究理念提升科研水平。

在教育部颁发的新课程标准中，强调了"加强学段衔接"的重要性。在发展性学习任务群"文学阅读与创意表达""思辨性阅读与表达"等中也皆强调读与写有机融合的理念，如"引导学生成长为主动的阅读者、积极的分享者和有创意的表达者""应根据教材编排，以思辨性的任务情境统摄阅读和表达，学生在思辨性阅读中学习思辨性表达方法，又以思辨性表达促进思辨性阅读"以实现读写双向聚焦、相互促进。课题组应在新形势下进一步积极学习，不断提高理论和实践水平，继续关注当前读写结合新的理论与创新发展，对读写结合策略的认识及运用要有更深入的提升。

四、主要成果

（一）学校教研水平得到提升，教师专业能力得到加强

课题研究开展以来，课题组以研讨统编教材的读写教学设计与实施为实证案例，在理论研讨的基础上，研制以读促写的系列教学策略，建构相关教学模式并推广与辐射。为深挖教材内涵，我们从拓展阅读的相似性、比较性、补充性、迁移性等多维度开展多维度拓展阅读，形成以读促写前置性教学策略。为解决情感表达的难题，我们建构关注情景交融引导向读学写的教学模式。为关注衔接，围绕"减负增效"，我们建构"导学领航唤醒情感、赏读名篇揣摩情味、向读学写学以致用、分享小结学有所获"以读促写初小衔接教学模式。通过真实的任务情境，以教材为依托，衔接教学内容、衔接写作方法。在深度与广度做适当加深与延伸，促进师与生、教与学双向适应。

结合校本教材建设、校本作业设计编制，将探讨的教学思路、策略与模式运用到课程去，并针对性地提出实施的具体举措，践行统编教材背景下的以读促写的理念，以此有效地提高阅读质量与促进写作能力，切实减轻高年级学生课业负担。

课题组成员围绕课题，积极研讨并撰写相关论文，在各级刊物发表共计10篇。其中笔者《多维拓展阅读，以读促写提升语文素养》发表于《福建教育学院学报》（CN35—1240/G4　2021年第11期），《关注情景交融，引导向读学写》发表于《福建基础教育研究》（CN35—1298/G4　2020年第9期）。

（二）教研成果有示范引领有辐射

在课题实施过程中，课题组赴福建师范大学教育学部及文学院、福州

市高新区、福州市永泰县、龙岩市长汀县、龙岩市上杭县等地开展送教活动共计9场。两年来开设省市区校级的公开课共计15节，把课题研究的成果推广到各地。其中周云龙教授受邀首都师范大学做学术讲座《跨文化形象学：研究范型的思考》；在省级"初小衔接"主题现场教学活动中，课题组精心研讨的以读促写习作指导课，由笔者执教六年级下册《以读促写，让真情自然流露》展示了关注衔接，建构"导学领航唤醒情感、赏读名篇揣摩情味、向读学写学以致用、分享小结学有所获"以读促写初小衔接教学模式。此课通过现场观摩与网络同步直播，把研究成果辐射到了全市全省乃至省外。另，笔者受邀到福建师范大学教育学部及文学院为数百名教育专业本科生与研究生做教学讲座《思维与情境例谈》《发展思维，强化表达》；受福州高新区教师研训中心邀请，课题组成员笔者及三位老师做学科讲座，皆渗透"以读促写"的教学理念；课题组老师执教以读促写课例十余节。

课题组还关注学生学习需求，积极开发校本作业，汇编中高年级以读促写的教学设计与相关的课堂练笔，为广大师生提供借鉴与引领。

(三)学生语文素养得到发展

课题研究期间，引导学生坚持日常仿写练笔，并积极以赛代练，写作表达得到不断训练，增强了表达自信，课堂学习兴趣浓厚，语文素养不断发展。两年来学生获奖达60余人次，赢得校内外广泛赞誉。笔者及课题组老师指导王梓涵等5人次参加2021年"爱国心·报国情·强国志"省级征文比赛分获一二三等奖及优秀奖；指导林臻荣等27人次参加2021、2022年省级"海峡·冰心"杯征文比赛分获一二三等奖；指导朱一涵等8人次获2022年省级冬奥征文奖；指导2人次参加第九届海峡两岸好文章中小学生作文获奖；指导3人次参加2020"美好生活劳动创造"全国征文获全国小学组特等奖；指导4人次佳作入选《读写》2021年第10、15期"第二届中小学生优秀读后感展评；指导学生作文入选《快乐语文》；指导学生作品入选省级"共抗新冠肺炎"优秀作品展并评获省级二等奖，参加市级

2020第六届"我的一本课外书"活动获市级"福州阅读小达人奖",参加全国级语文报杯中学生主题征文比赛;指导学生微视频《姑太爷的军功章》入选由中共中央宣传部、教育部举办"第四届全国中小学电影周",此是福建唯一入选作品。

五、结语

在课题结题会议上,福建教育学院石修银老师与闽江师范高等专科学校郭晓莹老师做了充分的肯定与前瞻性的期望。他们认为本课题研究过程规范、扎实,课题研究成果丰硕,示范辐射引领效果明显。课题研究以课例为抓手构建相关教学策略与教学模式,多维度探析了阅读与写作,以读促写,向读学写。研究能注重初小衔接,读写思融合,构建高效课堂,促进学生语文素养发展,提高学生的写作自信。课题组成员还进行了读写结合训练点的研究,思考了"双减"背景下的读写结合以及如何训练学生的高阶思维发展,思考2022版的新课程标准背景下的思辨性阅读与表达,体现了前瞻性与使用性。课题展望前景,拟在读写结合基础上探索分类分层道德读写训练和思辨性阅读与表达,以适应新课程标准新教材的发展变化。

第三节 教学过程的展开

以读促写,是架设将阅读与写作两个板块的桥梁。以本为范,以读促写,将阅读与写作整合起来,让阅读文本成为写作的最好例子。在文本阅读中学习语文要素,学习立意选材,学习构思技巧等,从而提高写作质量与写作能力。借助文本阅读,学习书面表达的方法与策略,发挥文本这一最好的例子的作用,从学习到模仿到创作,以习作的方式来呈现学习效果。在阅读活动中重视语言文字以及表达方式的深度理解与积累,建构实效的语文课堂。

下面以六年级上册《穷人》为例，阐述以读促写教学片段的展开。

【教学片断】
板块一：在聚焦的重点段落中品词析句，读懂人物心理活动

师：小说里有大量的心理描写，你认为最精彩的是哪一处？（生：第9自然段）

师：这一段人物的心理描写堪称经典，试着读一读，可读出桑娜怎样的心情？（学生自由读）

生1：从"他会说些什么呢？这是闹着玩的吗？自己的五个孩子已经够他受的了"感受到桑娜很关心自己的丈夫，但又担心自己的丈夫不接受那两个孩子。

生2：我从"为什么把他们抱过来啊"这一句，体会到了桑娜抱过来西蒙的孩子，觉得很纠结与自责。

生3：我从"他会揍我的，那也活该，我自作自受"这一句话，可以看出桑娜已经下定决心要收养这两个孩子了，她很坚定。

师：阅读就是一个发现的过程，每一小句都可能是一种心情。再细细地品一品，在这些文字的背后还藏有什么心情？

生5：从"为什么把他们抱过来呀"，可感到桑娜有些后悔。

生6："是他来了，不，还没来"，写出她既希望丈夫平安回来，又怕他回来的矛盾心理。

师：是啊，这一段话里有担心、自责、矛盾、后悔、犹豫、直到最后坚定，这一系列的心情的变化能用这一段里哪个词来形容？（生：忐忑不安）

生（朗读）："他会说什么呢，这是闹着玩的吗？自己的五个孩子已经够他受的了……是他来了？……不，还没来！……为什么把他们抱过来啊，他会揍我的！……那也活该，我自作自受，揍我一顿也好！"

师：在小说里，一段恰到好处的心理描写往往能够直击人物的内心。这样的内心独白加上反问的手法可以使句子增强语气，符号里蕴含的情感变化更加突出人物内心思虑的幅度。穷人在生存困境面前的一个善举一个信念，真实得让人动容，彰显人性之美。

板块二：在思辨人物的矛盾心理中，习得刻画心理的策略

1. 小说如何塑造人物形象？就得益于这些细腻、复杂、真实的细节刻画。倘若直接写桑娜毫不犹豫就能干脆利落地做出判断与付诸行动，反而是不现实的。因此关注心理描写，掌握内心独白的描写方法，学以致用，能使你有更独特的思考与学习体验。作者积极地借助心理描写推动小说情节发展，也使故事更加跌宕起伏一波三折，扣人心弦而回味无穷。

2. 运用内心独白式的心理刻画，有什么可以学习与借鉴之处吗？其一，这样的文字表述仿佛是自言自语，可以使用第一人称或是其他人称，使用"想""思考""沉思""陷入回忆""反复回想"等表示心理活动的字眼儿；其二，使用问号、感叹号、省略号等，更能细腻刻画人物的多样的复杂心理变化经过；其三，艺术来自生活却高于生活，虚构的小说里的人物与事件往往与生活中最平凡最真实的非常接近，平凡之中有动人之处。这就是刻画心理的策略，也是写作的魅力。

板块三：在多元评价心理刻画片段中，夯实表达能力

1. 学生体会小说中人物复杂的内心世界，积极仿写，运用习得的刻画心理的策略，调动生活积累，试着选择一个"忐忑不安"或"犹豫不决"的心理活动写下来。

2. 仿《穷人》第9自然段（心理刻画）并请同学赏析评价。

【范例】

迟到啦（江楠）

唉，我又迟到啦！这是这周的第二次，我可得老老实实写反思了，要不黄老师这关就过不了了。我怎么迟到的？今天妈妈不是早早把我从床上给轰起来了？我难道不是早早刷牙洗脸吃饭上厕所了？当妈妈扯着嗓子冲我喊："你这臭小子别再迟到了！"我不耐烦地回敬她"我会迟到——才怪！"

这么早走在上学路上，一个人真没劲啊！隔壁班同个小区的王同学呢？对呀，我可以去找他一起走。所以，我原路返回，敲他家的门。……

我们俩走着走着，边说边闹。路上我们还顺便拐到小卖部去侦察了一下有没有新到货的玩具……突然，王同学叫起来："不好！我的数学书没带！回去拿！"都是哥们，我怎么能不陪他呢？……当我们俩紧赶慢赶，到学校门口，发现，大门口安安静静的，没有什么人了。保安伯伯正在关大铁门！完了，我拼命冲上台阶，但，人腿快不过时间。

唉，如果可以重来，我愿意用十块巧克力来换我今天不迟到……

解析与点评：小作者选取生活中常见的事件来描摹心理，因"磨蹭迟到"担心"挨老师批评"，心理多次纠结，情节多次反转。开篇一个"唉"字奠定"郁闷懊悔"情感基调，"我不耐烦地回敬她'我会迟到——才怪！'"是对自己不可能迟到的自信，"这么早走在上学路上，一个人真没劲啊！"为之后的磨蹭埋下"大意失荆州"的"雷"，"我们还顺便拐到小卖部去侦察了一下有没有新到货的玩具……""都是哥们，我怎么能不陪他呢？"这里回溯了不断变化的情节，并凸显一个男孩的顽皮与讲义气的个性特征，还有俗语一般的特色语言"人腿快不过时间"表现了紧赶慢赶却无力回天的失落与懊恼，"唉，如果可以重来，我愿意用十块巧克力来换我今天不迟到……"重重一笔，强调了追悔莫及的心态，与之前信誓旦旦的语言呼应并形成鲜明对比，一个调皮可爱善于反思富有生活气息的少年郎形象就跃然纸上。当然心理活动复杂多变，心理描写手法也不尽相同。还可以使用类似幻觉、梦境之类的描述方式来表达。根据自身的喜好或者需要恰当选择运用，在具体灵动的描摹中，人物的内心世界就真实而形象地展示出来。学生也从表达实践中进一步体会与把握了语言运用的规律。

第四节 教学方法的选择

一、中年级阅读教学与口语交际同构共生探究

新课程标准在第二学段（小学中年段）的"学业质量描述"中明确提出："乐于在班级活动中交流展示，能根据需要用普通话交谈，认真倾听，把握对话的主要内容并简要转述；能按照一定的顺序讲述见闻，说出自己的感受和想法。"中年级孩子正处于思维发展的一个飞跃过程的关键时期。如何在我们的阅读课堂之中切实锻炼与提高学生口语交际能力并为笔头表达奠定扎实基础，这是笔者一直在积极思考与实践的问题。

情境教学法倡导人李吉林老师说："言语的发源地是具体的情境，在一定的情境中产生语言的动机，提供语言的材料，从而促进语言的发展。"因此，我们倡导教师们凭借教材，因时制宜，因地制宜，因人制宜，创设符合学生心理、年龄特征、生动有趣的有利于学生交际的情境，采取教学内容引导训练、情境模拟训练、话题说话训练等方式方法，激发学生参与口语交际训练的兴趣，有效指导，让中年级阅读教学与口语交际同构共生。

（一）教学内容引导训练，让学生会说

为什么我们把口语交际和阅读教学相融合？因为课堂教学本身就是师生交往的双向互动过程。每一堂阅读教学课都为学生口语能力的发展提供了"用武之地"。所以我们的课堂上要有凭借教学内容引导口语交际训练的意识，融口语交际训练于阅读课之中，二者相辅相成，互相促进。

1. 凭借预习环节引导口语交际。课伊始，让学生充分交流自学生字词的方法、交流他们搜集的资料，提出预习中遇到的问题，合作解决问题。从而既锻炼了口语交际能力，又最大限度地提高阅读课堂的教学效率。

2. 随着课堂的深入，在朗读与品味中进行训练，在释疑与评价中进

行训练。如对文章好词佳句的评析："你觉得他这个词用得好吗？好在哪里？"让学生听清楚、听明白；"读到这里，你的感受是什么？"指导学生在听的基础上学会思考，学习评说别人的话语，鼓励学生自我评价，互相评价；"别着急，想好了，再慢慢说。"增强学生对口语交际信心。教师的引导、纠正等就这样不着痕迹，与课堂主要教学目标水乳交融。

3. 创设特定情境引导"演"中口语交际。许多儿童喜闻乐见的课文如《小木偶的故事》《幸福是什么》等，都可以让学生即兴扮演角色演课本剧，并加以语音、感情、态势等方面的指导，使他们在绘声绘色的表演中锻炼口语表达能力。再如学习了《鸟的天堂》《颐和园》之类的游记文章，可以让他们尝试做一名小小导游，要解说景点，还要为"游客"答疑解惑。

4. 营造辩论的氛围，让课堂的生成焕发出动人的光彩。如《猫》一文，"你觉得老舍先生真爱猫吗？"正方与反方既可以依据课文内容，又可添加自己所收集的资料，这样的课堂是极其热闹的，颇具"辩论"的风采。教学不再是老师的包办替代，老师无须暗示，无须偏袒哪一方，仅仅是活动的组织者与引导者，用孩子们的话说呢，就像是用自己的智慧去打一场"没有硝烟的战斗"，课堂成为训练学生口语交际能力的阵地，让学生在无形中提高他们倾听、表达与应对的能力。在这样的情境之中，孩子们感受着语言的魅力，品味着成功的喜悦。

（二）设计情境模拟训练，让学生乐说

很多时候，笔者发现学生习惯了做忠实的听众，也就慢慢地丢失了说的欲望。长此以往，说的能力、口语交际的能力可想而知了。要真正解放学生的嘴巴，就要树立正确的语文教学观，从兴趣、情感的激活入手，培养学生的表现欲，甚至是表演欲。教师要充分设计情境，使口语交际训练方式具有吸引力。让学生在自由放松的心理状态下自主、独立、真实地进行"乐说"，让他们富有个性地反映自己的情感和体验。

笔者利用课前两三分钟，坚持开展符合班情的简约型口语交际活动。

有的班级进行儿童喜闻乐见的"猜谜语"游戏，有的班级结合读书活动，进行"好书推荐"互动交流，有的班级"校园新闻"现场播报及答记者问，有的班级进行"课前美文欣赏"，朗读、复述及评价，有的班级围绕既定主题演说及评说……这样的设计安排，迎合了中年级孩子喜闻乐见的内容，学生特别买账，积极筹备，乐在其中。

如每节课前的"演讲"与"评说"，笔者的做法是让每个学生事先提出感兴趣的话题，提前稍做准备后站在讲台上演讲，每次演讲结束后，由另一个同学讲评。同学评同学，无所顾忌，有感而发，肯定中有建议，不足中有补充，常常会赢得大家的掌声。

再如"课前美文欣赏"，课前安排一名学生准备一篇或一段优美的诗歌或散文，在讲台前朗读，要求其他学生仔细倾听，然后再让一位学生复述美文中自己认为最好的语句。也可以评议说心得。由此可生发出一篇口头作文来。这样既训练了口语，亦提高了作文水平和美的鉴赏能力。

之后，教师简要评析，小结，重在鼓励。据反馈，坚持这样的课前活动，孩子们课前能更快更及时地进班，课外更积极地大量筹备。气氛活跃起来了，整个课堂都洋溢着表达的欲望，交流的欣喜。

（三）话题说话引导训练，开辟口语交际新途径

笔者学校有着较丰富的各项特色活动，为孩子们提供了更广阔的交际空间，从课内延伸到课外。如一年一度的校园文化艺术节、学校运动会、书香校园读书节、社会实践活动等。尤其是从中年级始，我们通过各种形式的活动，让学生获得更真实、更精彩的口语交际情境，获得了外延更广泛的口语交际的材料，同时拥有了更多口语交际的机会。老师们让学生们接触课堂以外，熟悉真实的生活，在活动中扎扎实实进行口语表达、互动，在实践中学会分析，增长才干。

如在"书香校园"读书节活动中，各班开展"资源共享、好书推荐"活动。每人选择自己喜欢的一本课外书放进书包，并制作一张精美借阅卡片，写上推荐理由、借阅者借阅时间、简评。同学课间互相交流，推荐阅

读并作记录。期末在班级做小结、展示与交流，并推荐、评比班级"阅读"之星。《国学经典》安排在每堂语文课前诵读。年段定期进行诵读比赛、故事比赛。就这样，随着课外阅读的深入，也就是口语交际发展的深入，学生在广阔的书的海洋尽情畅游，在和谐上进的氛围中交流，在具体的情境下快乐学习与提高口语交际水平。

总之，创设情境引导训练，让学生乐说、会说，让中年级阅读教学与口语交际同构共生，彼此交融，提高教学效益。如果把学生阅读能力与口语交际水平比作是一棵树的话，那么这棵树将在我们的精心引导下，不断生长，根须延伸，枝叶将变得越来越繁茂。

二、让习作与绘画同构共生——我的"作文如画画"教学尝试

法国近代教育家卢梭说："一切学科本质应该从心智启迪时开始。"新课程标准也指出："多角度观察生活，发现生活的丰富多彩，能抓住事物的特征，为写作奠定基础。""观察周围世界，能不拘形式地写下自己的见闻、感受和想象。"为学生的自主写作提供有利条件和广阔的空间，减少对写作的束缚，鼓励自主表达和有创意的表达。那么，如何打开学生思维的大门，引领孩子们敢写、乐写？如何以新颖、灵活、多样的方法或写作思路积极有效地帮助学生轻松地找到可以下笔的"切入点"？笔者借助儿童绘画的思维方式，尝试着开拓儿童的作文思维。

（一）涂鸦——从画画到写话

有研究表明，孩子们最初表达思想的本能就是画符号。在他们成长早期，涂鸦就是儿童的一种本能需要，他们上小学之前，经常会在墙壁、桌子、窗户上随处涂鸦。涂鸦是儿童表现思想的方式，更是儿童创造欲望的表现。而儿童作文教育，要从激发孩子的本能开始。苏联心理学家及教育家列·符·赞科夫认为，要"了解儿童，了解他们的爱好和才能，了解他们的精神世界，了解他们的欢乐和忧愁，恐怕没有比这一点更重要的事了"。中国教育家陶行知说："我们发现了儿童有创造力，认识了儿童有创

造力，就须进一步把儿童的创造力解放出来。"因此，用画画来激发兴趣，激发儿童的表达欲望，用涂鸦来激活儿童的创造性思维，是儿童写作教育的第一步。

在教学时告诉孩子，"写作"就像涂鸦画画，你想怎么画都可以，用自己想要的方式进行表达。作文教学时，经常在板书旁围绕教学内容勾画上几笔画作为示范，激发孩子的兴趣，然后再布置"绘画日记""涂鸦作文"的作业给孩子们做，让孩子作文时先画再写，画出想写的内容，然后再写作文。实践证明，效果不错。比如有的孩子写自己考试没考好，很伤心，先在日记本上画了一张卷子和几滴眼泪，然后用文字写下自己伤心的感受。有的同学描写风，先涂鸦刮风时花、草、树、人的不同姿态，然后用文字把刮风时花、草、树、人不同的姿态写下来，写得详细生动。还进一步要求学生不仅仅要关注小花、小草在刮风时的形态，还要养成关心周围事物的习惯，记住让自己记忆深刻的大事小事。

实践证明，从孩子本能出发的"绘画日记""涂鸦作文"等写作教学方式不仅激发了孩子们的兴趣，引发了他们的表达欲望，而且激活了儿童的创造性思维，有利于孩子尽情地抒发心中的喜怒哀乐，抒发纯真自然的情感，并有利于儿童养成观察身边人和事的习惯。

（二）临摹——像摹画那样模仿作文语言

教育家杜威认为，教学必须从学习者已有的经验开始，因此儿童学习作文的初期，教师有必要引导学生进行模仿。具体做法是：以学画画需要临摹为比喻，启发学生像热爱画画那样去摘抄名篇佳作中的美词佳句，积累语言的素养。

在小学中低年级进行作文教学时，告诉孩子，初学画画时要临摹，初学作文时也一样，要模仿别人的写作。布置学生去课外阅读，摘抄好词佳句，持之以恒，定期检查。中高年级以后，还让学生尝试写读后感、心得体会。这样长期阅读积累，学生就能把读到、摘抄到的内容恰当地运用到文章中。

此外，还应提倡学生像临摹画画那样，用文字语言去阐释图片的内涵，这样可以训练学生的文字刻画能力。教师开展了一次"照片作文"训练，先请学生选一张自己认为最好的生活照片交上来，张贴在班级的黑板报上，让大家去观看评论。然后，布置大家为自己的照片写"说明词"，或者写与照片相关的有具体情节的作文。最后，把每个孩子对自己照片的说明词贴出来展示，看看谁的说明词更好地"临摹"了照片的内涵，让学生"乐于书面表达、增强自信心，愿意与他人分享习作的快乐"。从效果来看，对学生作文进行"临摹"训练是颇具实效的。

（三）写生——像绘画那样描绘生活

在临摹的训练取得实效的基础上，教师进一步将教学由描摹照片引向对事物进行"写生"的训练。写生，就是将生活中的所见直接用画笔画下来。这是画画的基本功，是描绘生活内容的最基本状态。同理，生活中的所见、所闻、所感也都可以是我们笔下的写生对象，既可成风景，又可以写进文章。古有画家云：搜尽奇峰打草稿。作文就是用语言描述生活的过程。教师就利用了"写生"的原理对学生进行作文训练，成效斐然。

比如苏婧怡同学的《绿豆观察记》一文中的片段：

"今天刮起了台风，可一点也不影响小豆子的生长。它们的根也越来越长，深深地插入了土中，在豆瓣头上的裂缝中长出了两片小绿叶，就像螃蟹的小爪子。我还发现它们白白胖胖的身体变成了紫色。"

再如林文欣同学《当老师不在的时候》一文中的片段：

"为了提防老师，我们派了'千里眼'和'顺风耳'去'南天门'侦查，于是我们就拉开了联欢的序幕。一架纸飞机正中班委，班上闹得更欢了。欢呼声盖过了班长的怒吼声，我们更加肆无忌惮地玩起来。'老师来了！老师来了！'千里眼'大声叫嚷着，我们以迅雷不及掩耳的速度各就各位，赶紧闭上嘴巴收拾东西，教室里顿时一片安静。走进来的老师居然笑眯眯地瞄着垃圾桶里的纸飞机，淡淡地说：'今天的作业就写一篇作文《当老师不在的时候》。'老师扬长而去，大家叫苦连天！咦，怎么有中计的感觉?"

像这样的习作,皆来自孩子们所见、所闻、所为、所感的"写生"——写生活。

(四)构思——像构图布局那样预想作文的结构

思想是行为的先导,有伟大的思想才会有伟大的作品,传神的画作,一定是有预先构思的作品。恩格斯说:"最蹩脚的建筑师也比最聪明的医生高明。"作文与绘画的构思有异曲同工之处,在动笔习作前一定要有选材布局的意识,要构想行文的脉络。事实上,要求学生先涂鸦画画,再写作文,就是让孩子学习先构思,后写作。

教师向学生提问:"同学们在美术课画画的时候,是先想好再画呢,还是没想好就乱画?"孩子们的回答是前者。是的,先想好画什么,想好画在纸上的哪个位置,画多大,先画哪一部分,再画哪一部分。这些道理中高年级的孩子基本都懂。然后引入作文构思与画画构思同理的说法。告诉学生,在作文之前,对自己生活中的所见所闻、所思所想,在动笔习作前一定要像画画一样先想好再动笔写。要想好根据描写对象和表达需要选择用什么事实材料——选材布局;想好先写什么,再写什么——行文脉络,然后才动笔写。

(五)点睛——像印象派那样突出典型

印象派绘画不追求画面的完整性,而是追求突出亮点。印象派绘画看似随意用色、图像离奇,却能准确抓住所表述对象的典型特征,突出亮点,进行"画龙点睛"。同理,写作也要善于突出典型事例,进行画龙点睛。当然这需要作者具备一定的分析思维能力。倘若前面的"涂鸦""临摹""写生""构思"等方面都得到训练,那像印象派那样的点睛升华的写作技能也能水到渠成。

教师在教学时展示了齐白石的画虾的图,让学生观察,提问:"齐白石画虾,并不是详细地刻画,而是用很少的几笔就画出给人以传神的感觉,这是为什么呢?"让学生领会,然后解释:"齐白石用很少的几笔就画出了虾的最典型的特点,可见高超的画技,就是画出典型特点。同理写作也一样要抓住典型事例的特点。"如果是写人,就着重写他的独特样貌;写事,就着重写这件事与众不同的地方;写景,就突出景色最具特色的地方,从而给读者留下深刻印象。

教学中,笔者常对学生说,有句话叫做"事实胜于雄辩",一个人究竟能不能干,不能只说,要举出能让大家信服的事例来,这样的事实就叫"典型事例"。我常让学生比较同一题材的几种写法,谈谈怎样的写法给了你最深的印象,为什么?让孩子们明白,典型事例中,作者对人物的动作、语言、神态等细节描写最能表现人物的特点,表达出作者的情感,使读者从中受到启发,给读者留下深刻印象。要想写好"印象派"作文,就要注意捕捉生活中的种种典型"细节",一个鲜活的"生活细节"可顶得上千言万语。

总之,让我们尝试着在绘画与习作之间搭起一座桥梁,降低思维的坡度,让儿童的习作与绘画同构共生,让学生"带着高涨的、激动的情绪从事学习与思考"(苏霍姆林斯基语),让孩子的作文与画画平滑接轨,悄无声息地成为儿童作文的一部分。

第五节 教学空间的拓展

一、让学生为感到自由而写作

新课程标准一如既往地向我们指出,小学作文教学要"观察周围世界,能不拘形式地写下自己的见闻、感受和想象,注意把自己觉得新奇有趣或印象最深、最受感动的内容写清楚。""珍视个人的独特感受",要让儿童可以"自我表达和与人交流"。诺贝尔文学奖获得者捷克诗人塞弗尔特说过:"我为能感到自由而写作。"他认为一切语言活动都是为达到自由,为感到自由的欢乐而作的努力,"写作是因为感到自由,感到欢乐"。

要让学生"为感到自由和欢乐"而写作,应去掉套在学生头上的"枷锁"，让他们自由创意，自由选材，自由表达，想写什么就写什么，想怎么写就怎么写，无拘无束而畅快淋漓地"自我表达和与人交流"。在小学阶段，教师如能让学生爱上习作，就已经是很大的成功。

（一）拓宽自由创意的思路

写作是生活，是对生活的一种创造活动，创造活动必须不断出新，才能使学生处于兴奋状态，为新的创意而乐此不疲，才能使学生因此而产生愉悦，体验写作生活的无限乐趣。如何拓宽自由创意的思路？笔者在课堂上作如下尝试。

1. 运用思维的形象性。

思维的形象性是小学生最"善于"和"乐于"的。其训练方法极简单易行。如在黑板上画一个"·"，问："大家看这是什么？谁能说得和别人不一样？"学生答案精彩纷呈，他们有的说这是"地球上一粒尘埃"，有的说，这是考试失利时掉的"金豆豆"，有的说，这是"钉子，像雷锋精神一样的钉子"；还有的同学说，这是"迈向成功的起点"。笔者又画了一个"⌒"，学生们有的说，这是"半块月饼盼团圆"；有的说，这是"太阳从地平线上升起"；有的认为这是"从一点到另一点两条不同路径"……笔者又在黑板上画出图形如"＿＿、○、～～"，学生也兴致勃勃地进行着多彩多姿的创意。

2. 运用思维的独创性。

思维的独创性用一个字来概括，就是"异"，也就是要有独立的求异思维习惯，有创新的意识，勇于发表独特见解，不盲从、不"人云亦云"。在作文教学中训练学生思维独创性，有利于精选材料，写出自己对事物的独特认识，写出自己的心里话。

有一次让学生学习借物喻人的写法写一个事物，说明一个道理。比如蜡烛、青松。在强调"创"的情形下，有位学生一反大多数同学赞蜡烛默默无私奉献，自我牺牲的品质，揭起了蜡烛的短处——不坚强：

"它一开始工作就流泪，不但泪痕满脸而且泪痕满身，遇热会弯腰变形，它性格软弱，不像青松那样坚强不屈。"

通过对比，告诫人们要坚强，迎着困难奋勇前进。还有同学指出青松处世刻板，常年一身青衣，不曾为大地献上缤纷色彩。如此创意确实独特，赢得了师生的"刮目相看"。

3. 运用思维的广阔性。

思维的广阔性指对事物进行多角度思维，并获得较多的思维成果，呈现"辐射性"。教师运用其开拓学生思路，学生才能从不同侧面展开思维，并寻求最佳创意。

如一次笔者指导学生进行续写练习：

"有一渔人酷爱养鱼，一日他养的鱼死了，渔人伤心至极，为鱼儿寻一块'风水宝地'埋葬。渔人刚走，一只猫便悄然而至……"学生的创意五花八门，有环保主题——"饥饿的猫扒开土偷吃了鱼，却因此拉了肚子。渔人展开调查，惊讶地发现心爱的鱼是死于周围环境严重污染，引起了人们关于环保的忧思"。有亲情主题的——"猫竟是来祭拜鱼儿的。原来猫因孤独与鱼缸中的鱼儿成日相守，彼此成了挚友，他们无话不谈，在墓前，猫又倾诉开了……"有科技主题——"这竟是一只驾飞碟而来的外星猫！它探知这只鱼是地球上最后一只且一息尚存，前来营救并带到外星球作科学研究"……

另外，利用思维的流畅性、敏捷性、批判性、逆向性等进行训练，都可有效拓宽自由创意的思维。

（二）创设自由选材的空间

为什么有的学生怕作文？原因之一就是每次作文对大家都是一样要求，强求一致，结果弄得没有某方面生活体验和素材的学生很尴尬，无所适从，无从下手，所以笔者力求调动学生平时的积累，多方面创设自由选材的空间。

1. 变换角度法。

作文课上，即使是同一事物我也常常要求学生从不同的角度观察。如根据许多学生假日游览了福州名胜之鼓山——这一实践活动，尽可能让学生多角度观察。笔者事先布置了几个观察点：涌泉寺、喝水岩、十八景等，让学生自主选择，进行重点观察，结果文章内容完全不一样。学生作文《我眼中的鼓山》多姿多彩，千篇一律的现象得到遏制。

2. 同题求异法。

小学生作文有相当的命题作文，这是为训练有序的逻辑思维而安排的。如何同题异作？一次班级椅子被学生失手弄坏，我抓住这一素材，在黑板上写个题"椅子散架后"。写前笔者提醒学生："怎样爱护公物，是批评还是表扬？"结果出现许多题材，有用批评语调叙说他如何马虎行事的，有童话式作文告诫同学们要爱护公物的，还有描述他后来修椅知错就改……这样择材不同，达到同题求异之效。

3. 假设情境法。

在教学中，笔者常常假设一种情境，让学生根据所假设的情境，凭借生活经验和规律，展开想象去设计及组织材料。如设计这样一个片段："下课了，小宇到卫生间洗毛笔，在楼道拐弯处与一个人撞上了，墨汁洒到对方的白衬衫上……"笔者与同学们一道讨论，假设小宇和对方是 A 同学关系；B 师生关系；C 不相识；D 相识却有矛盾。根据这四种假设，分别写出小宇和对方的表情、语言和动作。学生也乐于把自己愿意写的一方面描述起来。

（三）营造自由表达的天地

叶圣陶先生说："世间如果有所谓作文写法，也不过顺着说话想心里的自然规律加以说明而已。"且让孩子们不拘形式、不论内容地自由倾吐心中积蓄，放胆地"我手写我口"，营造自由表达的天地吧。

1. 自主拟题。

学校特色值周实践活动刚刚结束，同学们欢呼雀跃，感触颇深。当笔者要求他们以这一主题和题材写习作汇报收获时，他们快乐地拟出题目，颇有"个性写真，自由表达"的特色。《我的一周生活》便以星期一、二、

三、四、五、六、七为序作小标题而成,还有《雏鹰,在实践活动中展翅飞翔》《我的酸甜苦辣》《我＋汗水＝成功》《我值周,我快乐》……如此形形色色的拟题,其作文文采可见一斑。

2. 淡化文体。

传统作文教学重视文体,强调文体,从某种意义上说限制了学生的思路,束缚了他们作文的手脚。其实议论、说明、记叙有时是并用的,即使以记叙为主的记叙文也夹有说明和议论。因此,在小学生作文教学中应淡化文体,甩开一些惯用套路,激发学生在习作时想象创新,对自己的思想该怎样表达就怎样表达,不应强求一致。

几年的教学中,笔者坚持每学期侧重让学生认识、诵读并创作一种体裁的文学作品,让他们欣赏儿童诗、童话、寓言、儿童小说等各类佳作。学生从中汲取了丰富的营养,也会情不自禁地拿起笔来写一写。他们中有小诗《我对绿叶说》、叙事散文《鸟儿飞走了》、寓言《劳动与金钱》等就令人振奋地发表在省市刊物上。

3. 语言个性化。

小学生应当有用自己的话语表达自己认识、感受和情感的权利。可我们总遗憾地在他们作文中多见冠冕堂皇的公众语言,按照大人的喜好和要求在说话。这不一定是他们自己想说的话,更不是在小伙伴自由自在交谈中的话。这些作文常常使人觉得孩子们似乎没有长大就已经老了。

小学生话语作为情感的载体,是童真、童趣的直接体现,笔者认为教师不必指导得太具体,否则写出的文章就雷同,训练的效果就越差。要呵护小学生用个性化语言完成的作文,呵护他们各自拥有的优势和特长。如他们有的擅长细致描绘:"山峦起伏,那是武夷山柔美的身姿,高峰怪石,那是武夷独特的韵味,溪水缠涧,那是武夷蜿蜒的线条,珍禽异兽,那是武夷不凡的瑰宝……"有的喜欢简洁表达:"我的死党叫王维正!"有的习惯用批判的眼光审视生活:"考不到好成绩,就可能招来爸爸妈妈的'男女混合双打'。"有的总是对生活充满热情:"在柔柔的春风里,在幽幽的蓝天下，我望着远方，在寻觅，在思索。该像春风一样给明天的叶子添一些色彩，该如朝露般给来日的夕阳增一抹记忆……"

自由作文使学生兴趣浓厚，盼望一周一次的作文训练。大多数同学还坚持写日记，以弥补练笔次数偏少的缺憾，出现了乐于表达、勤于练笔的景象。在课程标准语文核心素养的指引下，自由作文教学会使你发现簇拥在你周围的是一群灵动的孩子，他们用自己的真正感情显露着内心生活的奥秘，用自由而快乐的方式热情拥抱着作文的世界！

二、浅谈小学语文研究性学习资源开发与利用

语文课程标准在关于课程资源开发与利用方面指出："调动多元主体，丰富课程资源类型。""语文课程资源既包括日常生活资源，也包括地域特色文化资源；既包括语文学习过程中生成的重要问题、学业成果等显性资源，也包括师生在语文学习方面的兴趣、爱好和特长等隐性资源。""关注语文学习过程中生成性资源的整理和加工……"教师应注重小学语文研究性实践活动学习资源的有效开发与利用。注重引导学生在真实具体的现实中去学习，在生活中学语文，在语文中学生活。致力于语文课程与学生生活、社会生活整合，以"自主、合作、探究"的研究性学习实践，全面提高学生语文素养。

（一）从生活的诱发中产生探究的主题

留心身边事物，学习生动语文。正是水果繁华季，笔者课间与学生对话，发现他们的鲜活的真实需求，就围绕学生喜爱的水果组织了一次语文研究性学习——"水果餐，语文餐"。确定了主题，师生讨论并明确了此次活动的目标为：1. 通过参与、实践，使用调查报告、采访问卷等多种方式，走进生活，了解身边最熟悉的水果；2. 借助网络、图书等共享资源，获得新的水果知识；3. 在调查、研究及各种形式的展示过程中，养成关注生活，关注语言文字的好习惯，探究语文表达的新能力；4. 在研究性实践活动中，培养团队分工协作精神，增强热爱生活，热爱语文学习的情感。

依据活动目标，加上学生自己提出的诸多想法，他们的兴趣与参与的热情十分高涨。再联系学生平时的特长、喜好，大家自由组合，合理分工，组成了"记者行动""养生论坛""文艺水果""水果拼盘"四个小组并各展"神通"，分头行动。经过一周紧张兴奋的精心准备，班级"水果餐，语文餐"成果展示会如期而至。师生一道兴趣盎然地享受了一场文化盛宴。

正可谓"语文的外延与生活的外延相等"。"拓宽学生的学习空间，增加学生语文实践的机会。"放语文于兴趣，放语文于生活，从生活的诱发中产生探究的主题。[①] 我们课内外相结合，强调语文研究性学习，建设开放而有活力的综合性活动课程，注重学生的情感体验，学习的空间更加广阔，视野更加宽阔，思维更加灵活。课堂不再乏味，单调，被动，而是充满积极探索与主动获得的快感。[②] 相信创新的火花一定会不断闪现，他们回报教师的将是无尽惊喜。

（二）从生生互动的"差异"中再生课程资源

研究性学习的自主性与实践性决定了学生能在教师指导下自主进行探究，决定了学生愿意真实表达对生活与学习的感受和体验。课堂之上，满怀着探究的兴趣，怀疑的精神，个性的释放，创造性的火花不断迸发，[③] 师生互动、生生互动形成的"差异"自然就会形成新的宝贵的课程资源。

"记者行动"小组快人快语，率先亮相。他们汇报了如何制订关于水果的调查问卷，采访同学伙伴、家庭成员、超市员工甚至农科院的老师，他们如何上网查询，了解水果的营养，食用的禁忌……从他们将沉甸甸的成果形成一份厚厚详实的调查报告及 PPT 放映情况来看，孩子们居然调查

[①] 胡艳华. 关于小学语文综合性学习主题选择之感悟 [J]. 课外语文，2015 (2).

[②] 常笑梅. 小学语文综合性学习初探 [J]. 学科教学探索，2014 (17).

[③] 赵顶. 如何利用小学语文综合性学习资源 [J]. 学科教育，2015 (1).

研究了身边 30 多种水果，他们给水果拍照，文字描述水果外形、气味颜色，走访、探寻关于水果的足迹。玩具店里的水果造型，水果店里五彩缤纷的果篮设计，超市里应有尽有的种类各异的水果，自家榨的果汁……层层汇报下来，孩子们在"记者行动"的调查报告结论中发出感叹，只要细留心，就觉得生活中处处离不开水果，或者说，"水果装饰了我们的生活"。

"养生论坛"小组俨然以"专家"身份现身说法，他们胸有成竹、节奏鲜明地论述各类水果的优点。看得出准备充分，说得滔滔不绝、头头是道。"俗话说，早上的水果是金哦，这是因为水果含有果糖，维生素早上空腹容易吸收，人体利用率大。"他们甚至当场来了个"答疑解难"！——"杨桃清沙哑、喉痛，生津止渴，推荐咱们老师平时要多吃些。""天天吃苹果，医生不找我"。养生论坛最后一个讲座"吃水果七大讲究"也博得大家热烈的掌声。"美丽水果生活，健康你我他。耶！"——这小组成员的总结性口号及精彩演说，再次赢得了全场掌声。

"文艺水果"小组一身行头颇惹人注目，有戴水果头饰的，有穿长衫拿折扇在手的，个个都具文艺范儿。水果主题下的文艺节目简直让人应接不暇。群口相声《削皮不削皮》，说书《五个苹果折腾地球》，小品《一个苹果》。最得意之作则当属他们自己创作、编导及演出的短剧《水果美容店》呢。孩子们有模有样的设计与大胆的表演令人拍案叫绝。全场笑声不断，连老师也忍俊不禁了。

"水果拼盘大 PK"开始啦！看！他们摩拳擦掌，早早取出备好的水果，削皮，摆盘，插花，现场发挥奇思妙想，为拼盘起一个与众不同的名字。他们向大家介绍其中的创意，邀请品尝，忙得不亦乐乎。最终"缤纷季节""水果城堡""小丑的脸""梦幻太空""欢庆"赢得了评委团最热烈的掌声，教室里完全成了欢乐的海洋。

整个语文综合实践活动就是要让学生经历一个完整的自主实践的过程，一个充分体现学生的主体性的过程。在活动中，同学们投入巨大的热情可谓使尽浑身解数，书籍、网络、家长、教师等联系特别紧密。教师保持"无为而教"的自我克制，不必过多地干扰学生的自由学习空间。只需尽量捕捉、放大学生学习过程中的闪光点，多肯定，多鼓励，同学们出色的表现就令人赞赏。在以上四小组的特色成果展示中，笔者倡导群体的切磋，加强合作交流，增强合作精神的自觉性。做到取长补短，求同存异，不断提高学生的协调组织能力和语文素养。

（三）从延伸课堂时空中提高语文素养

语文研究性学习的过程也是语文知识的综合运用和听说读写能力的整体发展过程，学习的成果也显示往往具有"长远、隐性、柔性"的特点。如何让学生在短时间内将分享成功的喜悦转化为更绵长的回味、思考与提高？强烈的资源开发意识告诉笔者，自主反馈、自主评价，延伸课堂时空，提高活动中语文素养。

"有理有据的结论，让大家对我们频频点头。也许我们的研究报告还很不专业，可为了得到这些来之不易的数据我们群策群力分头行动，走访了许多人，查阅了许多资料，花费了许多心思。毕竟我们有付出，也有智慧。"——这是"记者行动"小组在总结。

"今天太精彩啦！比赛完我们的拼盘马上被吃得精光，味道真的不错哟！比平时的水果好吃千万倍！因为是大家共同的劳动成果哟！团结一致，互相配合真的很重要，而且还提高了我们的动手能力。这真让人难忘。"——这是"水果PK"组小迪的心得。"老师问我们为什么要做小丑造型，我自豪地说：'我们喜欢小丑是因为他有一颗善良的心，他丑化了自己，却给别人带来了欢乐。'"——这是小卓的获奖感言。

"演出成功啦！我们的创意被肯定了！我激动得想哭！多少次的讨论争执，多少回的奔波排练，所有的辛苦全都化为胜利的喜悦！太值得庆贺了！课堂上老师教的剧本我们依葫芦画瓢，实践起来还真像回事！我感觉自己简直就是个真正的导演，这里有最好的演员，还有最优秀的团队！太棒了！"——这是"文艺水果"组小翁的"获奖感言"。

……

　　写作本身就是一种"综合"实践。教师应再次充分开发与利用课程、课堂和实践资源，抓住每一个训练契机，让实践与探究更有价值，更有趣味。[①] 课堂呈现出跃跃欲试、胸有成竹、意犹未尽的状态。笔者采用选取一点一角度的策略，让学生对活动经历进行回顾审视与再发现。在这一系列螺旋式的活动中，孩子们呈现的习作已不仅仅是简单的文字训练了，更多的是学会在生活中探究语文，在语文中快乐生活，学会磨砺与成长，思考与提升。

---

① 赵顶. 如何利用小学语文综合性学习资源［J］. 学科教育，2015（1）.

第四章　基于以读促写的教学设计

第一节　感悟动静结合的写作手法

一、设计要领

统编教材第十册第七单元的语文要素为"体会静态描写和动态描写的表达效果"。这是从了解课文表达方法的角度提出来的，是在五年级上册已引导学生初步体会课文之中的静态描写与动态描写的基础上，进一步引导体会其表达效果。因此教师需要把握好以读促写的适切度，既不要做过细的分析，也不必机械化地去判别，只需扎扎实实地结合课文中的精辟语句，揣摩描写的表达效果，在适度练写中感悟动静结合的写作手法。

以《威尼斯的小艇》末段教学为例，指导学生在阅读中感悟作者动静结合的写作方法。这篇经典的"老"课文，独特的写作手法，简洁明快形神兼备的语言及精妙严谨的结构，无疑是游记性散文的典型代表，值得读者凝神揣摩。在引领学生逐步理解小艇为威尼斯"主要的交通工具"后，体会静态描写与动态描写的表达效果，沉浸式体验小艇给城市带来的浪漫情趣，指导学生探讨课文与课后阅读链接这两者在表达手法上的共同点或相似点，在比较阅读中感悟动静结合的写法并加以尝试仿写。

二、设计课例

【教学内容】统编教材五年级下册第 18 课《威尼斯的小艇》第 6 自

然段。

【教学目标】体会静态描写与动态描写的表达效果，并比较课文和"阅读链接"，了解它们在表达方法上的相似之处。

【教学过程】

板块一：引导合作探究，感悟作者如何做到动静结合，写出景物静的特点。

教师将课件出示《威尼斯的小艇》末段文字，指导学生读文，合作探讨：你感受到威尼斯夜晚的什么特点？是透过哪些语句感受到的？围绕问题，小组展开探讨。然后展开交流赏析，感受动静结合的写法。请小组代表汇报。师相机点拨。"簇拥在一起的小艇一会儿就散开了，消失在弯曲的河道中，传来一片哗笑和告别的声音。""哗笑"可见小艇给人们带来欢乐。正是这半夜里传来的"哗笑"，更让我们感到这威尼斯的夜是那样——静。引入南朝诗人张籍所言"蝉噪林逾静，鸟鸣山更幽"。有时候声响更衬托一种静的境界，这样的写法就是以动衬静，动静结合。接着"水面上渐渐沉寂，只见月亮的影子在水中摇晃"。引导理解"水面沉寂"与"月影摇晃"之间的联系。水的沉寂是通过月影摇晃写出来。威尼斯这水的风情，通过月光的摇晃写出来了。用动来衬静，使这个静更加的优美，更加的有意境。这一段由动到静是慢慢的，慢慢地把静写出来，这个词就是——"渐渐"。

接下来教师引导学生联系上下文想：此时为什么"水面上渐渐沉寂"？因为小艇停泊了。正因为小艇停泊了，我们才看到——"月亮的影子在水中摇晃"；正因为小艇停泊了，我们才注意到——"高大的石头建筑耸立在河边"；正因为小艇停泊了，我们才注意到——"古老的桥梁横在水上"。"静寂笼罩着这座水上城市，古老的威尼斯又沉沉地入睡了。"此处"沉沉地入睡"运用拟人手法，突出了威尼斯之夜怎样的特点？——静。但，仅仅是这一个夜晚的静寂吗？不，今天是这样，明天也是如此啊。

此时教师作小结并板书：正如大家交流的那样，作者通过拟人写静，通过动态、声音反衬静，最后，课堂播放音乐图片，让学生再次通过朗读来感受威尼斯月夜的静寂的美景。

板块二：迁移运用，拓展阅读《威尼斯之夜》，进一步让学生在阅读中感受作者动静结合的写法

教师首先过渡，课件出示阅读链接并问：同样写静寂的威尼斯，法国著名的女作家乔治·桑选取了哪些典型的景物呢？快速默读这段话，并动笔圈画出来。"晚风从椴树顶上轻轻吹过，把片片花瓣撒落到水面上，天竺葵和三叶草淡淡的芳香一阵阵向你袭来。圣玛利亚教堂那雪花状石膏圆顶和螺旋形的尖塔在夜色中高高地耸立着，周围的一切，包括作为威尼斯三绝的碧水、蓝天和色调明丽的大理石，都给抹上了一层薄薄的银辉。"在这段文字中，你能画出哪些景物？从中欣赏到哪些动态描写，哪些静态描写？在学生互相交流之后，发出感慨：多么静的夜晚！多么美的威尼斯呀！带着你独特的感受，美美地读一读吧！再者，向两位大师学习，我们也来尝试着用动静结合的写法，动笔描述校园的早晨。清晨进校，你是否关注过矗立门口的学校标志性建筑？从红黄相间的台阶拾级而上，你是否留心花坛里花瓣上的露珠？走过空旷的操场，你是否抬眼望望一排排高大的校园卫士——枝繁叶茂的榕树？耳畔是否传来教室里琅琅书声……

最后，教师进行课堂小结：我们在欣赏威尼斯美景的同时，也收获了作家动静结合的写作方法。相信，会给同学们的写作带来不少启发。

三、课例再思考

微课以教学《威尼斯的小艇》最后一个自然段为例，引导学生在阅读中感悟作者动静结合的写法。正如课程标准指出的那样，要在阅读中"初步领悟文章的基本表达方法。在交流和讨论中，敢于提出看法"。

其一，紧扣话题，合作探究。微课始终围绕一个话题展开："你感受到威尼斯夜晚的什么特点？从哪儿感受到这份静？"课堂上学生的思维被"启动"，积极开动脑筋，四人小组合作探究，人人参与讨论交流。汇报学习成果，也提出疑问，师则适时巧妙点拨。课堂气氛不断达到小高潮，热烈而和谐。学生在对课文内容的理解逐渐加深的同时，也切实感悟到"动静结合"的写作方法。

其二，拓展阅读，加深体验。课标提出"扩展阅读面"。利用课后链接资料，适时进行拓展阅读，趁热打铁，加深体验，为之后的仿写进一步打下基础。"同样写威尼斯的美，法国著名的女作家乔治·桑选取了哪些典型的景物呢？快速默读拓展阅读《威尼斯之夜》第2自然段的后半部分，并动笔圈画。""你从中欣赏到哪些动态描写，哪些静态描写？"从课堂学习效果来看，训练有益，达到预期目标。

其三，读中感悟，感悟中读。课堂始终书声琅琅，我们珍视学生读的实践。带着问题读中思考，带着独特的感受读，默读圈画、批注，用读来表达你的欣赏……整个课堂朗读的启动过程，一层一层并非机械地进行，穿插着老师的讲解，学生的感悟。这一次次的读有个情感变化、逐渐深入形成的过程。教师适时播放威尼斯夜景图片，在轻柔的背景音乐声中，再次有感情地朗读。威尼斯人歇、艇停、城静的美丽夜色，呈现于学生眼前。学生无不进入角色，动情感受。

其四，以读促写，读写结合。完成"阅读中感悟"的教学任务后，紧锣密鼓地进行当堂练写《校园的早晨》，其迁移训练效果不错，达到"读写结合"的境界。如课堂时间限制，也放在微练习之中再进行训练。

四、评价与建议

1. 对于微课例《威尼斯的小艇》的教材解读，从关注课文内容——威尼斯的异域风情（夜晚的静），到关注作者表达方法——抓典型事例、动静结合地呈现，并合理截取课后链接材料与执教"微课"中描写一致的表达方式，让学生从掌握知识到提升能力方面进行迁移。

2. 本课例的教学形式朴实，教学思路清晰。紧紧抓住文段的特点"静"，引爆学生思维点。在整体感知后组织学生进行小组自主探究，紧接着追问：你从哪个句子感受到这份"静"？最后让学生抓句子中关键词体会"静"。整个课例从段到句到词，层层剥笋，达到品读感悟的目的。在整个教学过程中，充分发挥了学生的主体作用。如课例中有个小细节，学生对"哗笑"体现"静"产生质疑，教师并没有忽略，而是巧妙地穿针引线，既利用了课堂生成，又解答了学生的疑问，充分尊重学生个性化的阅读体验。

3. 读文形式多样。有默读圈画、读中欣赏、读中感悟、个性朗读、配乐美读等，琅琅的读书声贯穿课例始末。学生感悟很大部分来自读得，只有实践才有体验。施教中老师巧妙点拨，学生有感而读，体现了朗读指导的层次性，从课堂效果上来看，达到预期目的。

4. 微课例真正把语文实践落到实处。十分钟的教学，在品读文本的同时，在"润物细无声"中让学生去感受作家动静结合的写法，即：通过拟人写静、动态衬静、声音衬静，威尼斯夜晚"静"的美景逐渐"装"进学生的大脑，让学生不但明白什么叫动静结合，更重要的是在写作中如何做到动静结合。有了这样细致入微的指导，课后练笔《校园的早晨》，孩子们肯定会呈现"动静结合写法"的运用，实现能力的迁移。

五、微课资源
练习（一）

《从百草园到三味书屋》（片段）（作者：鲁迅）

不必说碧绿的菜畦，光滑的石井栏，高大的皂荚树，紫红的桑椹；也不必说鸣蝉在树叶里长吟，肥胖的黄蜂伏在菜花上，轻捷的叫天子（云雀）忽然从草间直窜向云霄里去了。单是周围的短短的泥墙根一带，就有无限趣味。油蛉在这里低唱，蟋蟀们在这里弹琴。

1. 作者描写了哪些景物？

2. 你从中欣赏到哪些动态描写，哪些静态描写？

3. 百草园带给你怎样的感受？

练习（二）

向两位大师学习，我们也来尝试着用动静结合的写法，动笔描述校园的早晨。清晨进校，你是否关注过矗立门口的学校标志性建筑？从红黄相间的台阶拾级而上，你是否留心花坛里花瓣上的露珠？走过空旷的操场，你是否抬眼望望一排排高大的校园卫士——枝繁叶茂的榕树？耳畔是否传来教室里琅琅书声……

资源（一）动静结合写法溯源

《入若耶溪》　　南朝诗人　王籍

　　艅艎何泛泛，空水共悠悠。
　　阴霞生远岫，阳景逐回流。
　　蝉噪林逾静，鸟鸣山更幽。
　　此地动归念，长年悲倦游。

赏析："蝉噪林逾静，鸟鸣山更幽。"用以动显静的手法来渲染山林的幽静。"蝉噪""鸟鸣"使笼罩着若耶，山林的寂静显得更为深沉。"蝉噪林逾静，鸟鸣山更幽"是千古传诵的名句，被誉为"文外独绝"。如唐代王维的"倚杖柴门外，临风听暮蝉"，杜甫的"春山无伴独相求，伐木丁丁山更幽"，都是用声响来衬托一种静的境界，而这种表现手法正是王籍的首创。《归园田居》有"暧暧远人村，依依墟里烟。狗吠深巷中，鸡鸣桑树颠"也勾勒一幅动静结合的农村田园景致，以动衬静，更显得人的闲适，自然的静寂。

资源（二）作家简介

乔治·桑（1804—1876），法国女作家。她的作品以田园风光的抒情笔调描绘大自然的绮丽风光，渲染了农村的静谧气氛，充满柔情蜜意，具有浓厚的浪漫主义色彩。她的作品描绘细腻，文字清丽流畅，风格委婉亲切，具有强烈的感染力。在《威尼斯之夜》中，作者通过描绘威尼斯令人陶醉的蓝天、夜空和四周景物、建筑，表现出威尼斯夜晚的恬静和清新，字里行间处处透出作者对这个城市的喜爱。

资源（三）动静结合写法指导

如何写处于静态的景物？一是要写得具体，即写出景物的位置、形状、大小、颜色等。二是要写得静中有动。有些景物长时间处于静止状态，缺少动感和活力，我们可以运用拟人或比喻的手法，把它们写得很有生气。例如："那一排排高大而挺拔的杨柳，像一个个身高力大的战士，整齐而威严地站在公路两旁。"

对于处于动态的景物，则要写好景物活动或发展变化的状态。像冉冉升起的红日，四季不断换新装的树木，解冻的江河……都充满了生机和活力。我们要随时间的变化或观察角度的改变，写出景物先后呈现的不同状态，画出一幅活生生的图画来。在具体描写景物时，应该注意把动态和静态结合起来写，做到静中有动，动中有静，给人留下真切鲜明的印象，让人经久不忘。

【范例1】

学生以读促写随堂练笔

（一）

校园的早晨，静静的，台阶上没什么人影，只有花盆里的鲜花在绽放，一滴滴亮晶晶的露珠在缓缓掉落。操场显得格外空旷，只有几只忽飞忽落的小鸟。高大的校园卫士——榕树的树叶迎着晨风微微颤抖。一旁高大的教学楼庄严地站着。你仔细倾听，里面传来了琅琅的读书声："弟子规，圣人训，首孝悌，次谨信……"渐渐地，人多起来了，同学们的欢笑渐渐多了，校园也渐渐热闹起来了。（黎钧杰）

（二）

校园的早晨，静静的。经过一场小雨的洗礼，台阶两旁的花热烈绽放。操场边的大树像卫兵一样默默守护校园。有几只不知名的小鸟在树梢欢叫，有"鸟鸣山更幽"的意境。电动铁门徐徐开了，原本空旷寂静的校园里，青春的气息开始涌动。听，大门口传来欢声笑语，越来越近，是值周的同学向老师问好声，是卫生区同学挥动扫把的扫地声。美好的一天又开始了……（张卓尔）

第二节 关注情景交融，引导向读学写

阅读是吸收，写作是倾吐，二者紧密结合才能真正促进语文综合能力的有效提升。从关系的角度把握语文素养的构成，需要在教学中培养学生就不同学习内容加以深度整合的意识和能力。新课程标准对此有特别的说明："要重视写作教学与阅读教学、口语交际教学之间的联系，善于将读与写、说与写有机结合，相互促进。""学会运用多种阅读方法。有较为丰富的积累和良好的语感，注重情感体验，发展感受和理解的能力。"小学语文统编教材编排尤其注重阅读与表达的整合。其中，习作单元自成体系，重在引导学生体会课文在语言上的特点，学习课文的表达方法。比如，六年级下册习作单元主题就是"表达真情实感"。顾名思义，习作单元的学习指向在习作。本文以课文《那个星期天》为例，就情感表达的教学问题展开解析，尝试探讨"关注情景交融，引导向读学写"的教学策略。

一、从表达生活的真情实感出发，激发关注情景交融的阅读热望

刘勰在《物色》篇中说"情以物迁，辞以情发"。通过"物—情—辞"三者关系论，构建起"起项—构思—写作"这样完整的论述逻辑。[①] "情景"作为中国古典美学的重要批评范畴之一，因为其过于司空见惯，在阅

---

① 辛桐.《文心雕龙·物色》篇"情景交融"说新探［J］.齐鲁师范学院学报，2019（12）.

读和写作教学中往往作为"低门槛"而被熟视无睹。然而,"情景交融"其实是中国人表达情感特有的方式,其中有着深厚的民族文化心理积淀,其肌理与内涵并不像看上去那么易于"言传",正所谓"情景交融,得言外意"。《那个星期天》为六年级下册习作单元中第2篇课文,是作家史铁生的半自传体长篇小说《务虚笔记》第四章《童年之门》中的一部分。从情感表达的角度出发,教学中要引导学生在品读中了解"我"心情变化的过程,体会课文对人物内心、动作、周围环境的细致描写,感受细腻真挚的情感。教学重点在于学习作者情景交融的表达情感的方式并用于习作。

"知人"方能"论世"。要让学生对课文中的情感感同身受,就需要了解作家生平,进一步激发阅读文本关注情景交融的表达的热望。师生首先明确"向读学写,为写而读"的教学目标,向作家名家学习,看他们在"表达真情实感"上有哪些"绝招妙法"可学可用。然后联系生活中曾经盼望过的事情并思考:当你盼望着某件事时,你的心情是怎样的呢?再指导看课文插图,这个可爱的小男孩,他一直在盼望着。他一会儿看天一会儿看画报一会儿抠蚁穴一会儿又跳房子……这个星期天他就是这样过的。那他盼望着什么呢?借此走进课文,学生一定会身临其境。接下来师生就作者史铁生的生平背景资料展开交流:了解这位将写作与生命完全同构在一起的作家的主要作品和命运轨迹。以上教学策略为进入课文情境提供氛围,且做好了思想和情感上的铺垫与酝酿。

二、从感知全文厘清脉络出发,促进解读情景交融的能力提升

提高阅读速度与提升有目的阅读的能力,是高年级阅读训练重点之一。在此基础上,把握文意,长文短教,凸显下一个表情达意的教学环节。课文写了一个小男孩在一个星期天里等候母亲带他出去玩的经历。教师引导概述课文大意之后,追问:课文以什么顺序来写的?跟随着时间变化而变化的是什么?(如表格一所示)

表格一

时间	经历	"我"的心情
早晨	妈妈答应带"我"出去玩	兴奋
上午	等妈妈买菜、翻箱倒柜忙碌	急切
下午	等妈妈洗衣	焦急、惆怅
黄昏	天色渐晚	失望、委屈

阅读时，要教给学生合适的阅读策略。特别注意表示时间、心情等关键信息的词句。可借助表格梳理，提纲挈领，体会"我"在"那个星期天"的经历与心情变化，以达到快速正确解读课文的高效阅读。同时，此举也潜移默化地借鉴到习作中，提醒学生思考如何围绕文章情感主线展开情景交融式的表达。

三、关注情感，由扶到放，品味情景交融语言的领悟表达

写作需要从阅读材料找理解感悟，阅读为写作提供丰富的基础和精华，通过写作，可以更深入地阅读文章，理解文字。[1] 要想写好本单元习作，既要关注内容，围绕印象最深的感受，选择合适的事例，并按照事情发展的顺序理清思路，把印象深刻的内容写具体，又要关注写法，把情感真实自然地表达出来，如果情感有变化，还要把情感的变化写清楚。

在阅读及阅读教学中向作者学习"怎么写"，学生从阅读中汲取的那些"怎么写"的营养，引导调动学生情感经验与积累。课文主要写了"我"心情的变化，引导学生思考：你是否有过这样的经历？如果让你表达心情，比如"快乐"，不直接出现"高兴""快乐""开心"等字眼，你会怎么表达？在这篇课文中，作者又是怎样表现"我"的心情的呢？

以第1自然段为例，这段概述"我"在"那个星期天"经历了一场"盼望"。作者紧扣课题"那个星期天"，交代了事情发生的时间，并引出

---

[1] 瞿海溶. 以读促写，以写促读 [J]. 甘肃教育，2019 (7).

下文。从"早晨"到"下午"一直到"天色昏暗下去",既是"盼望"发生的时间的推移,又暗示了"盼望"的基调——漫长令人煎熬。这短短的两句话,看似平静,实则蕴含一个心理变化的过程与情感的波澜。

默读第2～6自然段,关注能表现"我"心情的关键语句,提笔批注并思考:"我"的心情经历了什么样的变化?引导学生联系自己生活实际谈。例如:"那是个春天的早晨,阳光明媚。"天气美好,正是出去玩的好时机,这往往预示着愉快的心情。我们都生活在一定的环境中,当心情不同时,对身边的感受也会有所不同。这就是"融情于景"的特色表达。"这段时光不好挨。""我"怎么挨怎么熬呢?读一读:唉,原来等待的滋味是那样的无聊、无奈呀。"去年的荒草丛里又有了绿色,院子很大,空空落落。"此处环境描写,暗示空空落落的不仅仅是院子,还是他空空落落的心啊。作者再一次把情感融入景物描写之中。

以上这些语言和心理独白交织在一起,平实质朴,明白如话,甚至有些"念念叨叨"如儿语,直接而又鲜明地表现出"我"焦急的心情。这就是孩子的视角。学习作者情感的表达手法,将焦急的心情融在这些具体事例的叙述中,我们就不难体会"我"焦急心情的延续和程度的加深。事实上,学生在分析文章蕴含的情感的提示,其表达情感的能力也在同步的提升,最终实现读写双赢。

心情的变化像一条线贯穿全文,作者的思路非常清晰。由于母亲的一拖再拖,"我"的心情由兴奋到愉快,从耐心到急切。作者就这样,写动作,写语言,写内心独白,关注景物环境,使得真情实感跃然纸上。接下来的阅读中,由扶到放,引导继续关注作者这样的情感表达方式。

叶圣陶先生说过:"心有所思,情有所感,而后有所撰作。"在这样的思路中继续品读第6自然段。又一处景物描写"光线渐渐暗下去"照应前文"阳光明媚",像这样前后有关联的内容一定要关注。心情与光线一样渐渐低沉下去,暗示着不断加重的懊恼与难过,这就是"融情于景"。回顾全文,作者所有情感的表达都不是直接的。有的是通过描写人物的动作、内心独白，有的是在景物描写中融入内心感受。这些表达都非常真实而自然。这就是我们可以学习的写作方法。

最终，"我"的情绪郁积到顶点以致情感暴发。此处可进行检验式品读，让学生动笔找出两处"情景交融"的情感表达（如表格二所示）。

表格二

	环境	心情
光线	漫长而急遽变化	等待漫长、不耐烦而急遽变化
黄昏	孤独而惆怅	同样孤独而惆怅
声音	咔嚓咔嚓……单调而枯燥	孤单而索然无味

为什么说光线的变化漫长而急遽呢？等待的时间很漫长，"我"却不希望黑夜那么快降临。孤独而惆怅的仅仅是黄昏吗？那还是"我"一颗孤独惆怅的内心啊！此处运用的夸张、比拟等修辞手法，预示着孩子希望的破灭与悲伤、绝望。在这里，我们再一次感受到了"情景交融"式描写——此时，"出去玩"不可能了，心情应该糟透了，按理应该直接写自己的心情的。但是，作者却写"光线"、写"黄昏"、写"母亲咔嚓咔嚓搓衣服的声音"，为什么？因为这光线、黄昏、声音构成的"环境"就像是自己的心情。

四、根据阅读，对比习作，内化情景交融表达的读写互动

阅读是吸收，写作是倾吐，二者紧密结合才能真正促进语文综合能力的有效提升。[1] 对表达形式的学习模仿，并通过阅读学会习作，因此更应重视迁移性和比较性的拓展。推荐与课文内容或形式相类似的内容，引导学生主动对比阅读，由此及彼、组合积累，实现类化、迁移。阅读的拓展，可促进习作与阅读的深度整合。学文至此，拓展阅读史铁生散文《秋天的怀念》片段，领悟到作者同样融情于景，同样注重人物语言动作等细

---

[1] 张志娟. 读写结合 以读促写 [J]. 华夏教师，2019 (12).

节描写，真挚表达出对母亲的深深怀念。对作者喜怒哀乐的感同身受，并引发与作者的情感共鸣。

再者，比较本文和《匆匆》在情感表达方式上的异同。乌申斯基说过："比较是思维的基础。"比较，就是比较好的学习方法。不比不知道，一比全明了。学文至此，回顾前节课《匆匆》，比较课文和《匆匆》在情感表达方式上的相同与不同。发现《匆匆》"把心里想说的话直接写出来，抒发自己的情感。"比如多次反复与追问。而在《那个星期天》中，作者更多地"把情感融入具体的人、事或景物之中，在叙述中自然而然地流露情感"。可继续借助表格梳理比较。由此可见，无论直接抒怀还是间接表达，都是我们可以学习与借鉴的"表达情感"的好方法（如表格三所示）。

表格三

	相同点	不同点
《匆匆》	都将情感融入具体事物，都表现了对时光易逝的无奈与惆怅，抒发了真情实感	一连串的问句占了全文很大篇幅。把情感直接地表达出来。语言富有诗意
《那个星期天》		更多地将情感融入人、事、景物中，间接表达出来。语言看似随意絮叨而富有感染力。"独语式"

最后，学以致用，初试身手，实时训练。读与写两者相辅相成，对学生语文素养的提升具有重要作用。[①] 写是对读的延续与发展。对文章写作手法语言表达进行提炼与思考，结合自身的生活体验来进行语言表达，实现真正意义上的读写结合，并将这些要素与方法应用到具体的写作当中，就是对写作技能的延伸与发展。对比习作，读写互动。利用"交流平台"栏目对本单元学习到的表达方法进行梳理和提示；借助"初试身手"栏目提供片段练习或实践活动。要让学生试着用学到的方法练一练，在获得感性认识的基础上，学习掌握一定的习作方法。在习作中将内心情感自然表

---

① 张小康. 初中语文以读促写、读写结合教学模式的运用［J］. 新课程研究，2020（3）.

达。既重视内容的选择，又关注情感的表达。抒发情感时，可采用直接抒情的方式，将内心强烈的情感直截了当地倾吐出来，也可通过刻画人物言行细节，将情感融入具体的叙述中，还可以通过描摹景物的声、色、形等，将情感自然而然地表达出来。

例如，近期同学们因为疫情而宅家学习，一位同学就在小练笔上这样表达"盼望开学"的心理。"我放下书本，趴在窗户台前，望着美丽的夜空，久久地望着学校的方向。夜空还是那样宁静……"这样内化情景交融表达方式，向读学写，为写而读。我们只要在阅读教学以"指导学生练习运用"的理念为本，就能够简简单单教好习作单元，快快乐乐练习作，培养学生读写综合能力，全面提升语文素养。

第三节 让真情自然流露

一、设计要领

接到开设初小衔接课程的任务，正好笔者主持的省教育科学"十三五"规划课题"统编教材背景下小语高段以读促写教学策略探究"已实践一年略余。在福建省普通教育教学研究室黄国才老师、福建师范大学附属中学（原时代中学）徐丽华老师、本校赖礼瑚老师的悉心指导下，笔者借此弥足珍贵的机会认认真真探讨初小衔接的以读促写的习作指导模式。

写作是运用语言文字进行表达和交流的重要方式。写作能力就是语文综合素养的体现。新课程标准对写作提出要求："懂得写作是为了自我表达和与人交流。养成留心观察周围事物的习惯，有意识地丰富自己的见闻，珍视个人的独特感受，积累习作素材。"《教师教学用书》指出："习作例文为学生习作提供范例，便于学生借鉴和仿写。"教学时，教师要根据习作目标和学生习作需求选择"特定的侧面"或"特定的点"作为"例子"，帮助学生感悟、积累某一方面的习作经验，突破习作难点。这是习作单元的精读课文与习作例文教学的另一含义。

这就启发笔者，教学要有针对性，不必面面俱到、兼而顾之，而是要有所限定、有所聚焦，根据习作要求和具体学情确立好特定的学习"例点"，发挥其"例子"的功能。通过学习，感悟蕴含其中的习作知识、策略或原理等，提炼出"已经成形的知识"，以帮助学生理解、内化，这是统编教材赋予范文例文的独特教学功能。它像一座桥梁，连接着阅读感知与写作实践。

统编教科书语文六年级下册第三单元"习作单元"习作指导的要义，与六年级下册习作单元中的精读课文《匆匆》《那个星期天》都直接指向表达息息相关，文本有力引导学生从阅读中学习表达。单元要求是"选择合适的内容写出真情实感"。我们在之前"初试身手"的练笔中不难发现，学生虽然能有意识地在写景或叙事中表达情感，但情感表达比较机械、僵硬，存在生编硬造、简单套用、情景分离等现象，难以将情感真实、自然地融入具体的情境描写中。

因此，这堂习作指导课的学习起点就非常明确了，即深入体会课文例文是如何选择印象深刻的事情或合适的内容，真实、自然地表达自己的情感。在具体教学中，笔者主要借用名家史铁生《那个星期天》的第4自然段与第7自然段，应重在体会如何选择恰当的事例，将自己的情感变化真实地表达出来。因此，我们在教学时就该重点关注如下表达方法：一是体会如何运用直接抒情如内心独白来表达情感。二是体会如何间接抒情和恰当地选择内容（或事例）做情感的"代言人"，将情感融入具体的人、事及情境描写中，以写出情感的变化，做到"情以物迁""融情于事"或"融情于景"。相信，突破写作难点，真情，就能自然流露。

习作单元教学，就是要在精读课文与习作例文中找准习作的"支点"与"生长点"，有效解决学生习作真实存在的问题，在反复的"写读改"训练中渐进提高学生的表情达意的能力。鉴于六年级下册第三单元语文要素为"体会文章如何表达真情实感"，七年级上册第二单元语文要素为"了解不同文章抒情的不同特点，有的显豁直白，有的深沉含蓄"，后者在前者的基础上试图以此课架构二者。衔接就是把思维的空白处间断处联系起来，着眼于对上一阶段知识的延伸，通过整合，归纳，引导自主学习，内化学习材料。即深入体会课文例文是如何选择印象深刻的事情或合适的内容，真实、自然地表达自己的情感，从而学以致用。

《让真情自然流露》是六年级下册第三单元习作教学内容。要求学生选择一种自己印象最深的感受，回顾事情的经过，回忆当时的心情，然后理清思路写下来；要求把印象深刻的内容写具体，把情感真实自然地表达出来；如果在事情发展的过程中，情感有变化，要把情感的变化写清楚。运用恰当的表达情感的方法将印象深刻的内容写具体，把情感真实自然地表达出来，是本次习作的重点，也是难点。

从学情分析来看，应以教材为依托，衔接教学内容。六年级教学应注意孩子们的心智变化，树立衔接意识，关注中学教材，适当调整教育教学目标，适时导入相对复杂的叙事类散文作为拓展阅读，以提升小学生对相对复杂的文章的认知能力。在六年级下册《那个星期天》中，学生首次接触作家史铁生的文字，七年级上册第三单元《秋天的怀念》正好做了衔接。内容相互关联与承接，在教学时注意交叉与渗透，会对学生的阅读写作产生积极的作用，他的写作风格颇具特色，从思想到文采。学生理解有一定难度，解读时要照顾他们的阅读兴趣与阅读的"最近发展区"。以儿童的悟性定深浅。自主发现，合作学习，鼓励表达自己的看法。适当给教学内容增加梯度。从扶到放，循序渐进，提高语文素养。

以习惯为保障，衔接写作方法。小学毕业班的语文教学，应对初中教学目标及实施方法要有一定的适应性理解。自学习惯应加强。在指导习作时，在深度与广度做适当加深与延伸，适当增加学生自学机会，增强学生自主学习的能力。读写结合教学策略下，写作可以作为检测阅读效果的途径，用这样的方式培养学生流利表述生活感悟的习惯，这也是对初中语文核心目标的回应。向读学写的写作方法，以促进初中师与生、教与学双向适应。教学目标为：第一，选择一种印象最深的感受，通过画情感变化图，理清事情经过；第二，通过赏析学生佳句、名家名篇等方式，学习用具体事例及融情于景的方法来间接抒情，自主修改语段，真实自然地表达情感。

　　围绕"减负增效"，这堂初小衔接课有几个衔接点。一为教学目标的衔接。六年级下册第三单元与七年级上册第二单元语文要素习作要求几乎一致。初中在小学基础上深入探讨。从"真情自然流露"如何表达真情实感，到"有的文章情感显豁直露，易于直接把握；有的则深沉含蓄，要从字里行间细细品味"。从领略一二到写作必备基本功的逐步深入。二为教材课例的衔接。使用的文本教材及拓展阅读教材分别来自六年级下册第三单元与七年级上册第二单元，都是史铁生的作品《那个星期天》与《秋天的怀念》。三为教学方式的衔接。我们以任务驱动型的教学课堂，更适合六年级学生的年龄调整，注重培养合作学习与自主探究学习习惯，增强向读学写意识，培养写作自信。

　　此外，还有一些想法，"导学领航唤醒情感、赏读名篇揣摩情味向读学写学以致用、分享小结学有所获"这四个环节外，如在课前以游戏导入，激发学生的情感体验，再让他们联系生活去回味或期待，或沮丧，或欣喜等情感体验，学生的写作兴趣就一定浓厚很多。课后，让学生自主做学法小结做课后拓展，不断有意识培养自主学习的能力。从扶到放，循序渐进，努力提高学生语文素养。向读学写，让真情自然流露，让衔接水到渠成。

二、设计课例

习作指导《让真情自然流露》教学设计

【教学内容】六年级下册第三单元习作

【教学目标】通过赏析学生佳句、名家名篇等方式，学习用具体事例及融情于景的方法来间接抒情，自主修改语段，真实自然地表达情感。

【教学过程】

板块一：创设情境，明确主题

1. 师生互动，情感体验。

2. 班级征文，任务驱动。

3. 揭示课题，启发思路。

交流关键词：真情。

【设计意图】创设征稿情境，任务驱动，揭示习作要求，让学生在实实在在的项目活动中，产生习作的兴趣，激发习作动机。

板块二：唤醒情感，确定选材

1. 结合教材，唤醒情感。

| 畅快 | 感动 | 欣喜若狂 | 归心似箭 | 激动 | 盼望 | 欣慰 |
| 惧怕 | 愤怒 | 难过 | 沮丧 | 忐忑不安 | 愧疚 | 追悔莫及 |

请男女同学分别读上下两组词语。你的发现是什么？

引导发现：这里有喜悦积极的情感体验，也有悲伤消极的情感体验。

2. 回顾例文，抓情感线。

学习《那个星期天》《别了，语文课》情感变化思维导图。

3. 选材交流，情感体验。

交流预学单，选择印象最深的一种感受，并把相关事件用一句话概括，试简要表达情感变化。

【设计意图】情感体验来自生活，要写好本次作文，首先要唤醒学生内心的情感体验，引导学生衔接生活，打开记忆的闸门去搜寻素材。引导回顾事件经过，回忆心情。学习课文范例，向读学写，用情感变化图来理清写作思路。

板块三：赏析佳句名篇，领略"直接抒情"

1. 引导定义"直接抒情"：有时，我们可以把心里想说的话直接写出来，抒发自己的情感。这样的写法就叫"直接抒情"。

2. 例文引路,赏析"直接抒情"。

(1)《匆匆》第4自然段。

(2)《我爱你中国》片段。

【设计意图】简要梳理"直接抒情"的抒情方式,让学生在回顾中增强其情感体验,赏析中内化其表达方法。

板块四:向读学写,学习"间接抒情"

1. 引导定义"间接抒情"。

2. 出示片段,赏析"融情于景"。

3. 例文片段,赏析"融情于事"。

(1)《那个星期天》第4自然段借助写"跳房子""看着云彩走"这些举动,真实自然地表达了"我"等待时"焦急又兴奋"的情感。

(2)《那个星期天》第7自然段。

看,文中的那个小男孩,"我",最终,情绪郁积到顶点以致情感暴发啦。你能找出"情景交融"的情感表达吗?师生共同解读:为什么说"光线的变化漫长而急遽"呢?"孤独而惆怅"的仅仅是黄昏吗?作者写"光线"、写"黄昏"、写"母亲咔嚓咔嚓搓衣服的声音",为什么?——"情以物迁,辞以情发"。

4. 拓展阅读,赏析表达。

(1)赏析史铁生《秋天的怀念》片段。

(2)赏析作家间接抒情的表达特色。

【设计意图】两种情感表达,学生较难掌握的是间接抒情。向读学写,主要通过赏析范式、名家名篇等方式,进行针对性指导。引导学生用"融情于景""融情于事"等方法来间接抒情,真实自然地表达情感。从教材本身出发,挖掘教材中适合拓展的内容。拓展阅读用于检验所得,并增强读中学写习惯与能力。

板块五:学以致用,修改赏析

1. 小组交流。

2. 自主修改。

3. 展示赏析。

评价要点：语言表达需要修改；是否选取典型的，有代表性的事物进行表达；事物的状态是否合适。

板块六：梳理收获，延伸课后

1. 学生小结，交流收获。

2. 自主作业。

（1）完成《让真情自然流露》主题作文稿。

（2）拓展阅读史铁生叙事散文《秋天的怀念》等作品，继续体会作家表达真情的写作特色，养成向读学写的学习习惯。

【板书设计】

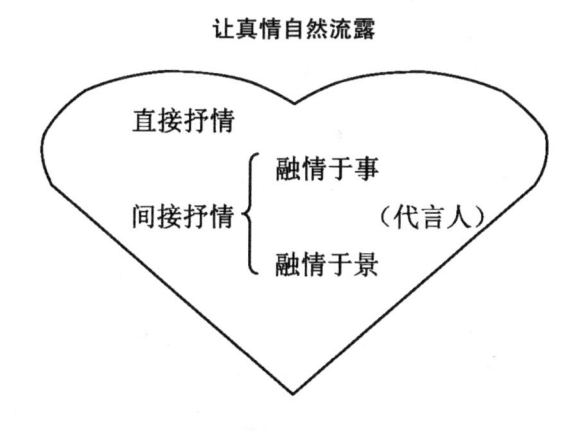

让真情自然流露

直接抒情

间接抒情 ｛ 融情于事（代言人）

融情于景

第四节 打开以读促写创意之窗

模仿是创新的基础。鉴于文本的文质兼美，阅读教学之中就要有写作意识。教师在教学中如果无法将阅读教学与写作教学有机融合，就会失去阅读对写作的指导与借鉴意义。以读促写，可以在阅读之中学习选材组材，在阅读之中学习语言的表达，在阅读之中学习布局谋篇。最重要的是，教师能以此引导深刻体会语篇要素，能与作者共情共理，激发孩子写作的热情，诱导孩子表达的热望，树立孩子写作的自信，同时也"回馈"阅读教学课堂以更多的关注与深入的思考与实践。由于语言输入让学生积累习作素材，语言输出让写作方法与技巧得到验证，因此阅读与写作是可以相得益彰互相辉映的。

美国心理学家吉诺特说："在经历了若干年的教师工作之后，我得到了一个令人惶恐的结论：教育的成功与失败，我是决定性的因素。我个人采用的方法和每天的情绪，是造成学习气氛和情境的主因。身为教师，我具有极大的力量，能够让孩子们活得愉快或悲惨。我可以是制造痛苦的工具，也可能是启发灵感的媒介。"小学生的生活经验积累不多，阅读的层次也不是太深厚，但心思单纯，好奇心重，模仿能力强，善于接受新的有趣的事物与方法。阅读课堂之上教师的引导与激发、教学内容的设计与实施的作用就显得举足轻重。的确，在写作之中，学生的智慧也好，学生的能力也罢，或者学生的灵感，与其说是可以被教师培养的，倒不如说是被教师激发的。而激励、发现，只意味着很简单的一件事情——那就是语文教学的课堂上，给他一个舞台，给他一个机会，营造一种氛围。

仿写活动就是这样一种能够在阅读教学中有效提升学生写作水平的做法。通过仿照优秀文章的结构、语言，写作特色等，在理解的基础上去复刻与还原或者创新。以下为笔者开展的一次拓展阅读中的仿写训练。

板块一：选择优秀的文本作品，提供能够为学生学以致用的范例范本

在学习了四年级上册第三单元《蟋蟀的住宅》之后，学生基本掌握了语文要素"体会文章准确生动的表达，感受作者连续细致的观察"。并对平时接触不太深入的昆虫世界产生兴趣。在此基础之上，我们展开了一定意义的创意拓展阅读，其中提供的《草虫的村落》（郭枫作品）深受学生喜欢。这篇文章表达了作者对小生物和大自然的喜爱之情。作者以奇异的想象，追随着一只爬行的小虫，对草虫的村落进行了一次奇异的游历，作者以丰富、独特的想象力，运用拟人、比喻等修辞手法，为我们展现了一个生动的草虫世界，使我们感受到作者对大自然的热爱和那不曾泯灭的童心。教学中学生可以感受到作者是如何观看，如何展开想象与表达自己独特感受的。那熙熙攘攘的黑甲虫村民群众，那如南国少女般花色斑斓的小圆虫，那一群奏出灵泉般音乐的演奏者，那"村民们"行色匆匆而又分工精细的劳作场景，无不牢牢地吸引着学生的目光与内心对自然的关注。这显然是一篇教师可以"趁热打铁"以读促写的佳作。阅读教学的课堂上，教师设置了表达的情境，倡议同学们为"我们班的作文部落之'草虫村落'"添砖加瓦。

板块二：引导学生解析文本中的语言表达、篇章结构、思想立意、选材特色等，提供学生能真正落实走进文本，学以致用的有力的"抓手"

如作者在文章中运用拟人和比喻的修辞手法。村落，原本是人聚居的地方，而课文中，作者赋予草虫人的生活形态。草虫的村落，其实无非就是草虫居住的洞穴，但在作者的眼里，它和人类的生活天地并没有什么两样。看，那里有街道，有小巷，还有形形色色的"人们"，它们不仅有着丰富的情感世界，更有着高雅的艺术追求。它们不但会享受生活，甚至还会创造生活。读着读着，恍惚之间，自己似乎也一脚踏入这么神奇的"村落"里去了。这样的认识与表达仿佛在学生面前开启了一大扇想象之窗。原来客观的大自然与微观的世界可以这样表达出来，多有意思呀！由此，拟人与比喻的作用在想象的世界里发挥得淋漓尽致。

板块三：教给学生一定的模仿技巧与方法，促进学生在理解到位的基础上，注意语言表达的规范性、准确性、生动性，注意布局谋篇与思想立意

【范例1】

《榕树下的家》（郑荆远）

一只不请自来的棕色甲虫，闯进了我的视线。这是一只漂亮的虫子。深棕色的甲壳反射着夕阳的余晖。他急匆匆地越过一条条拖在地上的草茎，背上背着一粒和他自己差不多大的谷粒。我猜他是一家之长。为了一家人的生计每天不知疲倦地奔波。你看他虽然背着这么重的粮食，却依然快速奔跑着，是因为他心里牵挂着一天未见的儿女们吧？当他来到石椅下时，在一处缝隙前停了下来。像是知道了他的到来，很快，一只小一些的甲虫迎了出来，他们愉快地互表问候，然后一同将他带回的食物推进洞里。夕阳暖暖地红晕，为这个小小的家镀上一层色彩。

【范例2】

《蚂蚁集中营》（陈翼然）

走在队伍最前面的，是这个蚂蚁军队的队长，它昂首阔步，带领着蚂蚁大军浩浩荡荡开回集中营。我看到它们的集中营驻在阳台上大石块和地板的交界处的一个小洞穴里，里面有许许多多的蚂蚁子民不停地忙这忙那，蚁后就高高地坐在它们中间，指挥着众蚁。见蚂蚁军队带着战利品胜利归来，蚂蚁子民热烈地欢呼，连蚁后也站起来迎接它们。拿到食物，戴着白帽子的大厨们便忙活起来了。生火的生火，洗菜的洗菜，厨房里忙而有序。不一会儿，桌子上便摆满了热腾腾的菜。蚂蚁集中营里举办了自助餐，热闹非凡。用完餐后，大家一起整理出一个小舞台——蚁后心血来潮要听一场演奏会。乐队开始奏乐，蚂蚁演奏家们用腹部表面的发声板发出的摩擦声，台下的蚂蚁们听得如痴如醉，我也陶醉其中。

在这些并不算长的文字里，有绘声绘色的情节与场面，有渲染气氛的环境描写，有富有童趣的语言描述，还有善意美好的亲情镜头。读来令人忍俊不禁倍感轻松温馨。这样的仿写训练，水到渠成。

板块四：组织练笔展示与交流活动，分享佳作培养写作自信。同时也能取长补短给出修改建议，学会自评与互评。文章不厌百回改，以此完善仿写的技巧

在班级第七期"习作公寓"小报上，刊登出了"六（6）班的草虫部落"主题之下的每一个学生的练笔。每一个学生都喜滋滋地自评与互评。如以下四位同学的练笔片段，在分享交流过程中，师生共同评价充分肯定并给出真挚的建议，最终得以完善。学生们甚至愿意美滋滋地回家读给家长听，愿意再接再厉去修改及投稿呢。

【范例3】

《蚂蚁的城堡》（王德藩）

一切都在我面前变大，茂密的草丛顿时变成一望无际的森林。一群蚂蚁正"抬"着一只甲虫的尸首正缓缓地，昂首挺胸地走出森林，仿佛一群打了胜仗的战士，正骄傲地带着战利品回"国"呢。我悄悄跟随着它们的脚步，走出森林的边缘，来到一座雄伟的地下城堡门口，只见门口"卫兵"正严格地查着每一位进入者，一见它们到来便欢呼起来，仿佛多年来未见面的亲人重逢般……，它们的欢呼声引了一大群"市民"来迎接这些凯旋的将士，有的匆匆地帮它们抬着战利品，有的"居民"与它们对视良久，仿佛在感谢般拥护他们走进城堡。

【范例4】

《红蚂蚁的家园》（陈数汉）

这天，我津津有味儿地读着《昆虫记》，法布尔的妙笔，让书中的红蚂蚁活了起来，我也似乎进入了红蚂蚁的奇妙世界。在红蚂蚁的带领下，我步入了他们的家园。咦？奇怪，这只红蚂蚁怎么一到家就坐下了？呀！怎么还会有黑蚂蚁在他们家里呢？哦——原来黑蚂蚁是红蚂蚁可怜的奴隶啊。在曲曲折折的路线中，一个岔口有好多入口，而在这里，勤劳的黑蚂蚁不断上下左右地搬东西，喂主人吃的有，给主人的宝宝喂食的有，搬食物的有，打扫房间的有，唯独懒惰的红蚂蚁，什么也不做，走进房间一坐下，就等黑蚂蚁喂它。在家里，它们什么都不会做……

【范例5】

《漫游蚂蚁世界》（郭若思）

清早，一起床就与清风撞了个满怀，风中含着细细的雨丝和鸟的啼鸣，早晨真安逸。我走上前，友好地用触角碰了碰同伴们的触角，然后热烈地摆动触角。这时，一只蚂蚁走了过来，晃动触角。哦，原来它是在示意我跟上队伍哩！从这时开始，我要进行一次特别的游历了！……我继续往前走，我看见工蚁是怎么执行任务的了。它们要扩建房子前，会先把泥土弄松，然后向前凿，凿了一段后，它们把凿出来的土抹在通道的壁上，并反复地加固。通道修好后，它们凿出了一个洞穴，然后加固洞穴的壁，并把土弄实。这样一间屋子才算造好。而那些勤劳的工蚁们，又接着去建造另一间房子了。……

  在范例3中，同学们对"一切都在我面前变大，茂密的草丛顿时变成一望无际的森林。"这样的前置描述表示了赞赏，认为这样的前提使得作者从现实进入到草虫世界自然而然，一点儿也不突兀。在"昂首挺胸地走出森林，仿佛一群打了胜仗的战士，正骄傲地带着战利品回'国'呢"。这样的拟人化手法表达中，凸显了蚂蚁神态与个性，表达出对它的赞赏与喜爱。"我悄悄跟随着它们的脚步"这样的描写，始终拥有观者角度，也使得脉络比较清晰。在范例4中，大家一致认为开篇提及法布尔的《昆虫记》，描述到"法布尔的妙笔，让书中的红蚂蚁活了起来，我也似乎进入了红蚂蚁的奇妙世界"。进入文中的想象意境是非常贴切的。但是有同学发出疑问，文中"红蚂蚁"与"黑蚂蚁"的"主仆"关系是不是描述的那样？他们的情感是对立还是融洽的？都有待考证，虽说是文学性的想象，但理性的真实应该是前提。这样的争论呈现出学生完全融进练笔的文字里头并走了个来回的状态。在范例5中，有诸多被点赞的亮点。如："清早，一起床就与清风撞了个满怀，风中含着细细的雨丝和鸟的啼鸣，早晨真安逸。"如："我要进行一次特别的游历了！"如"我继续往前走，我看见工蚁是怎么执行任务的了。"这样的描述前后串联起丰富多层次的情节与活动。像"把泥土弄松""向前凿""抹在通道的壁上""反复地加固""把土弄实"……这样比较细致准确的动作描述，令人不禁想到法布尔的《蟋蟀的住宅》介绍蟋蟀是如何修剪住宅的，"蟋蟀盖房子大多是在十月，秋天初寒的时候。它用前足扒土，还用钳子搬掉较大的土块。它用强有力的后足踏地。后腿上有两排锯，用它将泥土推到后面，倾斜地铺开"。作者细致描写了"扒、搬、踏、推、铺"一系列动作，准确写出蟋蟀如何用心地细致地工作。从中我们能感受到作者法布尔的观察是严谨细致而且持之以恒的。而学生练笔里头的动作描述颇为仿照了名家写法，同样的通篇拟人化的描述手法，并展开丰富的想象，既能逼真细致地刻画出可爱的上进的蚂蚁形象，又能充分表达出小作者对小蚂蚁的喜爱之情与赞赏之意。最后一笔文字为："通道修好后，它们凿出了一个洞穴，然后加固洞穴的壁，并把土弄实。这样一间屋子才算造好。而那些勤劳的工蚁们，又接着去建造另一间房子了。……"字里行间不着一字的溢美之词，但稳稳当当透露出对蚂蚁的夸赞，颇有昆虫学家法布尔的写作风范呢。

像这样的赏析与互评环节非常有必要，学生学会走进相关的情境，与文本中的人物或情节一同体验"经历"，表达时调动了丰富的想象力与创造能力。学生通过挑选一定的词汇，运用一定的修辞手法，更为传神地表达个性与想法，学会表达的条理性连贯性，反过来也促进对阅读课堂的文本的"反刍"与进一步的理解。另外学生在仿写过程之中还提升了审美情趣，获得正能量的引领与启发……所有这些新鲜出炉的写作素材与写作灵感都将汇聚成今后写作的不可小觑的巨大资源宝库。

当然，仿写仅仅是以读促写教学策略之中一个方向。以读促写，打开语文教学创意之窗。其中还可以有许多教学活动可以开展，比如续写，比如改写，比如补写、扩写、缩写，等等。这些，都是打开习作教学创意之窗的实实在在的做法，都能让语文课堂变得富有魅力，都能降低习作坡度，引领学生乐于表达。

【范例6】

六（6）班的草虫部落部分学生练笔［六（6）班作文公寓第7期］

《蚂蚁的天堂》（张叶茂）

沿着蚂蚁爬行的痕迹，我顺藤摸瓜，终于找到了蚂蚁的巢穴。它们的巢穴呈圆形，里面沟壑纵横，建筑鳞次栉比，犹如我们用积木搭建成的。成百上千的蚂蚁就像在繁华闹市中攒动的人群。蚂蚁的城堡内部结构异常复杂，简直就是一个迷宫，一般人难以发现规律。在外侧，又有一条条深沟，如同城市的环形大道，在几条环形大道之内，则是一条纵横交织的浅壑，如同城市的街巷……我看呆了，因为我无法理解，蚂蚁是如何建成这壮观的城市。

《我家里的"偷住客"》（黎钧杰）

清早，一起床就与清风撞了个满怀，风中含着细细的雨丝和鸟的啼鸣，早晨真安逸。正当我体验着大自然的馈赠之时，一只小小的蚂蚁踏着轻快的步伐，东张西望地走着。我好奇极了，于是便一路追随着蚂蚁，我追随着它，不知不觉，便到了我家的……零！食！柜！天啊，我的零食！要没了！可是小蚂蚁没那么果断了，他小心翼翼地走着，然后左一蹦，右一跳地上了柜子。我想它们都要蹦出来了！可是，小蚂蚁却看都不看一眼那些美味的食物，就直径走到了我的一个破木盒子里去了。呵，只见里面有数也数不清的蚂蚁，应该是一个大家族吧！好家伙，我还从不知家里有这么多"偷住客"呢！

《水塘与五座城市》（陈宇锋）

盛夏的一个下午，我又独自坐在台阶上，做了一次奇异的旅行。我的目光随着一只满载而归的蜣螂，它正奋力地推着它的食物，它把它堆到鸭老爷们觅食的水塘边。我觉得这很危险，因为鸭老爷一看见它，会毫不犹豫地吃掉它……此时，鸭子已经回巢了，正把脖子一伸一缩，嘎嘎嘎嘎地吵架。我看见，下午我发现的四座城市里的居民倾巢而出，连水塘里的青蛙与螃蟹也到对岸去了，萤火虫到对岸给大家照明。我发现水塘对岸其实是大都市，有一个剧场，大都市比其他城市大，也比其他城市热闹。演奏开始了，蟋蟀、青蛙等昆虫开始歌唱，连正在吵架的鸭子也静立不动，聆听着这音乐。

《小蚂蚁的"社会"》（姜苏原）

在小蚂蚁的社会里，看得出哪儿是公园，哪儿是市场，哪儿是游乐场……在公园里，大蚂蚁姐姐一家正在散步；在市场里，蚂蚁兄弟俩正在快乐地做买卖；游乐场里，小蚂蚁们在欢快地嬉戏……我看见：蚂蚁们抬头望天，那是观测气象员吧；几只蚂蚁在筑巢，那是工程师吧；一群小蚂蚁在大蚂蚁的指导下玩弄树叶，那是学生老师吧……我还看见了许多许多……，我"漫游"一会儿，小麻雀"叽叽叽"的歌声才把我给唤回。我发现了虫子的"社会"！

《奇异旅行记》（解浩东）

空间在我眼前扩大了，细密的草茎组成了茂盛的森林。一只小虫，一只坚硬的绿甲虫，你看它傲气凛然，显然是一位闯荡江湖的勇士，随着它健步如飞的脚步，发现它一路上遇到了不少"江湖豪杰"，它们相互论道，交心，似乎谈得很投机，可惜我不懂它们的语言。

《昆虫天地》（林宇奇）

我的目光被一只白蝴蝶所吸引，它那洁白的身躯、雪白的触角、纯白的翅膀——简直就是一位白色羽翼的天使。它将我带到了另一个世界。啊！多美丽的舞者呀，这些蝴蝶有的红似火、有的黄似菊，还有的白似雪，色彩明丽，五彩斑斓。在风中翩翩起舞，恰似几位美丽的舞者，引得多少虫子驻足迷望。

《蚂蚁》（刘崇杰）

它们顺利地爬上围墙，我心里也替它们高兴，它们艰难地往前走着，那个风让它们一会儿前一会儿后，我真替它们焦急，眼看雷阵雨就要来了，它们还没找到它们的新家，我真替它们感到焦急万分。这时，我发现，就在瓷砖上有个洞，这时，它们好像找到了活着的希望，就拼命往那个洞跑去，终于雷阵雨来了，它们也安全地到了洞里，雨过天晴，它们从洞里出来，继续赶路。我明白了不到最后一刻不放弃的道理。

《蚂蚁的生活》（林心悦）

在一座宁静的小山上，阳光播洒在树林上，一串串项链般的阳光穿过茂密的树冠洒在我的身上。这次奇异而美妙的旅途就在这里启程了。一群浩浩荡荡的寻食蚂蚁队在铺满落叶的林间小道上快速地行走着。蚂蚁们个个都仔细地观察着每个角落，生怕错过些什么。我的目光追随着蚂蚁队，走啊，走啊走。突然，领头的那只强壮的蚂蚁好像看到了什么，用触角和后面那只交流着，一个传一个，转眼间，蚂蚁队变得异常兴奋，个个都摇动着触角，欢呼着。开心过后，每一只蚂蚁听从领头的命令，去把食物搬回家去。……阳光的余晖在天上画出绚丽的色彩，滴下的露珠才把我从蚂蚁的世界勾回来。我深思在这蚂蚁的世界里，还蕴含着多少个生命的奥秘呢？

《七星瓢虫也有爱》（林阳舟）

空间在我眼前扩大了，一片片"茂盛的森林"在我眼前出现，这只幼虫，一只翅膀受伤而不能起飞的小虫，这时却在"森林"里游走。它一会儿往左一会儿往右，可总是找不到出口。它急得团团转，竟然慌不择路——爬上了一根草叶。小虫或许认为那里可以通往它家吧！可是到头一看，却发现是一条"断头路"，小虫无比失望地爬了下来。……我抬头看看天，已经中午了，太阳火辣辣的，我急忙往回走，咦？这不是我早晨坐过的长椅吗？我又看看空地，这也就五六米的距离，却别有洞天，大自然真是奇妙啊！

《有趣的蚂蚁》（张宇晨）

当我看到了洞内时，不得不惊讶地张大了嘴。此时，空间在我眼前无限放大，蚂蚁的世界似乎和我们的世界没多大的区别，也呈现出一片繁华与热闹的场景。一眼望去，几乎看不到一只空闲的蚂蚁，它们来来往往，不停地忙东忙西。看，一些蚂蚁在寻找食物，一些蚂蚁在照顾幼蚁，还有一些在修改建筑呢！瞧，不知哪来的一只蚂蚁咬着一块比自己大二三倍的食物，得意洋洋地走进洞里，我的目光又被它吸引了，只见它并没有马上藏好食物，而是在洞里走了一圈，我想它一定是在炫耀自己寻找的食物吧。

《蜜蜂的家园》（叶展廷）

今天，我又像往常一样，坐公交车回家，忘了烦恼，也忘了作业。……世界与空间在我眼前放大，我的背上长出两对翅膀，一个个巨大的花儿出现在我的面前。那只蜜蜂正在采蜜，一会儿飞到那朵白花上，一会儿飞到那朵黄花上，可真忙碌哇。它的"蜜桶"装满了蜜，便准备回蜂巢，我也跟着飞了过去。它飞着，飞着，一路上遇到了不少的同伴，它们互相打着招呼，我也想跟它们寒暄一番，只可惜语言不通。

第五章　大单元视角下以读促写习作指导与作业设计

第一节　统编教材习作指导设计

设计一："盲童"回家，让体验更细腻

一、设计要领

新课程标准指出，要让学生"有意识地丰富自己的见闻""把自己觉得新奇有趣或印象最深、最受感动的内容写清楚"。作文最重要的是"求真，立诚"，说真话、写真经历、真感受、真感情；诚实地用自己的话，"我手写我口，我手写我心"。小学生知觉的有意识性、目的性发展水平十分有限。因此，本次习作《记一次游戏》，采用情境体验法，帮助并教会学生直接有效地储备习作素材。盲人就是用耳朵和大脑去感知社会的，"盲童回家"的情境设置，与学生的生活认知经验具有相似性，容易对学生产生情感上的刺激。教师在习作指导中如能为孩子创设一定的情境，组织一次体验活动，并让体验更细腻，让学生乐意表达自己的体验过程和心理感受，那么对于平时苦于无话可说的孩子真是一件幸事。

（一）情境促体验

首先，课前互动，体验"换位思考"。先请孩子欣赏"青蛙与马头"的趣味图画，问：同样的画，现在让我们转个角度，你看到了什么？这画给你带来什么启示？师生交流：世界就是如此奇妙，很多时候，换个角度

观察，你会发现，世界大不一样。换个位置体验，你会发现，感受也大不一样。这样的课前预热活动为习作课堂的体验与换位思考做了有益的铺垫。

其次，导入课题，布置体验要求。让孩子轻轻读一首关于盲童的小诗，猜猜是写谁的。问：这节习作课，让我们走进既熟悉又陌生的角色，体验盲人生活的一个情景，并把经历与感受表达出来。好吗？这样的策略安排是因为当代小学生受年龄限制，且在学习压力之下，社会给予的"活动思维框"明显缩小，对身边的认知与体验也就相应减少。那么教师就是要帮助并教会学生直接有效地储备习作素材。

再者，情境进入，体验"盲童回家"。开始设置具体的体验情境。教师邀请一名学生说："半分钟后你将成为一名无助的盲童，在你'失去光明'之前，请再看一眼这个美好的世界吧！也许你用得着这根盲棍。戴上眼罩。体验'盲童回家'。"其他同学注意观察他的动作、神态等，看看他是怎样完成这项任务的。在全班关注的目光中，"盲童"磕磕绊绊在教室里行走一个来回，终于走回了座位，到了"家"。教师扮作小记者采访他问："刚才盲童回家给你怎样的感受？你是怎么感受到的？"请他细细描述，同时也激发其他同学参与的热望。

接下来教师组织全员戴上眼罩参加体验"盲童回家"。过渡："我们换位思考：正常人看不见，可以把眼罩取下，但真正的盲童能够吗？盲童回家之路，有可能这样简简单单吗？""戴上眼罩，是什么样的感受？同样是看不见，谁能有不一样的表达？"小学生平时知觉的有意识性、目的性发展水平十分有限。盲人就是用耳朵和大脑去感知社会的。"盲童回家"的情境设置，与学生的生活认知经验具有相似性，容易对学生产生情感上的刺激。

最终，渐入佳境，让体验更细致。如何让学生进入到真正的"盲人状态"？如何让体验更细致？教师在组织活动前进行意识与目的的强化，利用感染性的语言，让学生把困难进行充分估计，理清自己的思维，让学生在这一趋于真实的状态下展开活动,让个性化的体验在督促中不断生成。

教师友情提示:在体验中注意听从指挥,努力完成任务;在体验中,记住自己始终是一个无助的盲童,独自行走回"家";记住自己这特别的经历与感受。全员体验,在模拟声响中,师入境解说,让孩子们真切体验"盲童"回家路上的种种艰辛。之后,教师再次扮小记者采访,大家交流体验感受;今天回家行走与平时一样吗?平时你怎么走,现在呢?怎样迈出第一步的?在体验中遇到困难多吗?心里害怕吗?你现在能体验到盲童回家的感觉吗?经历了这样的体验,你想告诉周围的人什么呢?在教师感性的语言情境引导下,学生的游戏心态越来越被真实的体验心态所替代。语言的刺激能引发学生更深入的思考,思考也会更接近自然、人性、个性。而这些思考,也正是我们所需要的习作的素材。这样生成的个性化的东西就比较多,并升华为对弱势群体的关注、爱护。一次体验习作完成了,但我们不能只将目光停留在完成了一项教学任务上,要让学生能在日常生活中不断增强储备习作素材的意识,丰富自己的见闻。

在组织活动过程中,教师引导学生个性化的体验在督促中不断生成。让他们从只有即将活动时的兴奋,到真正进入"盲人状态"。教师利用发散思维与感染性的语言,让学生把困难进行充分估计,更深入地进入最佳体验状态。让学生在这一趋于真实的状态下展开活动,也许活动未必能进行得流畅、完美,也许教室里会乱成一团,但相信学生的感受、体验是真实真切的,这就是我们组织活动的目的所在。

(二)表达展个性

引导倾吐,书写体验经历。如何让表达展个性?教师感性语言情境引发了学生更深入的思考,更接近自然、人性、个性的思考。而这些思考,也正是我们所需要的习作的素材。教师问:现在大家都亲身经历了盲童回家的过程,有了真实的感受。有同学们看到的场景,也有同学们的亲身体验。你想把这独特的经历和真实的感受与大家分享吗?那就快拿起笔,把它写下来!在孩子们选择其中一个片段写具体时,教师巡视辅导并提示:

文章写完了，自己应该小声读两遍，看看有没有词句的毛病和写错写漏的字。

让情动于衷而辞发，让孩子们寻找到一种内在的驱动力，找到这种难以抑制的感觉，要让他们感到有话想表达。帮助学生梳理一下思路，具体的细节还需要学生自己去书写，过多的扶反而会失去一些个性化东西。同时我们也认为，前一轮交流，收在了畅所欲言的热闹处。顺水推舟，进行习作，一定会让学生产生"乐于书面表达"的内在动机，表达欲望增强了，习作自然可宣可赞的地方也会不断增多。

交流习作，拓展体验思路。我们引导谋篇构段：刚才大家记叙的这充满真情实感的体验过程要想成为一篇完整的体验作文，还应该加上什么？引导学生给习作加上富有个性的题目。我们拓展体验思路：生活中我们可以参与体验的活动还有很多，如当一回聋哑人、残疾人；当一回小老师；当一回家长、保姆、清洁工人、交通警察、志愿者……给予学生更加广阔的想象空间，拓展学生的习作思路。一次体验习作完成了，但我们不能只将目光停留在完成了一项教学任务上，要继续敦促学生能在日常生活中不断增强储备习作素材的意识，丰富自己的见闻。

习作要求"应引导学生关注现实，热爱生活"，如何水到渠成？"戴上眼罩，是什么样的感受？同样是看不见，谁能有不一样的表达？""经历了这样的体验，你想告诉周围的人什么呢？""在生活中你还可以设计参与体验的活动还有很多，你还想体验什么样的角色？"这些设计都是为了拓展学生的习作思路。给予一定的想象空间后，体验也就自然地升华为对弱势群体的关注、爱护，对自己现有生活的珍惜。

（三）激励导评改

一篇文章"三分写七分改"，可见修改是多么重要，小学习作第三学段的要求是，"修改自己的习作，并主动与他人交换修改"，在四年级下半学期这个过渡时期，我们应该开始培养起学生的自改、互改的能力。在修改过程中实现吸纳与倾吐的交融与互动。前一轮交流，收在了畅所欲言的热闹处。顺水推舟，进行习作，一定会让学生产生"乐于书面表达"的内在动机，表达欲望增强了，习作自然可宣可赞的地方也会不断增多。评改中教师紧紧抓住"在体验中心理和行动的发展变化"，指导学生把体验的过程写具体，把感受写出来。

  作文赏析环节中，师生互动评点。教师紧紧抓住"在体验中心理和行动的发展变化"，指导学生把体验的过程写具体，把感受写出来。"这一段中你最欣赏的是哪里？你想送给他怎样的建议……"师生共同为习作加分。孩子们写清了自己在体验中心理和行动的发展变化等，就能把体验的过程写具体，把感受写出来。他们再次自评，与同桌互相细致地修改。我们这样不断激励、欣赏、引导、历练，对学生习作进行点拨和评价，对每个学生的思维又是一个启迪的过程。我们着力培养起学生的自改、互改的能力，在修改过程中实现吸纳与倾吐的交融与互动。学生会有意识地思考，自己的习作在这一方面或几方面的达成度，会促使他急于再读和修改自己的习作，初步领悟到简单地修改习作的方法与乐趣。良好的修改习惯也随之逐步养成。孩子经历了、体验了、感受了、思考了。那么评改中我们就向大师于永正老师学一招，舍得给孩子高分，用喜悦的心情去赞美每一点成功。用激励的话语和学生交流。让不同层面的孩子都喜滋滋的，真正爱上习作。

二、设计课例

《盲童回家》习作教学设计

  【教学内容】统编教材四年级上册第六单元习作"记一次游戏"。

  【教学目标】通过组织一次体验盲人的活动，让学生乐意表达自己的体验过程和心理感受；注意观察，能把意思表达具体，学习自主修改习作中有明显错误的词句。

  【教学过程】

板块一：课前互动，体验换位思考

欣赏趣味图画。同样一幅画，让我们转个角度，你看到了什么？这三幅画给你带来什么启示？交流：世界就是如此奇妙，很多时候，换个角度观察，你会发现，世界大不一样。换个位置体验，你会发现，感受也大不一样。

【设计意图】课前活动拉近师生距离。课程标准提出的"尝试在习作中运用自己平时积累的语言材料"，了解"换位体验"的意义，为习作课堂做有益的铺垫。

板块二：导入课题，布置体验要求

1. 轻轻读一首小诗，猜猜是写谁的？（大屏幕出示）

2. 这节习作课，让我们走进既熟悉又陌生的角色，体验盲人生活的一个情景，并把经历与感受表达出来。好吗？（板书：换位体验　盲童回家）

【设计意图】新课程标准指出，要"有意识地丰富自己的见闻"。小学生受年龄限制，再加上当代学生在学习重压下，社会给予的"活动思维框"缩小，对身边的认知与体验也就相应减少。本次习作，采用模拟场景体验法，帮助并教会学生直接有效地储备习作素材。

板块三：情境进入，体验"盲童回家"

1. 体验一：（请一位学生）半分钟后你将成为一名无助的盲童，在你"失去光明"之前，请再看一眼这个美好的世界吧！也许你用得着这根盲棍。戴上眼罩。体验"盲童回家"。其他同学注意盲童是怎样回家的，他给了你怎样的感受。

（扮小记者采访）问：刚才盲童回家给你怎样的感受？（艰辛、无助）你是怎么感受到的？（相机板书：动作（手、脚）、神态变化、心理活动）（回问体验者：刚才你是这样想的吗？）

2. 体验二：盲童回家（全员参加）。

（1）过渡：我们换位思考：正常人看不见，可以把眼罩取下，但真正的盲童能够吗？盲童回家之路，有可能这样简简单单吗？（引导学生：他可能遇到……可能遇到……还可能遇到……好，让我们继续体验。（策略分析：如何让学生进入到真正的"盲人状态"？教师在组织活动前适时进行意识与目的的强化，利用感染性的语言，引导学生充分估计困难，理清自己的思维，让学生在这一趋于真实的状态下展开活动，不断生成个性化的体验。）

（2）友情提示：在体验中注意听从指挥，努力完成任务；在体验中，记住自己始终是一个无助的盲童，独自行走回"家"；记住你这特别的经历与感受。

（3）师问：戴上眼罩，是什么样的感受？同样是看不见，谁能有不一样的表达？

全员体验，师入境解说，大屏幕音画播放。

放学啦，盲童迈出回家路上第一步。左边就是墙角，小心别撞上！好容易走出校门，来到汽车穿梭、人流量大的闹市区，小心！这位盲童撞上一个行人啦。现在你站在十字路口，啊！红灯！快停下！一辆轿车从你身边疾驰而过，刚才真可怕呀，因为看不见，所以身边充满了危险！今天天公不作美，雷声响起，似乎快下雨啦！……

（4）师扮小记者采访，交流体验感受。

今天回家行走与平时一样吗？平时你怎么走，现在呢？怎样迈出第一步的？在体验中，在这短短的回家之路上，你遇到困难多吗？你心里害怕吗？你在担心什么呢？经历了这样的体验，你想告诉周围的人什么呢？（板书：真情实感）

【设计意图】在教师感性的语言情境引导下，学生的游戏心态越来越被真实的体验心态所替代。之后引发学生更深入的思考。多制造一些思考的空间给学生，这样生成的个性化的东西就比较多，并升华为对弱势群体的关注、爱护。正如新课程标准所要求的习作"应引导学生关注现实，热爱生活"。

板块四：引导倾吐，书写体验经历

1. 现在大家都亲身经历了盲童回家的过程，有了真实的感受。（大屏幕出示：戴上眼罩，我也成了"盲童"……）你想把这独特的经历和真实的感受与大家分享吗？那就快拿起笔，把它写下来！

2. 生动笔：请你选择其中一个片段写具体。（师巡视辅导。提示：文章写完了，自己应该小声读两遍，看看有没有词句的毛病和写错写漏的字。）

【设计意图】情动于衷而辞发，让孩子们寻找到一种内在的驱动力，找到这种难以抑制的感觉，要让他们产生有话想表达的冲动。帮助学生梳理一下思路，具体的细节还需要学生自己去书写，过多的扶反而会失去一些个性化东西。

板块五：交流习作，指导修改提高

现在谁愿意第一个上来与大家分享习作？点赞主动与别人交流分享习作的同学。

1. 作文赏析，师生互动评点（投影各一篇）这一段中你最欣赏的是哪里？你想送给他怎样的建议……师生共同为习作加分。

2. 具体评析如：你先写手的动作，再写脚的动作，观察仔细。用上"开始，不一会儿"，可见观察有顺序。你这里点出了他走路时碰到的困难，细致描绘了脸上表情的变化。文章不出现"艰辛"这个词，却把"艰辛"的意思写具体了。真了不起！你（可以）这里先写出了刚戴上眼罩的感受，非常独特。（板书）

这里写出了碰到困难的感受。追问：行走时你碰到困难了吗？什么困难？你怎么办？细化以下几点再问：

当耳边听到老师说下台阶、走拐角时的感受（你什么感受，你怎么想的？我仿佛觉得……）

当耳边听到呼啸而过的车声，老师说过马路时的感受……

当耳边听到呼啸而过的车声、雷声、雨声……

追问：这，就是你体验的过程！在这样的情境中你害怕吗？用哪些词表达？你在想什么？而你是真的盲童吗？（让他回到现实）你感受到真的盲童的艰难与无助吗？你此时心里会怎么想？你想对盲童或自己或周边人说什么？

小结：（依据板书）看，写清了自己在体验中心理和行动的发展变化等，就能把体验的过程写具体，把感受表达清楚。

3. 刚才那篇是老师和你们一起评改，这一篇请你们当小老师，来说说他哪里写得好，哪里写得不够好，需要修改、补充。

文章不厌百回改，孩子们，下课后你们一定有更多的时间做更细致的修改。

【设计意图】激励、欣赏、引导、历练。对学生习作进行点拨和评价，对每个学生的思维又是一个启迪的过程。我们着力培养起学生的自改、互改的能力，在修改过程中实现吸纳与倾吐的交融与互动。学生会有意识地思考，自己的习作在这一方面或几方面的达成度，会促使他急于再读和修改自己的习作，初步领悟到简单地修改习作的方法与乐趣。良好的修改习惯也随之逐步养成。

板块六：自选作业，拓展体验思路

1. 引导谋篇构段：刚才大家记叙的这充满真情实感的体验过程要想成为一篇完整的体验作文，还应该加上什么？（引导加上富有个性的题目）

2. 拓展体验思路：生活中我们可以参与体验的活动还有很多，如体验当一回聋哑人、残疾人；当一回小老师；当一回家长、保姆、清洁工人、交通警察、志愿者……

3. 自选作业超市：（1）写完整这次体验习作，并加上合适的题目。（2）设计与参加你最想体验的活动。把经历与感受写下来。

【设计意图】给予学生更加广阔的想象空间，拓展学生的习作思路。

【板书设计】

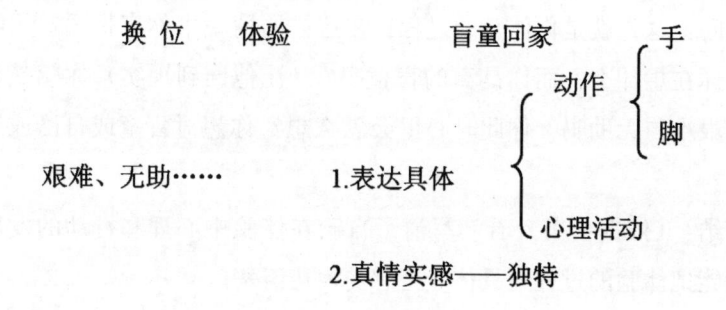

```
    换 位    体 验         盲童回家 ┌ 手
                           动作 ┤
                                └ 脚
  艰难、无助……    1.表达具体 ┤
                           └ 心理活动
                 2.真情实感——独特
```

设计二：学缝纽扣

一、设计要领

新课程标准明确指出中年段的习作目标："观察周围世界，能不拘形式地写下自己的见闻、感受和想象，注意把自己觉得新奇有趣或印象最深、最受感动的内容写清楚。""尝试在习作中运用自己平时积累的语言材料，特别是有新鲜感的词句。"基于这样的理念，笔者设计了让学生现场学缝纽扣，并通过老师的模拟采访说出缝纽扣时的感受。引导当堂实践，让学生主动地做，快乐地说，自由地写。这样，有助于激发学生的情趣，让学生拥有放松的习作心态，易于动笔，乐于表达。

注重学习本领的过程指导，形成真实而有效的个性化写作。在活动中，学生有共性也有个性，内心的感受也千差万别，而这正是每个学生习作中最具个性的部分、最值得表达的地方。所以，笔者安排在练说之后，让学生乘兴练写，要求限时完成片段，一气呵成。

善用赏评导"改"，培养习作兴趣。新课程标准指出：中年级要"学习修改习作中有明显错误的"。我们把作文批改与讲评的权利还给学生，在自改和互改等多种形式训练的过程中提高写作能力，让每个学生都有自由展示语言、表达感受的机会。体验到交流、表达的快乐。通过现场学本领（缝纽扣），引导学生观察并描述其过程；把不会到会的过程写具体，表达出自己的真情实感；学习自主修改习作中有明显错误的词句。

二、设计课例

《学缝纽扣》习作教学设计

【教学内容】统编教材四年级下册第六单元习作"我学会了……"

【教学目标】我们正慢慢长大，学会了做很多事情。你学会的哪件事情让你最有成就感？把学做这件事的经历、体会和同学分享。回忆学本领的过程及体会，选一样写下来。写的时候，要把由不会到学会的过程写具体，表达出自己的真情实感。

【教学过程】

板块一：课前互动，激发兴趣，出示主题

师生互动，玩"我说你站"的游戏。游戏的规则是：老师说一种本领，会的同学回答"我会"，并且站起来。已经站起来的同学，不要再坐下去，继续听，当你再听到你会的本领时，你还可以大声地回答"我会"。

【设计意图】以游戏的形式，让生回忆起自己在生活中学会的本领，为后面习作打开思路。

板块二：学习本领，体会过程，说出感受

1. 生谈想学缝纽扣的原因。边学习缝纽扣，边相机采访学生感受。

（1）师（示范）：首先（边说边板书）——穿针引线：拿起剪刀，剪掉一段线头，左手拿针，右手穿线，对准针眼穿过去。（剪、对准、穿）同桌比一比，看看谁的手更巧！师扮小记者采访：你穿过去了吗？此时你的感受是什么？

（2）师（示范）：打结！仔细看！示范2次。接着——拿出红布，白扣子，把扣子放在红布上，用左手固定，右手拿针从红布下面对准扣眼穿上来。师再扮小记者采访：此时，你做到哪一步了？你感觉怎样？

（3）然后——将针从另一个扣眼穿过去。重复一次。最后——牢牢地，打个结，剪去多余的线头。

2. 高高举起你们的作品，师第三次扮小记者采访：请你说说你是怎么做的？可以用上黑板上这些词语把不会到会的过程说具体。（分步骤说过程）在学缝纽扣的过程中，你觉得最新奇有趣或印象最深的是哪个步骤？学会缝纽扣，你有什么感想？

3. 同学们都很迫切地想把学缝纽扣的过程与感受和大家分享。那就赶快收拾好针线包，放在桌角，然后拿起笔和纸，动手写一写吧。请看大屏幕，请大家接着这句话往下写。注意：把刚才学习时由不会到会的过程一步一步写具体；把自己学缝纽扣时的心理感受写出来。

【设计意图】以"学缝纽扣"为例，在引导学生做做、说说、写写学本领经历的内容时，指导观察，力求引导每一位学生大胆、不拘一格地说出、写出自己与众不同的学习本领的经历，鼓励学生写出自己的心里话，表现出童真童趣。

板块三：交流习作，指导写法，修改习作

1. 谁愿意第一个上来与大家分享习作？这一段中你最欣赏的是哪里？你想送给他怎样的建议……（把由不会到会的过程写具体；表达出自己的真情实感）

2. 文章不厌百回改，你们也来当回小老师，拿起红笔，试着这样修改自己的作文，也可以和同桌交换改。

【设计意图】通过指导学生展示赏读，创造让学生进行自我评价、自我展示的机会和空间，引导学生赏析与修改自己的习作和同学的作文，让学生体验到成功的乐趣。

板块四：激发回忆，拓展思路，自主习作

同学们，学会一项本领可不容易，要从不会到会，其中包含了多少酸甜苦辣：为了学会骑车，你也许摔过无数次；为了学会游泳，你也许喝了大量泳池的水；为了学会弹琴，你也许弹出满手的老茧……你有这样的感受吗？学本领的过程中，遇到困难时，你是怎么克服的？在你最灰心的时候，是谁给了你帮助和鼓励？

很多同学还有话要说呢。把你们想说的写出来吧！回去以后你可以给《学缝纽扣》这个片段加上开头和结尾，写成一篇完整的文章。你也可以写生活当中学会的其他本领，把由不会到会的过程写具体，表达出自己的真情实感。

【设计意图】契合本次习作要求，也承接课前游戏，激起学生再次回忆平时生活中学本领的过程及体会，变习作要求为"友情提示"，意在使学生在充满人文关怀的提示中明白：写作，还需要掌握正确的表达方法。这不只是一个简单的词语变化，而且体现了教师对学生学习方法的引导和帮助。

【板书设计】

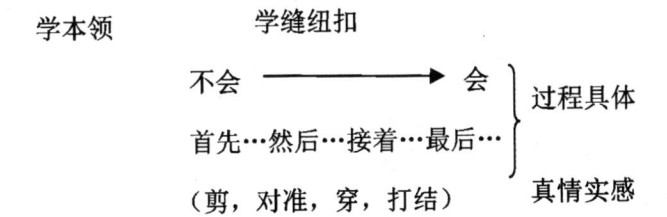

学本领　　　　学缝纽扣

不会 ──────→ 会 ｝过程具体

首先…然后…接着…最后…

（剪，对准，穿，打结）　真情实感

第二节　单元统整视域下读写作业设计

新课程标准在"课程理念"部分中强调：课程评价应准确反映学生的语文学习水平和学习状况，注重考察学生的语言文字运用能力、思维过程、审美情趣和价值立场，关注学生学习过程和学习进步。语文作业作为语文课程评价的载体，是评价学生学业质量的重要组成部分。随着统编教材全面使用，新课程标准的实施，以及"五项管理""双减"等政策的落实，语文学科的作业设计也应与时俱进。单元统整视域下语文作业如何进行科学设计，以读促写如何统筹实施，如何以高效练习提升学生的核心素养，是每位一线教师都要面对的重大课题。下面，笔者以统编语文六年级下册第一单元为例浅谈单元统整视域下，凸显以读促写的作业设计理念、设计思路及具体项目的设计意图。

一、设计理念——备学教评一致性

新课程标准中指出：语文课程结构应遵循学生身心发展规律和核心素养形成的内在逻辑，以生活为基础，以语文实践活动为主线，以学习主题为引领，以学习任务为载体，整合学习内容、情境、方法和资源等要素，设计语文学习任务群。而统编小学语文教材又是围绕"相对宽泛的人文主题"和"螺旋式上升的语文要素"双线组织单元，强调教师要有系统思维，立足单元整体教学。因此，作业作为教学延伸的一部分，也应立足核心素养，关照单元整体，紧扣语文要素，在单元统整的视域下进行整体规划，构建合适的学习任务群，创设真实而富有意义的活动情境，凸显语文学习的实践性，从而实现备学教评一致性。

二、设计思路——立足单元整体

统编教科书中，每个单元的语文要素是一个单元的方向和标杆。围绕语文要素，设计一个单元的作业体系，能让作业成为一个整体，形散而神不散。

（一）聚焦语文要素，编制单元作业目标

本单元的语文阅读训练要素是"分清内容的主次，体会作者是如何详写主要部分的"。所谓主次，是从内容材料与中心思想的关系上说的。与中心关系最密切、最能表现中心的内容就是主要的，要写详细些，要重点写；与表现中心有关，但只是起陪衬、辅导作用的内容，就是次要的，就要略写，简写。开展阅读教学时，要引导学生分清内容的主次，领会作者要表达的意思，还要学习作者是如何根据表达的主要意思，把主要部分写详细。通过阅读文本发现，篇幅用得多的一般就是文章的主要内容，而详写的内容也并不是面面俱到，铺开来写，而是突出最具特色的部分，着重笔墨，从而给读者留下深刻印象。

本单元的表达训练要素是"习作时注意抓住重点，写出特点"，与本单元的阅读要素相互关联，意在启发学生在习作时做到详略得当，并能够抓住重点，写出特点。即在习作的时候，能先想好要表达哪些主要内容，并写得具体详细一些，而对于次要内容，要写得简略一些，做到详略得当，中心突出，表达清楚。其次，关于民俗民风的知识掌握，不局限于本单元的阅读文本，主张自主探究，广泛查阅资料，在此基础上，进行习作的创作。可以说，本单元习作不仅仅要求将单元阅读训练要素学以致用，更强调对所掌握的表达要素与阅读要素进行综合性运用。

聚焦单元语文要素，用逆向的思维梳理本单元作业目标：能力层级为"识记"的是"会写36个字，会写38个词语"。能力层级为"知道、理解"的是"能分清课文内容的主次，并领会作者要表达的主要意思；能体会出作者详写主要内容时，不是铺开写，而是突出写最具特色的一两个活动、事例，从而给人留下深刻印象；能总结交流分清课文主次的意义以及如何根据表达的需要安排详略"。能力层级为"运用"的是"能介绍一种风俗或写自己参加一次风俗活动的经历，做到主次分明，突出重点"。

（二）统整单元资源，研制课时作业目标

新课程标准强化了课程育人导向，义务教育语文课程应围绕立德树人的根本任务，充分发挥其独特的育人功能和奠基作用。统编语文六年级下册第一单元以"民风民俗"为主题，编排了《北京的春节》《腊八粥》《古诗三首》《藏戏》四篇课文，这些课文体裁和题材不同，但都充满了浓郁的民俗风情，有着深厚的文化内涵，是中华优秀传统文化的重要组成部分，学习本单元有助于学生吸收中华民族优秀文化成果，建立文化自信，为学生提供了很好的学习范例。

《北京的春节》作者按时间先后顺序，重点写了腊八、小年、除夕、正月初一、正月十五这几天，其他部分则一笔带过。在详写的部分，作者并没有面面俱到地描述当日的活动，而是分别抓住这些日子里最具特色的一两个民俗活动，突出各自的特点，如：写"腊八"，作者选择"熬腊八粥"和"泡腊八蒜"两个传统节日的饮食习惯来写，从制作过程、颜色、味道等方面形象地突出了腊八粥、腊八蒜的特点；"腊月二十三"是小年，作者重点写"祭灶王"的习俗，表现了人们对美好生活的期盼；写"除夕"，作者则围绕关键句"除夕真热闹"，写了家家赶做年菜、男女老少穿新衣、贴对联和年画、灯火通宵、鞭炮不绝、吃团圆饭、祭祖、守岁等多方面的讲究和习俗，呈现出一幅辞旧迎新、阖家团圆的全景式画面。写"初一"，则抓住这一天人们的活动特点，先写"全城都在休息"，然后分别写男人们、女人们、小贩们、孩子们的活动，重点写孩子们逛庙会，有详有略，突出"初一"这一天的习俗特点；"元宵节"这一天，作者略写放花炮、吃元宵，重点描绘了"处处悬灯结彩"的场面，能使人深刻感受到元宵节的"火炽而美丽"，日子的"美好快乐"。

《腊八粥》一文写了八儿等腊八粥和喝腊八粥两件事。其中，第2～17自然段都是记叙八儿"等粥"的过程，"喝粥"则只用了短短两个自然段，主次内容一目了然。"等粥"部分，作者呈现八儿盼粥、分粥、猜粥、喝粥四个场景，通过对八儿心情、神态、动作、语言等描写，将八儿的"馋"样儿刻画得入木三分，一个天真烂漫的儿童形象跃然纸上。

《古诗三首》均与我国传统节日习俗或传说有关，丰富了"民风民俗"这一主题的体裁。《寒食》和《十五夜望月》分别描写了我国传统的寒食节和中秋节的习俗，《迢迢牵牛星》借牛郎织女的传说抒发了诗人的忧思。通过这三首诗的学习，旨在打开传统文化习俗的大门，让学生增进对节日民俗的了解，进一步激发学生对祖国传统文化的热爱。

《藏戏》是略读课文，介绍了藏戏的形成及艺术特色。其中，藏戏的起源、藏戏的重要特征——"面具"的特点和作用，这两部分是主要内容，重点详写；藏戏的其他特点——没有舞台和演出时长，是次要内容，简略介绍。藏戏的起源重点写唐东杰布开创藏戏的传奇经过，藏戏的面具主要介绍了面具中不同颜色的象征意义，突出了藏戏中所蕴含的独特的艺术魅力。

课文之后，教材还编排了口语交际、习作和语文园地。"口语交际"的内容是"即兴发言"，旨在引导学生能根据交际场合和对象，围绕某个交际话题迅速组织语言，有条理地发言。"习作"的话题是"家乡的风俗"，紧密结合本单元的人文主题，引导学生探寻自己身边的民风民俗；习作要求是"注意抓住重点，写出特点"，要求学生根据自己的表达需要确定习作的重点内容，体现了从阅读到表达的有序过渡。"语文园地"中的"交流平台"，对"详略得当，突出中心"这一写法进行了复习、拓展、运用，是对本单元语文要素的进一步强化和巩固。

在单元整体的编排上，无论是课文还是园地、口语交际、习作，都统一指向了单元人文主题及语文要素，注重学生能力提升的同时也注重人文情感的渗透，为单元教学及作业设计的整体规划铺好一条明晰的路。教学时要明确精读课文、略读课文、其他板块之间"得法"和"用法"的关系，将阅读要素循序渐进地落实在每一课的教学中。作业设计时更应紧扣语文要素，遵循文本特点，将作业单元目标细化为作业课时目标，将阅读要求与作业目标达成一体化，阶梯推进，以求实现语文素养的整体提高，语文能力的逐步提升。

基于以上思考，笔者以"走进民风民俗大观园"作为本单元的总体情境，开启了孩子们的单元整体学习之旅。在"大单元"关照下，有序设计、研发了五个具体活动："赏一幅年俗画卷""品一种传统美食""吟一首古典诗词""看一出民间好戏""争当民俗传承人"，旨在以课文中介绍的传统民风民俗为基点，在迁移运用中落实单元语文要素，激发学生对祖国传统文化的热爱，形成文化认同，增强文化自信。

活动一是围绕单元人文主题——"风俗"进行设计，先让学生了解、搜集家乡的风俗活动，然后通读单元，梳理课文中出现的风俗活动，引导学生对"风俗"进行初步的了解。

活动二到活动五，是以课文为依托，将语文要素循序渐进地落实在每一课的作业中，既有与课文主题相关的民俗拓展，又有对文本内容的细致剖析，引导学生通过阅读实践、分享交流，借助时间轴、图表式等思维导图的方式梳理课文脉络，把握主要内容，解锁作者写作密码，体会作者要表达的中心意思，以促进学生的阅读力和阅读品质的提升，也进一步巩固学生对本单元语文要素的把握。

活动六是对单元所学的综合运用。在此过程中，学生要学会搜集资料、整理文字、拍摄图片、匹配图文等。学生在记录美好、分享感动的同时，也提升了他们的综合素养。

这几项活动把人文主题、语文要素、文本阅读、语言表达有机融合起来，让学生在阅读与鉴赏、表达与交流、梳理与探究的语文实践活动中，联通生活与学习，提升综合素养，既能诊断教师的教，也能评价学生的学，实现了教、学、评各要素之间的协调一致。

三、具体项目和设计意图

活动一：走进民俗大观园

同学们，我国地域辽阔，民族众多，因受环境、气候、信仰等因素的影响，孕育出许多独具特色的风俗习惯，形成了"百里不同风，千里不同俗"的独特文化景观。

1. （前置性作业）你的家乡有哪些风俗？请结合生活经验，或者查阅资料、询问长辈，搜集家乡的传统风俗活动。

2. （课堂作业）风俗文化代代相习，历代文学作家功不可没。请快速浏览第一单元四篇课文，找一找文中提到了哪些风俗，试着以表格的方式梳理各篇分别介绍了哪些风俗。

【设计意图】单元导语揭示了不同地域之间存在不同的民风民俗。现阶段多数学生对于风俗的了解，多停留于表面。另外，随着城镇化步伐的加快以及人民生活水平的不断提高，很多传统的民俗活动，正逐渐消失在我们的视野中。引导学生对单元导语进行理解，让学生对单元课文进行通读，并梳理出课文所涉及到的风俗，可以加深学生对风俗的印象。

活动二：赏一幅年俗画卷

（一）聊家乡的春节

1. （前置性作业）百节年为首，家乡的春节从哪一天开始，到哪一天结束吗？其间，哪些活动给你留下深刻印象？

2. （前置性作业）年夜饭是春节的重点。不同地区的年夜饭有不同的传统，代表着不同的吉祥寓意。比如"吃饺子"代表"更岁交子，吉祥如意"，而"吃汤圆""吃年糕"呢？根据所学知识和课外积累试着绘制"年夜饭传统"主题的思维导图。

（二）走进老北京的春节

春节是我们中华民族最隆重的传统佳节，但因地域文化不同，风俗活动存在差异。老北京人是如何过春节的？请默读课文，试用时间轴罗列出相应的风俗活动。结合"时间轴"，再次默读课文，感悟详略得当的表达。

（三）同"年"不同样

1. （课堂作业）默读"阅读链接"，对照课文，感受"除夕"的地域风俗在老舍笔下与斯妤笔下的异同点。找出文中描写孩子们过春节的部分读一读，并摘录出来。

2. （课后作业）赏"京味儿"语言。

孩子们喜吃这些零七八碎儿，即使没有饺子吃，也必须买杂拌儿。他们的第二件大事是买爆竹，特别是男孩子们。恐怕第三件事才是买玩意儿——风筝、空竹、口琴和年画等。

腊月和正月，在农村正是大家最闲暇的时候。

老舍的语言特点：_____。

老北京的孩子们过春节多有趣呀！你是怎样过春节的？仿照这样的表达，试着把你印象最深的经历写下来。

【设计意图】通过聊刚刚度过的春节，分享春节期间的见闻，引出老北京人如何过春节，也为之后以读促写的小练笔做铺垫。引导学生积累一些传统习俗的寓意，丰富学生对传统文化的认识。以图示的形式，把老北京人过春节的习俗直观地呈现出来，为学习分清内容主次，找出文章详写部分，体会详略得当的效果打下基础。在把握课文内容的基础上，引导学生明确课文的详略安排，并体会主次分明的好处，落实语文要素。借助"阅读链接"，帮助学生拓展类文阅读，感受风俗差异。在此基础上，及时训练学生结合自己的生活经验进行练笔，将阅读与表达紧密结合起来，实现学以致用。通过片段式的练笔，为后面习作写民俗活动体验做铺垫。不同地域必然形成不同的方言，不同的表达。因此，语言习惯也是一种风俗，赏"京味儿"语言，也是赏一种风俗文化。

活动三：品一种传统美食

1.（前置性作业）俗话说："民以食为天。"在我国，每个时节总有一些特别的饮食风俗，如端午节吃粽子，中秋节吃月饼……你的家乡有哪些饮食风俗？请结合生活经验，或者查阅资料、询问长辈，搜集家乡的节日美食。

2.（课堂作业）每年腊月初八，中国民间有吃腊八粥的习俗。许多文人墨客对腊八粥都有一种特殊情结。读一读下列句子，说一说腊八粥有什么特点。

这腊八粥是用糯米、红糖和十八种干果掺在一起煮成的。干果里大的有红枣、桂圆、核桃、白果、杏仁、栗子、花生、葡萄干等等，小的有各种豆子和芝麻之类，吃起来十分香甜可口。　　——选自冰心《腊八粥》

这种粥是用各种米，各种豆，与各种干果（杏仁、核桃仁、瓜子、荔枝肉、桂圆肉、莲子、花生米、葡萄干、菱角米……）熬成的。这不是粥，而是小型的农业展览会。

——选自老舍《北京的春节》

腊八粥的特点：_____。

3.（课堂作业）材料如此丰富的腊八粥，究竟多美味呢？请自由朗读课文第1自然段，圈画出能体现腊八粥味美的词句，想想作者是怎么把它写具体的。

4.（课后作业）在你的印象中，是否也有这样一道美食让你垂涎三尺呢？请仿照第1自然段写一写。

5.（课后作业）作者通过八儿的所见所闻所想细腻描写了腊八粥的样子，请你找出来读一读，并写下自己的感受。比如摘录"花生仁脱了它的红外套，这是不消说的事。锅巴，正是围了锅边成一圈"。感受可以是：拟人化的表达，童真童趣，新奇自然，洋溢着如愿看到锅里腊八粥的模样时那般喜悦与兴奋。

【设计意图】唤醒学生的美食记忆，激活学生生活经验，为后续的仿写做准备，让学生在表达时更自然地融入喜爱之情。适时引用名家对"腊八粥"的记忆，了解腊八粥的特点以及作者对腊八粥的喜爱之情。通过阅读探究，解锁描写美食的密码。引导学生仿照文中写法写自己喜爱的一种食物，学以致用。在阅读中训练写作，做到读写结合。借助思维导图帮助学生从整体上把握课文内容，学习作者组织材料的方法。体会作者是如何借助人物的所见所闻所想，侧面写出腊八粥的美味诱人，感受作者将美食与人物活动自然地联系在一起，把主要部分写具体的写法。抓住重点语句，感受作者生动的语言表达。

活动四：吟一首古典诗词

1.（前置性作业）在古代，民俗文化的记录者就是图画和诗词。古代哪一首诗词有提及民俗文化，请搜集几首摘抄出来。

2.（课堂作业）请自由朗读三首古诗，结合注释，用自己的话说一说诗歌大意与情感，并根据诗歌内容连线。

《寒食》　　　　　　中秋节　　　　牛郎织女的传说

《迢迢牵牛星》　　　寒食节　　　　望月

《十五夜望月》　　　七夕节　　　　传烛赐火

3.（课后作业）请联系此前相应的学习经历和见闻，借助书籍和多媒体资源，同小组内的学习伙伴分工搜集描写中国传统节日的古诗，并按照节日的时序，合理编排古诗顺序，形成诗集《赏读古诗，过中国节》。

提示：组建小组，全面了解中国传统节日。根据节日进行人员分工，分头搜集相关诗文及相关材料，如节日传说、古诗赏析等，每一节日至少搜集3篇，要考虑不同朝代、不同诗人。按照节日时序，整理诗文，形成诗集。美化诗集，制作诗集封面，撰写卷首语，编写目录，绘制插图等。小组汇报创作成果，交流收获。

【设计意图】借助图画，唤醒学生已有的关于传统节日诗歌的知识储备。检测学生对照注释理解诗意的情况，为深入学习诗歌，体会诗中情感做铺垫。借助补充的资料，了解诗中涉及的节日习俗或传说，正确理解诗意，体会作者所要表达的情感。在学生对传统习俗的认识和了解基础之上，以创编诗集为任务驱动，激发学生对传统文化中的中国传统节日进行深入、自主地探究。

活动五：看一出民间好戏

1. （前置性作业）各地不仅有不同的节日风俗，还有独具特色的艺术样式。你的家乡有哪些民间艺术？请结合生活经验，或者查阅资料、询问长辈，搜集家乡民间艺术形式。

2. （课堂作业）藏戏，被称为藏文化的"活化石"，是中华民族历史最久远的戏剧之一。默读课文，说说藏戏有什么特色，哪部分写得详细，哪部分写得简略，这样写有什么好处，试着完成一份"藏戏特色"主题的思维导图。

3. （课后作业）藏戏的形成过程充满传奇色彩，请将故事讲给他人听。

4. （课后作业）民间艺术是民俗文化的重要组成部分。你对家乡的哪一种民间艺术最感兴趣？请通过查阅资料或询问他人进行了解，以"艺术名称""发源地""主要特点"等要素，为你最感兴趣的民间艺术做一张小名片。

【设计意图】唤醒学生关于民间艺术的记忆，激活学生生活经验，为后面习作拓宽思路。以思维导图的形式，让学生运用本单元习得的阅读策略和已有的阅读经验自主梳理课文脉络，体会作者详略安排的用意。感受藏戏最重要的特点。复述故事。初步了解自己感兴趣的民间艺术，为后面习作积累素材。

活动六：争当民俗传承人

1.（前置性作业）"离家三里远，别是一乡风。"根据单元所学，以及自己的了解，从"节日习俗""民间艺术""特色美食"等方面制作一份"家乡的风俗"思维导图。

2.（课堂作业）请选择一种了解到的家乡风俗进行介绍，或写一写你参加一次风俗活动的经历。这种风俗的主要特点是什么？对这种风俗的实际体验如何？对这种风俗习惯有何看法？友情提示：开篇点明介绍的是哪种风俗，文中自然穿插这种风俗的来历与特色，最后可以写一写自己对这种风俗的切身体验及感想。

3.（课后作业）按照评价表，自评自改，与同学互评互改。

评价要点：关于选材"写什么"，要介绍一种家乡风俗或自己参加的一次风俗活动过程，写出这种风俗的来历与参加感受；关于"怎么写"，题目可以尝试正副标题格式，"亮出"风俗，可以开篇点题，写参加活动时注意细节描述，注意详略得当分清层次；关于写作语言，注意用词准确优美，语句连贯，首尾呼应抒发感受；关于写作创意，能结合风俗，写出家乡有特色的人情风俗来。

【设计意图】以思维导图的形式帮助学生整理家乡的风俗，既是对本单元学习的回顾，同时也打开了此次习作的思维。在作文纸上呈现习作要点，让学生习作时心中有"数"。以探寻家乡习俗这一实践活动，提升文化自信，培养高雅的审美情趣，积淀丰厚的文化底蕴，继承和弘扬中华优秀传统文化。给学生习作评价标准，让学生有"标准"有"方法"可依，可规范学生的习作；开展互评互改，让学生在评价交流中收获习作的成就感与快乐。

四、设计及实践后的反思

新课程标准在"学业质量"部分指出：语文课程学业质量标准是以核心素养为主要维度，结合课程内容，对学生语文学业成就具体表现特征的整体刻画。根据学科课标要求控制作业难度，关注差异，鼓励布置分层、弹性和个性化作业，积极开发校本作业。此次校本作业设计就是立足于学生核心素养的发展，单元语文要素的有效落实，而构建的贴合学生生活实际的学习任务群，要求明确，形式多样，难度适宜。从各方的反馈来看：

（一）激活学生学习的主动性。此校本作业一改以往的死记硬背，抄抄写写的机械性作业，而是以大情境为任务驱动，设计形式多样的活动，引导学生到"任务中学""情境中学""活动中学"，学生不断地以实践、合作、探究等方式进行学习，在学习语言中运用语言，又在语言运用中巩固语言积累，等等，大大提高了学生学习的主动性。

（二）落实语文要素的要求。本单元的语文阅读要素是"分清内容的主次，体会作者是如何详写主要部分的"。设计中的"课中作业"就是紧紧围绕这一要素进行设计，通过引导学生在阅读实践中，借助时间轴、图表式等思维导图的方式梳理课文脉络，把握主要内容；通过分享交流，分清内容主次，解锁作者写作密码，体会作者要表达的中心意思。

（三）凸显学生的表达训练。设计多次课堂内外的以读促写，为学生创设轻松愉悦的学习情境，激发语言潜能，促进语言积累与运用的有效连接，为学生构建运用语言积累素材的训练平台。此外设计中的"前置性作业"类似于以前的预习作业，但以往的预习形式较为单一和枯燥，是由学生独立完成。本设计中的前置性作业则以学生上网搜索、听人讲述、亲身体验为主，把着眼点放在对"实践能力"和"探究能力"的培养上，提升了学生的语文素养。

（四）提高课堂教学的有效性。此设计中的"课中作业"将作业融入课堂，使课堂结构变得更加多样化：有的是先讲后练，保证"目标—内容

"一评价"的一致性；有的是边讲边练，改变了以往教师"一讲到底"的现象；还有的是先练后讲，让学生成为学习和探究的主体。这样既提升了学生参与语文实践活动的积极性，又提高了课堂教学的有效性。

校本作业实践证明，这一系列的活动调动了学生已有的生活与知识经验，让学生对不同民俗文化产生了好奇心、求知欲，感受了"十里不同风、百里不同俗"的文化现象。学生在自主、合作、探究中，获得了对不同节日、不同民俗的文化理解。同时，学生在积极的阅读实践活动中，发现了作者谋篇布局时的意图，主动发现作者抓住的民俗活动特色进行细致描写的秘诀。又通过以读促写这一积极的语言实践活动，体会"分清内容主次，详写主要部分"这一语言文字运用规律，并根据表达的需要，抓住重点介绍一种风俗或写自己参加一次风俗活动的经历，在举一反三中实现从阅读到表达的有效迁移的同时，对民俗文化有了深度体悟。

【范例】
仿六年级下册《北京的春节》

福州过年风俗（曹宸睿）

"爆竹声中一岁除，春风送暖入屠苏。"不知不觉中，庚子鼠年已经过去了，在噼噼啪啪的鞭炮声中，辛丑牛年到来咯。

福州，是一个充满年味的城市。大年三十夜里，家家点灯，户户团聚。在家中，辛苦了一年的一家人围坐在餐桌前，吃着丰盛的年夜饭，看着欢快的春节联欢晚会，听着窗外不时传来的鞭炮声，闻着空中飘来的阵阵烟火味，孩子的小手摸着长辈送的压岁钱，别提有多幸福了！

吃过年夜饭，最重要的事就是观看春晚，等待新年钟声的到来。当新年钟声响起的时候，窗外立刻响起雷鸣般的爆竹声，新的一年开启了！

初一的早上要放鞭炮、祈年、喝屠苏酒（现在已不流行）、吃带鸭蛋（寓意压乱）太平面、拜年，见面要说"恭喜发财""合家平安"等祝福词语，这一天，人们不能扫地（怕把财扫走）、倒垃圾、洗澡、用刀具，晚上则要早睡，比谁睡得早，俗称"斗夜灯"。

正月十五，是传统的灯节，那一天的晚上，大街小巷挂满了大红灯笼，挤满了人群，人们怀着喜悦的心情呼朋引伴到东街口，到三坊七巷，到江滨路，到各处公园，到大街小巷去，欣赏各式本地特色的灯笼，观看天上的满载祝福的孔明灯。

什么是福州最具地方特色的风俗呢？我认为当属"虎纠"特色的"拗九节"。

正月二十九这天是"拗九节"。这一天家家户户都要煮"拗九粥"来祭祀祖先或送给亲朋好友，已出嫁的女子也要送拗九粥孝敬父母，所以又称为"孝顺节"，有关它的传说很多，都是围绕着孝敬和祈福这一主题。

"拗九节"这天早上，我早早起床，帮衬外婆，动作娴熟地把糯米、红糖、花生、红枣、荸荠、芝麻、桂圆等原料放入锅中，糊糊涂涂煮成甜粥。一家子开心围坐喝着软糯香甜的拗九粥。老人喝着儿女煮的甜粥，不仅嘴上甜，心里更甜。这种风俗在福州越来越盛行，有的村甚至摆起了千人的"孝顺宴"，近两百张桌子上，有一千位年过半百的老人安坐席上，一边聊天吃着美食，一边欣赏着戏台上闽剧的表演，年轻人忙里忙外地端菜送茶，真是一幅其乐融融的画面啊。

我愿家乡的每一位老人都安享晚年，我愿福州这种独具地方特色的风俗永远传承下去，让传统的春节更赋予感恩的文化色彩！

解析与点评：仿写是传承，也是创新的基础。小作者模仿老舍先生朴素自然充满浓郁的"京味儿"语言，娓娓道出家乡福州本土的"虎纠"方言，例如："在噼噼啪啪的鞭炮声中，辛丑牛年到来咯""吃带鸭蛋（寓意压乱）太平面""怀着喜悦的心情呼朋引伴到东街口，到三坊七巷""什么是福州最具地方特色的风俗呢？我认为当属'虎纠'特色的'拗九节'""摆起了千人的'孝顺宴'""愿福州这种独具地方特色的风俗永远传承下去"。这样的语言既有地方的烙印，又有新时代青少年的观察与思考。特色语言与对家乡文化习俗的关注，为人们展开一幅老福州的民俗画卷，展示了节日的温馨与美好。在篇章布局方面，小作者抓住"初一""正月十五""正月二十九"这几天作为重点细致描绘。全篇描述并没有面面俱到，而是抓住其中最具特色的民俗活动展开，凸显重点，详略得当。值得点赞的地方尤其是对福州独有的"拗九粥"的描绘："我早早起床，帮衬外婆，动作娴熟地把糯米、红糖、花生、红枣、荸荠、芝麻、桂圆等原料放入锅中，糊糊涂涂煮成甜粥。一家子开心围坐喝着软糯香甜的拗九粥。老人喝着儿女煮的甜粥，不仅嘴上甜，心里更甜。"令人不禁联想到本单元沈从文的《腊八粥》，笔触细腻而有生活气息，通俗简练，童趣十足，将读者引入美好的拗九粥风俗之中，体味粥的甜蜜、家的温情以及文化习俗的美好。这样的仿写练笔是实实在在地向名家名篇学习的学以致用的训练。

第三节　跨学科视域与读写长程作业

新课程标准指出，跨学科学习任务群旨在引导学生在语文实践活动中，联结课堂内外、学校内外，拓宽语文学习和运用领域；围绕学科学习、社会生活中有意义的话题，开展阅读、梳理、探究、交流等活动，在综合运用多学科知识发现问题、分析问题、解决问题的过程中，提高语言文字运用能力。

随着"双减"政策的推进，小学语文的教育教学，面临着课程内容减负增效与学科整合的挑战。作为教育改革的重要方向之一，减负与整合的理念已经不断深入人心。为打破学科之间的界限，促进学科之间的整合与融合，跨学科作业的设计与实施就成为一项有力的策略。新课程标准指出："跨学科学习情境侧重强调学生综合运用多门课程知识和思想方法解决实际问题。命题应贴近学生生活经验和情感体验，抓住社会生活中常见但又值得深思的真实场景，创设新颖、有趣、内涵丰富的情境，设计多样的问题或任务，激发学生内在动机和探究欲望。"

如何利用多元化的教学资源与手段，秉承以读促写的教学理念，创新与优化跨学科视域下的单元作业设计？笔者与团队老师以统编版语文四年级上册第三单元为例，探索"开启观察之旅，探寻写作密码"的基于跨学科的单元长程作业设计。

统编版语文四年级上册第三单元以"连续观察"为主题，编排了《古诗三首》《爬山虎的脚》《蟋蟀的住宅》。《古诗三首》描绘了从不同角度观察到的景物，《爬山虎的脚》和《蟋蟀的住宅》分别以日常生活中的植物和动物为观察对象，描绘了事物的特点和变化，展现了作者连续细致的观察。

本单元的语文要素是"体会文章准确生动的表达，感受作者连续细致的观察"。

顺承三年级的"留心生活，细致观察事物"，进一步引导学生学习连续观察。《爬山虎的脚》以准确形象的语言，描写了爬山虎叶子和脚的细微变化，以及爬山虎向上攀爬的过程。《蟋蟀的住宅》以准确生动的表达，再现了蟋蟀住宅的特点及修建过程。语文园地的"交流平台"引导学生交流、总结连续细致观察的好处，明确只有细致、连续、调动多感官观察，才能有所发现、写得准确形象。

本单元的习作要求是"进行连续观察，学写观察日记"。旨在培养学生进行连续观察，写观察日记的能力。在以前的学习中，学生一方面已经了解了日记的一般格式，初步养成了写日记的习惯；另一方面，知道要仔细观察，注意事物的变化，把观察到的事物写清楚。本单元习作还编排了与主题相关的"资料袋"和"阅读链接"，帮助学生顺利完成观察日记的写作。"资料袋"帮助学生养成连续观察并进行记录的习惯，"阅读链接"引导学生了解观察日记的内容和方法。

综合以上信息，制订如下单元学习目标：

关于课文。认识22个生字，读准2个多音字，会写38个字，写32个词语；能有感情地朗读课文。背诵三首古诗。默写《新西林壁》；能借助注释、插图理解诗句的意思，用自己的话说出想象到的景象；能通过文章准确生动地表达，感受作者连续细致的观察；能留心周围事物，养成连续细致观察的习惯。学习做好观察记录；能抄写表达准确形象的句子。

关于口语交际。能在小组讨论时注意音量适当；不重复别人说过的话。想法接近时，先认同再补充。

关于习作（写观察日记）。能进行连续观察，用观察日记记录观察对象的变化；能在小组内分享观察日记，并进行评价。

关于语文园地。能结合阅读体验，交流连续细致观察的好处，逐步养成留心观察的习惯；能正确搭配动物和它的"家"，知道动物的"家"有不同的说法；通过比较句子，体会表达的准确性；积累与秋天有关的气象谚语。

陶行知言："教学做合一"。依据新课程标准的指导，探索设计跨学科综合性作业是打破学科壁垒、实现课程协同育人、提升学生核心素养的重要作业模式。本单元作业设计，我们坚持立德树人，基于课程标准，体现单元意识、创新作业实践等基本理念。我们结合具体教学和学生学习状况，紧扣单元学习目标，以单元目标体系为指引，关注课文内容结构与模块知识，以"自然观察展览会"为真实学习情境，创设"观察之旅"任务活动。

展览会第一站"开启观察之门"，以预学方式为这次观察主题单元学习做了铺垫和定位——第二站"古代观察驿站"（对应课文第一课学习）——第三站"现代观察驿站"（对应课文《蟋蟀的住宅》《爬山虎的脚》的阅读学习）——展会第四站"我是小小观察家"（拓展阅读，强化思维）——展会第五站"观察日记我能行"（学会表达、学会鉴赏与修改习作）。

我们以"开启观察之旅，探寻写作密码"的任务串联起四年级语文上册第三单元的作业学习任务。此设计以观察展览会的真实情境唤醒学生的学习动机，激发学生的学习兴趣，构建以素养导向的教学评良性互动的智慧学习生态。

亮点1："预学单"中，通过"小小观察家"的任务驱动学生留心生活中的事物，以自评互评的形式回看自己的观察历程，点燃学生表达交流的热情，学会观察与发现生活中的美；"学习单"和"延学单"皆以主题类别为划分纬度，将展览会分为"开启观察之门""古代观察驿站""现代观察驿站""我是小小观察家""观察日记我能行"等五个作业板块。纵向形成单元观的整体学习任务，以闯关、互动评价、跨学科学习的方式提升学生的学习兴趣，调动学生自主学习的积极性。语文、信息技术、美术、科学等学科的融合，为语文学习注入多样化的过程性体验。

亮点2：从横向看，跨学科主题类作业旨在将识记、理解、应用、分析、综合等糅合在一起，形成"能力融合"，"帮助学生看见每天学习的意义"，跨学科主题类作业倡导贴近学生生活经验和情感体验，依托家庭生活、学校生活、社会生活中常见且有意义地参加展览会的真实场景，创设新颖、有趣、内涵丰富的情境，设置主题式的、结构化的、真实的学习任务，建立知识内部、学生学习与现实生活之间的联系，引导学生通过意义连接和意义重构，获得对人、事、理等更准确、更立体、更深入的理解和认识，进而系统地思考自我、生活与学科学习的内在联系。如完成一份观察日记，在自然展览会上展出，并结合书面记录对观众进行现场解说，这就让语文的学习有了现实的意义。

亮点3：从纵向看，跨学科主题类作业的目标上接"素养立意"中的核心素养，下联"成果展示"中的表现性评价，意在用目标引导学生积极参与到有意义、有挑战性的学习过程中，形成高品质的跨学科学习经验。学生在此次观察之旅的学习过程中，调动美术学科的能力完成图文转换、趣配插图等任务；在这个过程中，加深理解与语言运用，调动科学知识完成观察对象的选择，让文学更富有科学哲理性与实践操作性。

这份长程作业伴随本单元学习的始末，育人为本，难度适宜，开放多元，我们指向本单元核心学习要素"进行连续观察，培养学生连续细致的观察本领"，突破学生写作"无素材、无体验"的瓶颈，让语文回归生活，助力师生有效落实跨学科学习与生长。

第一站　开启观察之门

亲爱的同学们，欢迎开启观察之旅！在进入本单元学习前的两周，需要你提前进行自主观察哦。

科学老师友情提示：像科学家那样观察，像科学家那样思考，选择你最感兴趣的植物作为观察对象，最好是短期内能够有较大变化的哦。调动眼耳鼻手等五官去观察，捕捉变化的镜头，可试着用图文结合或者做表格的方式记录。

任务一：完成《我的豆芽成长日记》。根据豆芽不同的生长阶段，从种子、豆皮、根茎、叶片等方面进行观察，记录它们的颜色、外形、体积、高度等方面的变化。有条件的同学，还可以利用拍照或者手绘等方式进行配图。写观察记录时，你还可以用上比喻、拟人等修辞手法让表达更生动。

时间为"第一天（某月某日）"图景使用绘画或者拍照，记录内容可以是种子的样子，种植的心情等；"第某天（某月某日）"图景继续使用绘画或者拍照，记录内容可以是从看到的、听到的、闻到的、想到的等不同角度观察植物，从颜色、长度、外形等不同角度记录植物的变化。

任务二：你观察了它的哪些方面？观察对象如果是植物，就可以观察它的形状、颜色、大小、气味等，观察对象如果是动物，就可以观察它的饮食、活动、睡眠、爱好等；如果有兴趣观察天文气象，就可以观察气候变化、记录身体感受以及周围事物变化等。

任务三：你和学习小伙伴还有其他感兴趣的观察物吗？写出你和小伙伴想观察的对象，选择一两个观察角度，记录观察的方式可以是图文结合，可以绘制表格，还可以写观察日记。

接下来，我观察，我思考，我记录，我点赞。可以参评观察细致的"观察之星"，可以参评连续观察（使用时间的词语并抓住生长的变化）的"耐力之星"，还可以参评描写生动准确的"文学之星"。请按照观察记录评价标准，小组内互相评一评吧！

【设计意图】这项预学作业紧扣单元语文学习要素，以语文学科为主，涵盖科学、信息、美术等多个学科，融入"连续观察，细致观察"的理念。跨学科概念的探究与实践，有助于培养学生像科学家一样观察，像科学家一样思考的科学品质。

第二站 古代观察驿站

在诗词朗诵闯关中，我们将体验诗人眼中自然万物的独特与美好，收获蕴藏其中的生活哲理。

任务一：自然博览会现场有江景馆、山岭哲理馆和植物哲理馆三个展馆，请你分别为其朗诵一首诗歌，并以是否"正确、流利、有节奏、有感情地朗诵"做自我评价。

任务二：揭开《暮江吟》《题西林壁》《雪梅》这三首诗歌中诗人的观察视角。是按照"上下""远近"，还是"抓特征"的角度呢？

任务三：在"山岭哲理馆"，墙上挂着一幅江西庐山风景图（图片略），图中缺少题诗，请你挥毫，为风景图题诗，并记录完成时间。"梅须逊雪三分白，雪却输梅一段香""不识庐山真面目，只缘身在此山中"，这些诗句蕴含的真理分别是什么呢？

亲爱的同学们，恭喜你在"观察之旅"第二站中感受诗人眼中自然风景的美。数一数自己得了几颗星？希望你再接再厉，继续做生活的有心人。

【设计意图】本系列题目为基础型作业，以"观察视角"串联起三首诗歌的学习，通过听、读、写等方式触发学生多角度观察能力的生长。学生在真实的情境任务中，将诗歌与现实生活应用场景的结合，提高审美情趣。关键问题"景中真理"串联起两首诗歌的理解。"双减"时代，作业赋能，评价表可以让孩子对学习成果进行自我评价，充分发挥学生的学习主体地位。

第三站 现代观察驿站

任务一：植物生长的奥秘是什么？请你扫一扫二维码（图略）一睹为

快吧!

　　信息老师友情提示：可以使用手机浏览器或微信里的扫码功能扫码；为保护视力，请控制使用时长哦！

　　任务二：选择以下词语解说爬山虎攀爬过程。（爬山虎，叶柄，触角；弯曲，反面；嫩红，细小，牢固）用下列词语说说蟋蟀修建住宅的过程。（前足，扒；钳子，搬；后足，踏地；两排锯，推，铺）

　　任务三：爬山虎的脚生长位置在哪里？有什么样的特征？蟋蟀住宅的特点是什么？蟋蟀是怎么修建住宅的？请为《爬山虎的脚》和《蟋蟀的住宅》分别做思维导图，直观地呈现自然景观的奇妙吧！（选做题）

　　【设计意图】本板块是跨学科学习活动，将文学阅读与信息技术相融合，帮助学生拓宽查找资料的渠道，文本与动态画面的结合，以思维导图的形式来阅读文章，更有助于学生直观、清晰地理解课文准确、生动的表达，设置真实的情境，让语言文字的学习更自然，图文结合的学习更有助于学生对文本内容的梳理与概括，提升学生思维品质。

　　　　　　　　第四站　我是小小观察家

　　《蟋蟀的住宅》为我们介绍了动物界精湛的建筑艺术，法布尔的另一篇文章《蝉》也同样写得很精彩，让我们一起来欣赏吧！

　　　　　　　　　　蝉（节选）

　　　　　　　　　　　法布尔

　　①普通的蝉喜欢在干的细枝上产卵。它选择最小的枝，像枯草或铅笔那样粗细，而且往往向上翘起，差不多已经枯死的小枝。

　　②它找到适当的细树枝，就用胸部的尖利工具刺成一排小孔。这些小孔的形成，好像用针斜刺下去，把纤维撕裂，并微微挑起。如果它不受（干扰　打扰），一根枯枝上常常刺出三四十个孔。卵就产在这些孔里。小孔成为狭窄的小径，一个个斜下去。一个小孔内约生十个卵，所以生卵总数约为三四百个。这是一个很好的昆虫家族。它之

所以产这许多卵,是为了(防止 防御)某种特别的危险。必须有大量的卵,遭到毁坏的时候才可能有幸存者。

③我从放大镜里见过蝉卵的孵化。开始很像极小的鱼,眼睛大而黑,身体下面有一种鳍状物,由两个前腿联结而成。这种鳍有些运动力,能够帮助幼虫走出壳外,并且帮助它越过带有纤维的树枝——这是比较困难的事情。

④鱼形幼虫一到孔外,皮即刻脱去。但脱下的皮自动形成一种线,幼虫靠它能够附着在树枝上。幼虫落地之前,就在这里行日光浴,踢踢腿,试试筋力,有时却又懒洋洋地在绳端(摇摆 摇动)。

⑤它的触须现在自由了,左右挥动;腿可以伸缩;前面的爪能够张合自如。身体悬挂着,只要有点儿微风就动摇不定。它在这里为将来的出世做准备。我看到的昆虫再没有比这个更奇妙的了。

⑥不久,它落到地上。这个像跳蚤一般大小的小动物在线上摇荡,以防在硬地上摔伤。身体在空气中渐渐变坚强了。它开始投入严肃的实际生活中了。

⑦这时,它面前危险重重。只要一点儿风就能把它吹到硬的岩石上,或车辙的污水中,或不毛的黄沙上,或坚韧得无法钻下去的黏土上。这个弱小的动物迫切需要隐蔽,所以必须立刻到地下寻觅藏身的地方。天冷了,迟缓就有死亡的危险。它不得不各处寻找软土。没有疑问,许多是在没有找到以前就死去了。最后,它找到适当的地点,用前足的钩扒掘地面。我从放大镜中见它挥动"锄头",将泥土掘出抛在地面。几分钟以后,一个土穴就挖成了。这小生物钻下去,隐藏了自己,此后就不再出现了。

⑧未长成的蝉的地下生活,至今还是个秘密。不过在它来到地面以前,地下生活所经过的时间我们是知道的,大概是四年。以后,在阳光中的歌唱只有五星期。

⑨四年黑暗中的苦工,一个月阳光下的享乐,这就是蝉的生活。

我们不应当讨厌它那喧嚣的歌声，因为它掘土四年，现在才能够穿起漂亮的衣服，长起可与飞鸟匹敌的翅膀，沐浴在温暖的阳光中。什么样的钹声能响亮到足以歌颂它那来之不易的刹那欢愉呢？

1. 读短文，选择合适的词语在括号内打"√"。
2. 蝉的一生虽短暂，却唱响了生命的赞歌，根据以上选文信息，看看蝉的生命形态经历了哪些变化？（干细枝孔里、树枝上、土穴、阳光中）完成下面思维导图（图略）。

选做题：采撷两片可爱的树叶书签（图略），写一句关于观察记录的名言或谚语，为展览会增添一份精彩吧！如：观察是智慧最重要的能源。——苏霍姆林斯基

【设计意图】分层性作业，面向不同层次的学生，引导学生通过拓展阅读，引导学生读同一位作家的不同作品，课堂阅读衔接课外阅读。在阅读中加深对观察的认识，也拓宽了认知，有利于培养学生的科学素养和思维品质。

第五站　观察日记我能行

任务一：范文赏析，完成观察日记

（一）三角梅观察日记（隆豫）

10月10日

我家小区有一处三角梅花丛。今天，我看到一些含苞待放的花儿，它们小巧玲珑，可爱极了。它们一身碧绿的衣服，只有尖头涂着淡的粉色，那花苞好似一颗红宝石，被叶子团团包裹着，又好似穿着校服的我们站在红旗下，它们有的躲在叶子的怀抱中，有的探出半个脑袋，还有的自由极了，在空旷的地方翩翩起舞。

10月15日

今天的三角梅变化可真大呀！它们脱光了翠绿的西装，换上了金色阳光绣着的粉裙子，在阳光下，露珠好像一粒粒钻石，滋润着三角梅。三角

梅又嫩又薄的身子微微张开，它的香味从张开的小口里洒出，散到四面八方，风儿吹着风笛向三角梅迎来，三角梅一边彬彬有礼地向我弯腰行礼，一边"沙沙"地吟着歌，歌声又牵出了一阵阵更加香甜浓密的香气，好像花瓣都被染得更艳了，我不禁沉醉在这样的芬芳中。

（二）见书第42页阅读链接《燕子窝》（选自苏联比安基《森林报·夏》）

语文老师友情提醒：

"进行连续观察，用观察日记记录自己的收获。"观察不仅要细致，还要注意连续性。请你像这两篇观察日记那样，整理"观察记录"，抓住观察对象的变化，写清楚观察的过程，加上自己当时的想法和心情，能附上图画或照片就更好啦。

任务二：文章不厌百回改，请对照习作评价单修改习作，并誊抄准备参展

（观察日记评价单要点：观察细致写出变化，语言准确表达生动，可添加想法和心情，书写认真格式正确）

选做：祝贺你获得展出资格，在观察日记展示驿站，需要制作一份海报，请你为自己的作品代言，制作一份海报。（附美术老师友情提醒：主题鲜明，内容精练，要有视觉冲击力，图文并茂为佳，可以手绘或者电脑制作）

任务三：比安基和达尔文就是这样善于发现的人。一年四季，各有各的美，请你课外走进他们的观察系列作品，随着科学家的笔触享受自然之美。

亲爱的同学们，祝贺你圆满完成了此次观察之旅，像科学家那样观察、思考，拥有了观察的本领，提升了写作的能力。让我们再接再厉，下期博览会见！

【设计意图】这个板块的题目阶梯式设计，由低到高，为学生习作提供支架，将观察记录转化为习作素材与习作支点，将文字信息转化为图画信息，实现语文和美术的跨学科教学。其次，设置自然展览会的真实情境任务作为习作内驱力，让习作有了真实的土壤环境。最后，在拓展阅读中，继续培养审美情趣，学会在生活中发现美，欣赏美。

选做：学以致用，请选择福师大附小校园里最心仪的一处景物（可以是植物也可以是动物）（图略），写一篇观察日记。

第六章 思辨性阅读与以读促写

第一节 思辨性阅读与课堂教学中的表意

新课程标准按照内容整合程度不断提升，分三个层面设置六大学习任务群。其中第二层三个发展型学习任务群"实用性阅读与交流""文学阅读与创意表达""思辨性阅读与表达"中，"思辨性阅读与表达"是相对比较新颖而特别的一个重要概念。"思辨性阅读与表达"学习任务群"旨在引导学生在语文实践活动中，通过阅读、比较、推断、质疑、讨论等方式，梳理观点、事实与材料及其关系；辨析态度与立场，学会辨别、保持好奇心与求知欲，养成勤学好问的习惯，从而做到负责任、有中心、有条理、重证据地表达，培养理性思维和理性精神。由此可见，"思辨性阅读"与"思辨性表达"各有侧重又相互促进，"思辨性阅读"是以思辨为主要特征的阅读方式，是阅读主体对文本信息进行深入思考辨析并作出合理评判的阅读活动；而"思辨性表达"则是思辨性阅读思考辨析后的外化展现形式，其中为思辨性教学实践的表里，对语文教学中学生整体思辨能力的提升有着重要作用。笔者试从以下四方面进行阐述。

一、"思辨性阅读与表达"提高学生的思维能力

陆九渊曾言："为学患无疑，疑则有进。"这正是统编版语文四年级第二单元的导语，其义在于：学习时只有不断产生疑问才会不断地进步。本

单元继三年级"预测"后,围绕着"提问"再次对阅读策略进行新的探究,而提问也正是思辨性阅读的重要前提,思辨因思而生,以问生疑,因疑促辨,运用提问策略进行阅读,有助于提升学生积极思考的习惯,深入理解文章内容。

因此,本单元以《一个豆荚里的五粒豆》为单元开篇,为学生架起了"提问"的桥梁,学生在阅读中根据童话极强的故事性大胆地根据内容的发展进行提问在提问中,不少学生自主发现有些提问能在后续的内容中迎刃而解,有些提问需看完全篇后再度思考、小组交流才能有所回答,故衍生出了"针对课文局部和整体大胆提问"的意识,并在提问中自我思考回答,这无形中提升了学生阅读时的自主思维能力。到《夜间飞行的秘密》及《呼风唤雨的世纪》两课中,学生的合作开始从小组到全班的范围延伸,对问题进行分类和筛选,从而得出提问的"不同角度"及"有效性",通过各小组整合,对自己小组选择出的问题进行分享及合理性、多样性的分析。

杜威先生说:"要学习的,不是思维,而是如何思维得好。"超越感性,走向理性,这只是思辨的前提。在真实的课堂里,有几个小组呈现的问题曾多次被其他小组予以否认,部分小组马上认识到了问题所在,虚心接受并及时纠正,亦有小组据理力争,找出对方组的逻辑漏洞,用事先准备好的课文内容当即回答本组问题,以验证其提问的有效性。整体而言,整单元课堂中呈现学生紧紧围绕着课文本身的提问与解答的良好循环,进而在友好纠正与解读"守擂"中实现辩论性思维的拓宽和跨越,而教师从"主导者"变成了"参与者",适时指导方法、补充相应知识,让学生的思维避免"天马行空",也让思考与辩论在"真实的蓝天下驰骋交锋","思辨性阅读与表达"在四年级上册第二单元中通过"提问与思考问题角度与价值"提高了学生的阶段性思维能力,实属它在情理之中保持的独有的寻真力量。

二、"思辨性阅读与表达"激活学生的审美能力

文学阅读要不要思辨？似乎争议很多。余党绪老师说："没有思辨，文学的感染与熏陶不仅会流于肤浅，也可能异化为煽动与驯化，甚至沦落为欺骗与愚弄。"审美，是人类理解世界的一种特殊形式，指人与世界形成一种无功利的、形象的和情感的关系状态。新课程标准指出：要发展思维能力，提升思维品质，形成自觉的审美意识，培养高雅的审美情趣。那么美从何而来？四年级上册第一单元给出了答案。王维曾言："江流天地外，山色有无中。"他投身自然，在自然中感悟美。而第一单元的《观潮》则给予学生最直观的壮美体验，为何称钱塘江大潮为"天下奇观"？通过阅读与分析，学生指出，在阅读中都能感受到钱塘江大潮向他飞奔而来，而作者如何把这份壮美通过文字的形式表达出来？学生在思考与讨论中找出了作者分别从：看到、听到、想到进行有顺序的描写，同时通过再讨论与总结概括出感受景物之美时应充分调动自己的感官，总结美的时候应有顺序地介绍的重要知识，把学生放置于自然之间，让学生在自然中有意识地分析美，提升自身的思辨能力，也对自然之美有更深刻的认识。所以接而在《走月亮》中，学生就能较为容易地感受到文字的妙用，如"稻穗低垂着头，稻田像一块月光镀亮的银毯"这句话，学生在感受修辞妙用的同时，也加上了自己的想象，充分调动感官去感受文字背后所蕴含的美，在思辨性阅读之中，激活审美能力，在思辨性表达中，能身临其境感受自然之美。这是作者语言之美的外化，也是大自然这个文学宝库给我们贵重的礼物。

那如何审之，如何感之？四年级上册语文第三单元也给四年级学生这样的回答：处处留心皆学问，世间万物皆有美可审。原来，美在本单元来自于对审美对象的"连续观察"，而"审"这个过程，对于读者而言，恰亦是"思辨性阅读与表达"的良好依托。

首先，引导学生承接着上个单元的学习内容，对提问与解答有了更深

刻的体会，这样思维能力的提升有助于本单元的"观察审美之旅"。《爬山虎的脚》一课中，爬山虎也常见，它常常紧贴在砖墙上给予人美的感受，而爬山虎如何长成我们熟悉的模样，学生自然联系课文标题引出了爬山虎的脚。可未学这篇课文前，班级里没有同学见过它脚的真面目，更没看见过它努力攀登的过程，于是学生自然地提出了"作者是如何观察到爬山虎的脚不断向上攀的过程的"这个重要的问题。围绕着这个问题走进叶圣陶"留心观察"中的世界，学生感悟到观察的细致和连续性带给读者不一样的"生命之美"的体验，学生进而在录制的爬山虎成长快镜头视频下感受到叶圣陶"连续和细致性的观察"是审美的重要基础，这样审得的美，始终蓬勃着生命的力量。

同时，在《蟋蟀的住宅》中，学生根据课文内容提出了全文核心的问题："为什么蟋蟀的住宅可以算是'伟大的工程'？"进而在作者对蟋蟀住宅细致入微又准确生动的描写中，感悟到蟋蟀于短暂的生命中创造出的"伟大工程"，再而感受到在蟋蟀精美的住宅背后的"生命意义之美"。

培根说："人类理解力的最大障碍和扰乱却还是来自感官的迟钝性、不称职以及欺骗性；这表现在那打动感官的事物竟能压倒那不直接打动感官的事物，纵然后者是更为重要。"而审美就是为了悟美及推及己身达成共美，当学生再次回看第二单元课文《蝴蝶的家》，带着"蝴蝶的家在哪儿"这个问题，自主用手绘路线图的方式跟随作者的脚步踏过大雨滂沱的麦田树林，再集思广益、联系自己的生活标记出曾经在雨中见过蝴蝶身影的路线时，"思辨性阅读与表达"激活了学生实操的能力，作者的文本便有了全新的意义。于是，读者的思考和联系生活后的再创造性正使得两条"解救淋雨蝴蝶路线"变得蜿蜒而美丽，审美联系观察在此课达到了推及己身的共美。美在何处？美在蝴蝶的斑斓与轻盈，更美在学生们同作者一同怀揣着的"我真为蝴蝶着急"的真善美之心。

三、"思辨性阅读与表达"拓宽学生的情境眼界

所谓"情境",是促使儿童能动地活动于其中的环境。[①] 而情境眼界,则指学生在特定的情境里所具备的对此情境问题的思考而呈现的整体见识范围。新课程标准单独设置了"整本书阅读"的拓展型的学习任务群,提出了"根据阅读目的和兴趣选择合适的图书,制订阅读计划,综合运用多种方法阅读整本书;借助多种方式分享阅读心得,交流研讨阅读中的问题,积累整本书阅读经验,养成良好阅读习惯,提高整体认知能力,丰富精神世界"的要求。四年级上册语文《快乐读书吧》结合第四单元为学生推荐了《中国古代神话故事》和《世界经典神话故事》,让学生把对神话故事的了解从耳熟能详的女娲、后羿的故事拓展到更多中西方不同的神话故事中,由此产生新的阅读与思考,并在"思辨性的阅读与表达"分享中再拓宽学生的情境眼界。

在思辨性阅读中,文本构成了反思的前提与基础。在现实的教学中,在学习第四单元前,笔者就让学生去阅读两本神话故事,以至在正式学习中能更好地进行思考与辩论。在学习文言文《精卫填海》前,其实学生早就对白话文的《精卫填海》较为熟悉,这就产生了两种形式的比较,运用横向再阅读的对比,学生指出文言文的《精卫填海》能高度概括之前所读的白话文版本,并对"你更喜欢哪种形式的表达"展开辩论,最后归于中华语言文字形式的多样性,而其各有闪光点。同时,在学习《普罗米修斯》时,学生也联系课文阅读链接,针对"火之来源"的不同神话故事进行了探讨,中西方对"火之来源"不同的正是不同古代文明的碰撞,学生便进一步思考"古希腊天神盗火"和"燧人钻木取火"的区别与联系。理解出神话也来源于不同地域古代人民的生活,因地域的特殊性呈现不同的文化表征,但又同样寄托着同为人类敢于奋斗和创造的朴素精神,这样的

[①] 王灿明. 情境:意涵、特征与建构——李吉林的情境观探析[J]. 教育研究,2020(9).

对比与融合在两本中西方神话故事中突出展现。这样横向对比的思辨性阅读产生的迁移无形中拓宽了学生在固定的神话情境中的形式眼界，加深了眼界范围内的理解。

思辨性阅读的特点是，他受到文本的制约与引导。既要开放自己，以接纳文本，又要遵循文本，以约束自己。因此思辨性阅读是理性的，也是开放的。在学习《精卫填海》时，学生也无形中提出了纵深向阅读的问题：精卫是只怎样的鸟？与既定预设的"坚持不懈、勇敢无畏等"精神不同的是，部分学生也提出了精卫"虽坚持不懈但固执不化、思想简单"的不同看法，这样的回答是学生独到的阅读理解与思考，究其缘由，在社会科技高速发展的今天，诚然有更多的"填海以防溺水"的方法，再不用"以瘦小之躯常衔西山之木石，以堙于东海"，但究其根本，中国古代神话体现的是古代劳动人民的积极向上的乐观精神，而跨越千年后，传统的故事如何在现代社会上有传承和创新式的解读，成了师生共同面对的问题。对此，教师应先肯定这样思辨性阅读下的思考，但也强调了《精卫填海》神话所处的年代不同于今日，而"明知不可为而为之的坚持和勇敢"却跨越千年传承至今，这句话再度引起了学生的思考和讨论。一位学生再读再思后提出见解，即使在社会高速发展的今天，人类也不断在面临着大大小小困境：新冠疫情初期，没有医生知道病毒会怎样变异，又有多久能研究出疫苗，但却深知坚守第一线的危险，面临着这样的情境，亦有无数的现代版"精卫"选择"常衔木石以堙于东海"。这显然是学生思辨性阅读后的响亮表达，它从《精卫填海》的固定情境中拓宽了思辨的维度和时空，思考与回答变得更全面和深刻，从更深层次上拓宽了自身的情境眼界。

四、"思辨性阅读与表达"增强学生的文化自信

文化自信是指学生认同中华文化，对中华文化的生命力有坚定的信心。因而彰显文化自信的作品也在统编版语文课文中占很重要的一部分，而需要阅读学习并弘扬的首先就是中华优秀的文化，让学生在中华优秀文化的熏陶下建立深刻的文化自信，统编版四年级上册第七单元应运而生。

顾炎武曾言："天下兴亡，匹夫有责。"在此看来，民族文化的兴盛使命，每一个百姓都有责任。而如何增强学生的文化自信，让学生把这份责任真正扛在肩头？这少不了阅读大量相关作品及阅读后的思考、辩论与表达。四年级上册第七单元以"家国情怀"为主题，编排了四篇课文，展现不同历史时期的人们在家国大义面前的不同风采，借助学生对这些风采的阅读与感受，让学生感受到家国情怀的延绵与传承，从而增强学生的民族文化自信。

因中华民族的家国情怀源远流长，在学习第七单元第一篇《古诗三首》中，三位诗人所处的年代距今久远，可让学生在预习时学会查阅诗人当时所处情境的相关资料，结合着相应的历史背景去阅读与思考，会有更深刻的表达。如《凉州词》中诗人所表达的情感引起了学生的思考，学生会读出洒脱、悲伤、痛苦等不一样的情感。面对这样不同的阅读思考。教师应把诗放在历史背景下，让学生把诗歌代入情境，这复杂的情感正是古代边塞战士出征前的真实写照。外敌入侵，身后有家有国，投身疆场，为国献身，又有何惧？学生再读之后，深刻感受到：正是这样的家国情怀绵延千年，才有了国家的和平与复兴。紧接着下一课，学生的阅读视线从古代拉到近代，学生已有预习本单元课文的技巧，在阅读时分小组准备好时代背景材料，"中华不振"的深刻内涵在学习周恩来的所见和学生的预习资料的双重解读下被本学段的孩子较好地理解。再读课文，通过思考，学生也表达出正是"中华不振"时有着许许多多像周恩来那样"为中华之崛起而读书和奋斗"的人，中华才能再次崛起。学生感受到强烈的共鸣时，"家国情怀"也在学生的心底深深扎根，这正是思辨性阅读后的感悟增强了学生的文化自信。

而"文化自信"不仅从"家国情怀"中感悟，也体现在阅读中华历史长河中的丰富多彩的传说故事后感悟到的多元道理。四年级上册第八单元为学生带来了古代经典的故事，学生在阅读中也有不小的收获。如《王戎不取道旁李》中，学生由"唯戎不动"引发的阅读思考：为何不动？学生此时已学会时刻联系生活实际面对阅读产生的问题产生先决的思考。如福州这一城市夏季道路两旁多芒果树，芒果成熟就算掉下却也鲜少人采摘，这与王戎当时遇到的问题类似，带着问题继续阅读，学生与王戎便产生了共鸣，因"树在道边而多子，此必苦李"。学生在理解文意的基础上，也提出"树在道边而多子，此必涩芒果"的答案，在本课中满足了第二学段思辨性阅读需要"阅读解决生活问题的故事，尤其是中华智慧故事，结合自己在生活中遇到的问题学习思考的办法，尝试表达故事中的道理"这一学习内容。同时，在《西门豹治邺》学习中，应让学生充分阅读和思考"邺县田地荒芜，人烟稀少的原因"及"西门豹为何不直接惩处官绅和巫婆，而是要上演一出大戏"两大问题，在当时的历史情境下，学生感受到的是西门豹的智慧和他真正把邺县人民从贫穷中拯救出来的为民精神。自古以来，中华文明中就有这样多的历史人物在长河中熠熠生辉，他们的故事经过学生"思辨性的阅读与表达"在新时代保存着它不变的情怀，也创造出崭新的价值，"思辨性阅读与表达"更为深刻地让学生理解此类课文背后展现的朴素价值，再从这些价值中催生当代学生的文化自信。

总而言之，"思辨性阅读与表达"在语文教学中有着重要意义，其代替了曾经出现的"教师一言堂"陷阱，通过发挥学生的主观能动性，向纵深处阅读、辩论和思考，让学生成为了自主阅读思维养成的责任人。"思辨性阅读与表达"提高了学生的思维能力，激活了学生的审美能力，拓宽了学生的情境眼界，也增强学生的文化自信。"思辨性阅读与表达"，诚然是语文课堂的新趋势、新目标、新任务，也是教师自身必修的一课。

第二节 多维度拓展阅读与以读促写

语文核心素养背景下，以读促写是高段阅读教学读写一体化的必由之路。教学研究的重要任务之一，就是探究读写之间的关系并努力找到二者之间的最佳结合点。[①] 阅读促进写作，读是写的源头，拓展阅读则让"水源"更丰盈，为以读促写的阅读课堂提供有力支持，注入强劲动力。教师应重视这样一个相对活跃的阅读平台。文章从拓展阅读的相似性、比较性、补充性、迁移性等多维度探析教学策略，以教材为基础发掘适当的拓展性阅读，利用借鉴与模仿，补充与迁移，切实促进学生语文素养的提升。

一、从相似性拓展阅读中聚焦场景细节刻画

相似性拓展阅读特别注重拓展阅读材料与教材的契合度，题材相似，写作手法接近，在阅读教学中运用比较广泛。教材阅读为拓展阅读的基础，拓展阅读由教材阅读延伸而来，并与之合力牵引学生实现阅读理解与鉴赏能力的质的突破，培养主动运用积累的语言或素材去表达的意识。

以《慈母情深》为例，此文节选自著名作家梁晓声先生的中篇小说《母亲》，语言朴实，描写细腻，情感真挚。基于"体会作者描写的场景、细节中蕴含的感情"的语文要素，鉴于梁晓声是位很有镜头意识的作家，教学中以"镜头式"阅读为阅读策略，品读聚焦细节刻画的特写镜头。接着由扶到放，引导学生同法品读相似性拓展文章《背影》片段。不必去探求意境之类的东西，只需聚焦细节，体验亲情，就能与教材产生强烈共鸣。最终课堂达成以读促写，尝试联系生活去感受父母之爱，运用镜头式细节刻画表达真情实感。

【课堂回顾】

1. 课文过渡。

同学们，品读着故事中这些令"我"鼻子一酸的特写镜头，我们仿佛跟着作者一起走进母亲的工作环境，一起目睹母亲工作的样子，我们的鼻子也跟着酸酸的。梁爷爷笔下的母亲，是普天下所有父母的一个缩影、一

[①] 庄燕红. 核心素养背景下初中阅读写作一体化的实践与思考[J]. 语文教学通讯，2020（9）.

扇窗户。美国著名诗人惠特曼说："全世界的母亲多么相像！"其实何止母亲，父亲也一样啊，朱自清先生在《背影》中的一个片段，读来也让人动容。

2. 拓展阅读。

"我看见他戴着黑布小帽，……我的泪很快地流下来了。"阅读朱自清散文《背影》节选，找出最能打动人心的镜头。体会朱自清使用特写镜头刻画了父亲艰难攀爬月台的动作诸如"走到""探身""穿过""爬上"等。这一组慢镜头，不仅让作者流泪，也让我们每一个读者体会到父亲的那一份深情。

3. 书写"镜头"。

时代变迁，父母之爱却亘古永恒。生活中，像这样的镜头随处可见。你也有过让你感动得"鼻子一酸"的经历吗？请联系生活经历，仿照课文的镜头式写法，当堂用"特写镜头"写一个令你"鼻子一酸"的片段，并推荐课外阅读梁晓声先生的中篇小说《母亲》。

"在语文学科课程中，实质性地加大写作、口语交际等过程技能维度学习领域的分量和比重，在我看来，是一个极为重要且迫切的语文课程问题。"[1] 就这样，指向写作的高年级阅读课堂，让相似性拓展阅读精准回扣教材，强调了如何聚焦场景并做细节刻画，写法一课一得。有学生写得非常动情："病房里，当医生告知没有什么大碍时，妈妈嘴角露出了一丝笑容，长长地舒了口气。当她脸颊再次碰到我发热的脑袋时，我分明感觉到妈妈的汗水还在不停地滴落下来，两鬓的几丝白发比以往更加刺眼，并且刺在了我心里，生疼生疼的。"

二、从比较性拓展阅读中感悟动静结合手法

乌申斯基说过："比较是思维的基础。"比较分为同类事物之间的比较

---

[1] 王荣生. 语文课程的层级单位、疆界、维度及古今问题[J]. 全球教育展望，2019（10）.

和不同类事物之间的比较，可分为求同比较和求异比较。鉴于同主题下作家们多样的写作构思方法，适时引导学生在教材解读"意犹未尽"的基础上展开比较性拓展阅读，既提高阅读的思辨性，又在新的层面上反哺教材，更强化了对作家表达手法的认识与感悟。

以《威尼斯的小艇》末段为例，在比较性拓展阅读中进一步感悟动静结合的写法。教师引导学生从关注课文内容——威尼斯的异域风情之夜晚的静，到关注作者表达方法——抓典型事例、动静结合的呈现，并合理截取拓展阅读材料与教材描写可相比较的表达方式，让学生从比较阅读中充分感悟写作特色，最终达成写的训练。

【课堂回顾】

1. 感悟动静结合的写法。

合作探讨：你感受到威尼斯夜晚的什么特点？是透过哪些语句感受到的？小组展开探讨并交流赏析，感受动静结合的写法，师相机点拨。如"簇拥在一起的小艇一会儿就散开了，消失在弯曲的河道中，传来一片哗笑和告别的声音"。正是这半夜里传来的"哗笑"，更让我们感到这威尼斯的夜是那样静。正如南朝诗人张籍所言"蝉噪林逾静，鸟鸣山更幽"。有时候声响更衬托一种静的境界，这样的写法就是以动衬静，动静结合。再如"水面上渐渐沉寂，只见月亮的影子在水中摇晃"。用"月影摇晃"的"动"来衬"水面沉寂"的"静"，使得这个"静"更加优美有意境。又如"静寂笼罩着这座水上城市，古老的威尼斯又沉沉地入睡了"。运用拟人手法，再次突出了威尼斯之夜一贯的特点——静。

小结：作者通过拟人写"静"，通过动态、声音反衬"静"。

2. 拓展阅读《威尼斯之夜》。

在阅读中比较，求同存异，进一步感受动静结合的写法。同样写静寂的威尼斯，法国著名的女作家乔治·桑选取了哪些典型景物呢？快速默读，动笔圈画。与马克·吐温相比，她以田园风光的抒情笔调描绘威尼斯的绮丽风光，渲染了大自然的静谧气氛。她以静态描写为主，同时运用对比的写法，突出夜空明净的特点，表达了自己的感受。你认为还可以选取哪些典型事物去凸显这夜的静谧？学生在欣赏威尼斯美景的同时，也再一次收获了作家动静结合的写作方法，并利用阅读体验创设写作情境，即将阅读体验的情与趣迁移到写作中去。

3. 读写结合，迁移训练。

向两位语言大师学习，尝试用动静结合的写法，动笔描述校园的早晨。清晨进校，你是否关注过矗立门口的学校标志性建筑？从红黄相间的台阶拾级而上，你是否留心花坛里花瓣上的露珠？走过空旷的操场，你是否抬眼望望一排排高大的校园卫士——枝繁叶茂的榕树？耳畔是否传来教室里琅琅书声……有了之前细致入微的指导作铺垫，此时的小练笔《校园的早晨》，孩子们呈现了"动静结合写法"的运用，有效实现能力迁移。

从比较性拓展阅读中感悟动静结合手法并延伸出小练笔，有时并不必支离破碎地进行繁琐解析，破坏文章的意境与美感。只需引导学生充分赏析，由景及情，由语言及写法，豁然开朗。既遵循了章法，又享受创作的魅力。当学生从比较阅读中求同存异，又以写反哺，教材与拓展阅读就都充分体现了其文本价值。

三、从补充性拓展阅读中关注情景交融表达

统编教材的编排尤其注重阅读与表达的整合，当然有些文质兼美的教材因考量了对学生的影响及其文章自身价值，会在原作中进行删减改版，或因为教材与学生实际差距较大，可补充的拓展空间就比较大。适时补充一些作者自身材料或其他作品，既加深对教材的理解，也实现阅读广度与深度的协调与提升，最终实现以读促写。

如六年级下册习作单元的语文要素为"体会文章是怎样表达情感的"。《那个星期天》作者史铁生，小学生比较陌生。通过补充性拓展阅读让学生得以行走在作者的世界里，了解写作背景，关注他的其他作品，在拓展阅读中通过更多的角度产生更丰富的思考，推进更深的情感体验，从中架

构起以读促写的桥梁。

【课堂回顾】

1. 学习教材中作者自然而然地表达情感。

(1) 从具体事例中表达，如"我"在渴盼而无奈地等待忙碌的妈妈时"跳房子""看云彩走""拨弄蚁穴""翻看画报"的行为。

(2) 从内心独白中表达，当母亲买菜回来却又翻箱倒柜忙开时，"我"催促无果地埋怨，"真奇怪，该是我有理的事啊？不是吗，我不是一直在等着，母亲不是答应过了吗？"[1]

(3) 情景交融式表达，"那光线漫长而急遽的变化，孤独而惆怅的黄昏的到来……"心情像光线一般渐渐地低沉下去，暗示着"我"不断加重的懊恼及难过的情绪变化，这就是"融情于景"。

2. 借助补充性拓展阅读强化理解情感表达。

史铁生在散文《秋天的怀念》中不断追忆日常琐事，以质朴的语言表达出自己独特的感受以及对母亲的深深怀念。"那天我又独自坐在屋里，看着窗外的树叶唰唰啦啦地飘落。母亲进来了，挡在窗前：'北海的菊花开了，我推着你去看看吧。'她憔悴的脸上现出央求的神色。""窗外的树叶唰唰啦啦地飘落……"这萧萧落叶的凄凉之景，正是"我"此时的心境写照，暗示我感伤痛苦甚至是绝望的心绪，也由此引出下文情节。母亲为什么"挡"？为什么"央求"儿子，结合写作背景细品，我们瞥见母亲对儿子的十足体贴与无限耐心……写景叙事目的就是为了抒情，作家颇有一种思想者才拥有的话语方法，所有情感的表达都并非直接，或描写人物的动作、内心独白，或在景物描写中自然地融入内心感受。这寓情于景的写法，挚爱亲情的自然流露，其语言风格与表达特色很值得深入探究，值得借鉴仿写。

3. 尝试围绕情感主线展开情景交融式表达。

---

[1] 黄志锋. 立足文本拓展阅读 [J]. 华夏教师，2020 (4).

从教材与拓展阅读中汲取了"怎么写"的"营养",同时调动学生情感经验与积累,内化情景交融表达的读写互动。既关注事例内容,按事情发展顺序理清思路,把印象深刻的部分写具体;又关注其写法特色,把情感及变化真实而自然地表达出来。

一位学生在随堂练笔中描述了自己与家人一次闹别扭时的心绪:"窗外的树枝被狂风暴雨无情撕裂,随着风雨折落于地。一声声响彻云霄的惊雷在耳畔回荡,将我的心劈个粉碎。我缓缓将头转向窗外,祈求出现奇迹。但,却只有被雨蹂躏的芭蕉和那窗外一派荒凉的天空。"这就凸显了情景交融的写法。可见在"读"与"写"中来回穿梭,学生的"读"会更加深刻,"写"才会有感而发,形成良性循环。

四、从迁移性拓展阅读中开拓布局谋篇视野

高年段学生习作应有谋篇布局的观念,即思考所写文章的整体架构,使其言之有序,脉络清晰,有章可循。迁移性拓展阅读着力构建学生的阅读背景知识体系,以统编教材编写体系做主线,以单元话题做中心,以相关话题为基本点,援引与教材相关的材料,引导学生见"树木"更见"森林"。达到借鉴写法、赏析文藻思想、着眼立意布局之目标,也就是给学生进行了具体可行的写作指导。因此,阅读教学即写作训练。

【课堂回顾】

1. 教材中作者其他作品的拓展。

凡被选入统编教材的课文,皆经千挑万选,多为教育界知名人士。对于这些知名作者,在学习他的一篇课文后,应引导学生去补充认知空缺,更加透彻地了解他,包括他的其他优秀作品。既增加阅读量,耳濡目染陶冶情操,又能更了解作者写作风格与写作手法等,借鉴写法领略作文布局谋篇之精髓。如六年级上册鲁迅先生《少年闰土》到《从百草园到三味书屋》,六年级下册史铁生《那个星期天》到《秋天的怀念》,冯至《表里的生物》到《猫儿眼》等。王国维先生说:"须入乎其内,又出乎其外。"阅读中可以练写提纲或制作思维导图，以此确定主题详略大意，开端发展高潮结局，以及分层分段等，提纲既成则作文成功一半，最终把握布局谋篇之能力。

2. 由段落到篇章的拓展。

感受名著魅力，赏析文脉架构。例如，五年级下册《草船借箭》，师生围绕文本中诸葛亮、周瑜、鲁肃等人物言行，评价其性格特点，之后迁移到拓展阅读《三国演义》，如"三顾茅庐""火烧赤壁""空城计"等经典篇章，从中选择三国中一人物来评价其个性，同时探究相关事件的起因经过结果。同样，五年级下册《景阳冈》阅读后可拓展到赏析《水浒传》……让阅读穿梭于文本整本与单篇之间，既引发阅读整本名著的动机，又提升单篇阅读的品质。迁移性拓展阅读的策略，即抓文中最具特点的写法，引导学生了解作者的构思、布局谋篇和表现手法，继而有针对性地探究写法，品味语言，感悟表达手法。当学生感悟到作者表达方法的精妙，就能循序渐进地掌握写作技能，增强写作能力。

当然，提高学生写作水平，培养学生写作能力应该有多种途径。例如，为学生提供多种写作机会，让学生读写结合、开展综合性学习活动、课外写作活动等，这对学生的写作学习都是不可或缺的。[①]

综上所述，多维度探析拓展阅读实践策略，不断激发读与写的契机，适时找准与挖掘读写的结合点，是高年段读写一体化提升语文素养的关键。如此以读促写切实提高课堂实效，就能为学生开拓一片写作的新天地。

第三节　思维导图与创意写作

一、设计要领

思维导图是一种集合了文字、符号、图形、色彩等元素，将思维具体

[①] 王荣生. 写作课堂教学：现状与出路［J］. 中学语文教学参考，2019（1）.

化的图形工具。作为一种既可表达发散性思维又能整合思维的学习工具，可视化的思维导图在助力学生习作表达方面的作用是显著的。

小学生处于具体形象思维向抽象逻辑思维过渡与转化的关键阶段，思维导图助力思维转化，搭起语文学习与思维发展的桥梁。它凭借简单的图形，粗细不同的线条，引导学生由浅入深进行逻辑思维训练。它激发学生的好奇心，降低表达的难度，在发散思维中提高抽象思维能力。它能解决一些学生"想到哪里就写到哪里"的无思维无构思的弊端，意在笔先，思考表达的核心内容，寻找关键词，思考文章前后及内在的关联。让表达更加丰厚，更注意细节。它以更积极的学习状态投入写作，为自主学习、终身学习奠定坚实的基础。提质增效。

思维导图有学生喜闻乐见、愿意尝试的圆圈图、树状图、气泡图、鱼骨图、桥型图等。比如树状结构，就比较容易体现联想的广度与辨析的深度。

如三年级上册第三单元习作《我来编童话》，教材中提供了"国王、黄昏、厨房"等三组词语，分别提示角色、时间、地点。笔者鼓励学生设计思维导图，将这些词语自由交叉组合，形成多样的故事环境，尽可能多角度为学生提供童话创作的素材。这样做有利于助力学生展开想象，打开创编的思路，产生习作兴趣。这就是思维导图将分类搭配运用于习作表达的妙处。

再如五年级上册第四单元习作《二十年后的家乡》，笔者引导学生借助思维导图，创设穿越时空的习作情境，激发对家乡的未来展开大胆想象。在思维导图引领下快速打开思路，梳理素材，辅助成文。学生从现实生活体验出发，在科技、教育、经济、环境等各个领域畅想二十年后家乡的样子，积极主动地规划未来家乡发展的蓝图。

思维导图的核心指向思考。你在思考什么？这是思维对象。你是怎么思考的？指向思维方法。你思考得如何？就是思维结果。

借助思维导图，梳理文章结构，理清写作顺序，让写作思路更加清晰,让构思更加合理,真正经历表达的酝酿过程;借助思维导图,利用联想,关注细节,多元融合,为学生习作表达搭建可行性支架,积累写作经验,也培养读者意识。

当然,教学应以生为本,思维导图在习作表达中的运用还处于探索阶段。教师应把思维导图的设计与习作教学的特色及学生的认知兴趣、思维水平、年龄个性等因素充分考虑,重在参与与鼓励,引导思维的发散,不可急于求成。

从思维到写作,享受表达的乐趣,从而真正爱上写作。有思考随性的写作,才是我们理想中的有魅力的读写课堂。

二、设计案例

【教学内容】借助思维导图引导学生创意写作。

【教学目标】以可视化的思维导图助力学生习作打开创编的思路,增强习作兴趣。

【教学过程】

板块一:分享时光,话题导入

同学们,哲学家奥古斯丁曾说过:"世界是一本书,而不旅行的人只读了其中的一页。"世界之大,我们目之所及只不过是地球上小小一隅。你游览过哪些地方?哪儿给你留下的印象最深?分享交流。

板块二:讲述旅游故事,回顾写作素材

1. 旅行中总会有一些有意思的事情或者印象深刻的感受吧?真想听听小伙伴们旅途中发生的故事啊!

2. 讲好故事有方法,能不能先讲讲自己讲故事的方法或者思路呢?

3. 探讨讲故事的策略:以情感人,自然朴实清楚,有声有色等。

4. 探讨写故事的策略:怎样写才生动形象?学会描写,抓住景物的特点,如颜色、形状、大小等;运用修辞手法,如比喻、排比、拟人等;巧用词语,用词准确。特别注意游览有序。

板块三：回顾课文，向读学写

1. 以思维导图回顾《海上日出》。

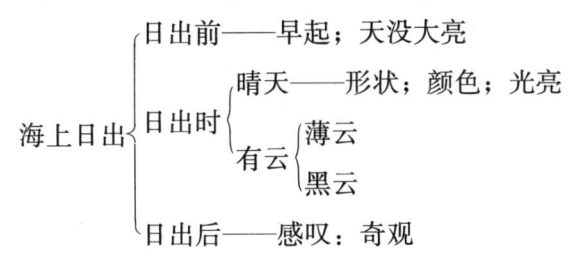

```
              时间
              ┌ 日出前——早起；天没大亮
              │         ┌ 晴天——形状；颜色；光亮
    海上日出 ─┤ 日出时 ─┤         ┌ 薄云
              │         └ 有云 ─┤
              │                   └ 黑云
              └ 日出后——感叹：奇观
```

2. 以思维导图回顾《记金华的双龙洞》。

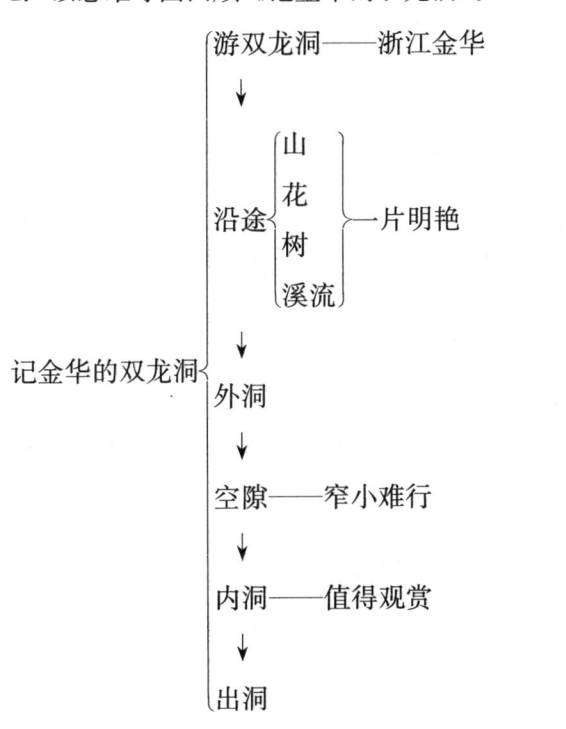

```
              ┌ 游双龙洞——浙江金华
              │     ↓
              │           ┌ 山 ┐
              │           │ 花 │
              │ 沿途 ──┤ 树 ├── 一片明艳
              │           │ 溪 │
              │           └ 流 ┘
              │     ↓
 记金华的双龙洞┤ 外洞
              │     ↓
              │ 空隙——窄小难行
              │     ↓
              │ 内洞——值得观赏
              │     ↓
              └ 出洞
```

3. 引导：不论是巴金在海上旅行时写日出景象还是叶老回忆自己在金华游双龙洞的所见所感都是按照一定的顺序写的，或者是景物变化顺序，或者是游览的顺序。言之有序，也言之有物。向读学写，带着这样的思路去构思自己想要分享的旅游故事，可以用思维导图、提纲、关键词等

| 第六章 思辨性阅读与以读促写 | 173

形式帮助自己构思。

板块四：范文引路，构思表达

走过烟台山（片段）

……走过石厝教堂里的银杏树，我们散着步，聊着天，好不惬意。踏入那条烟台小巷，大马路的车流声、闹市里的叫卖声瞬间消逝，静的让人沉醉，恍惚间穿越到民国时代一般。那青砖木房，那镌刻着岁月痕迹的大门，仿佛在低声述说着岁月留下的脚印，吸引我们立足门前，透过门缝朝里面凝望。正凝神望着时，突然地，门竟然吱呀一声从里面打开了，伴随着门的吱呀声，是一位五十来岁的大叔爽快的嗓音——"想进来看看吗？"我们俩先是惊异，继而转为感动，我们会心一笑，踏入这座历史悠久的院子，得以观赏庭院里的"奇花异草"。这位看似穿着随意的大叔，竟然掏出手机给我们欣赏他在夜晚拍摄的月亮图，那构图，那取景角度，那份怡然自得乐在其中，真有专业摄影师的风范呢！

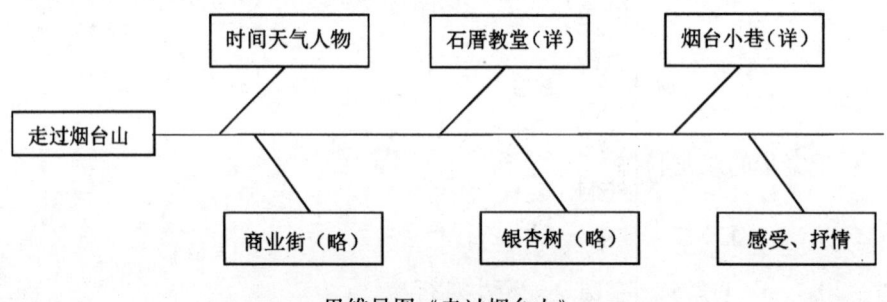

思维导图《走过烟台山》

板块五：写下我的旅游故事（限时写作）

依据思维导图与构思，开始写一写你的旅游故事。

板块六：我有故事，你来听

1. 四人小组分享、评价旅游故事（学生小组讨论，评价）。

评价标准：这位小作者的旅游故事是否生动、形象、有序？

评价项目	自评	修改建议
有序有物，详略得当		
语言运用，表达手法		
真情细节，打动人心		

2. 交流展示，鼓励修改。

思维导图，助力速写旅游故事。有景，有人，有故事，有画面，有回忆，有场景，有情感。分享旅游故事，触动读者的心，产生共鸣，你看过的风景，我也想去看看。写的时候，尽量生动有序，注意细节，读者就能够心领神会，人虽然未至，如临其境！

第四节 思辨性阅读与问题设计

2017年颁布的《普通高中语文课程标准》与2022年颁布的《义务教育语文课程标准》都设置了"思辨性阅读与表达"学习任务群，这使得"思辨"成为一大亮点。然而，究竟什么是思辨，什么是思辨性阅读，思辨视域下的阅读主体与文本究竟关系如何，思辨的价值何在，思辨之于阅读改进的现实意义在哪里，一线教师仍然存在着诸多困惑。思维能力是语文核心素养的重要内容。新课程标准中的"思辨性阅读与表达"这一学习任务群，就是对思维能力培养的积极建构。[①] 要培育学生理性思维的能力与理性精神，就应该在教学中致力于创设思维的情境，注重学生思维的唤起。问题是思维的起点，是思辨性阅读教学的核心。情境是学生学习心理的必然需求，是融合在文本解读中的巧妙的课堂活动氛围。《义务教育课程方案（2022年版）》明确指出，要让学生"学会在真实情境中发现问题、解决问题"，也强调应"注重真实情境的创设，增强学生认识真实世

---

① 卢西芳. 基于思辨能力培养的中华智慧故事教学探索［J］. 语文建设，2023（4）.

界、解决真实问题的能力"[①]。新课程改革视域下，培养学生在真实情境中解决问题的能力，在面对挑战、不确定性及复杂性时的思辨与创新是极其重要的。

美国教学设计领域的乔纳森教授把问题从结构的角度分为良构问题与劣构问题。相对于结构良好、解决途径明确、答案具唯一性的良构问题，劣构问题具有多种解决途径、需要整合不同内容与条件、很难有唯一答案的特征。劣构有时也称为"模糊结构"，劣构问题显然有其特定的情境。劣构问题之所以对学生的思维锻炼与创造力培养更加充分，是因为它始终对应着真实情境的问题解决，这就是劣构问题与思辨性阅读的契合点。鉴于此，思辨性阅读教学中的劣构问题情境值得探索。

一、以劣构问题的多元选择性情境拓展思维广度

新课程标准倡导："将文本阅读和自主探究结合起来，为学生提供广阔的思考、表达和交流空间。"我国《礼证·中庸》有"博学之，审问之，明辨之，笃行之"的学习思想，思辨性阅读问题教学可以从"问"到"思"到"辨"，即从创设情境提出问题，到阅读思考分析问题，最后辨析研讨解决问题。

劣构问题模拟真实情境，问题构成不可知且缺乏明确界定的答案，但这显然有助于学生表达多角度多元化观点，有助于激励学生增加思维的容量与广度。很多教材文本有明确的主题，其实真正的文学文本并不一定有刻意的主题，如果给教材文本贴标签，就容易失去文学本身的丰富性。面对教学中设计开放的劣构问题，教师不必有明显的预设，只需要以问题推进并触摸文本的内核。

例如，统编教材三年级上册《父亲、树林和鸟》，当学生进入文本情

[①] 郭学锐. 对"真实情境"的概念理解、特征分析与路径创设[J]. 中国基础教育，2023（6）.

境中并走了个来回时，问题呈现："你同意下面这些对父亲的判断吗？说说你的理由。"第一，"父亲一生最喜欢树林和鸟"。第二，"父亲对鸟的习性十分了解"。第三，"父亲很善于观察"。第四，"父亲热爱自然"。第五，"父亲是个猎人"。直觉思维是快速而准确的。此时学生可自主辨析与评鉴，教师不须做正误判断。如，父亲是否做过猎人，凭借文本中信息，并不能得到明确的肯定或否定的结论。在学生充分发表观点之后，教师可收拢归结，为学生进一步引导，最终感知父亲"知鸟爱鸟、热爱自然"的形象。再如，六年级上册《故宫博物院》问题呈现："如果想为家人定制'故宫一日游'计划，可以如何设计？"请安排一天之内的合理路线，尽量参观多个景点。先设计路线，并为家人讲解其中一两个景点，再小组研讨，对比交流不同路线。虚拟的游览构想情境，激发了思维活跃性。思维帮助大脑快速捕捉有价值的信息，并融入自己独特的经历、体验、认知，呈现真实且富有个性化的思考。这样多元选择的问题，拓展了思维的广度。无论学生持何种观点，只要言之有理，教师皆应肯定赞许。预设的答案不可过于理想和明确，以免学生的思维无法真正打开。悦纳学生"一题多解""一题多变"的理解和答案，让真实的问题情境带来真实的阅读思考与探究运用，让思维的广度建构起文本与生活、经验、情感以及生命的关联。

二、以劣构问题的矛盾冲突性情境发掘思维深度

在劣构问题的矛盾冲突性情境中，矛盾是推动思维发展的动力，其认知"冲突"能促进思维的积极正向发展。探析文本内容与作者潜意识里情感思想的矛盾与不确定性，能发掘思维深度，展开的思辨阅读是真实有效的。如果问题的思维层级较低，就不能有效刺激或引导思考，应抓住兴奋点与生成点有效追问。基于布鲁姆的认知层次理论，劣构问题情境下的教学可以"感知理解—应用分析—评价创造"为思路逐层设计，引导学生区分事实和观点，并通过意义推理导出作者的言外之意，得出符合逻辑的结

论，促进高阶思维的发展。

例如五年级上册《圆明园的毁灭》问题呈现：课题的题眼为"毁灭"，为何作者却着重描写圆明园昔日辉煌？五年级下册《草船借箭》问题呈现：既然当时江面大雾漫天，连面对面都无法看得清，那这"借"箭的船怎么开到曹操军营对面去呢？文本表达是否有瑕疵？六年级上册《书戴嵩画牛》"今乃掉尾而斗，谬矣"问题呈现：牧童提出画中牛角斗的错误，究竟是画家画错，还是牧童说错，或是作者苏轼观点有误呢？文章的主旨究竟是什么？诸如此类满是"矛盾"与"冲突"的问题情境，促使学生不断分析、解读与评价文本蕴藏的文化意识、情感态度价值观，并从自己的认知与视角有理有据地提出观点，去猜想去验证，最终理解文本内涵甚至是文本的"言外之意"形成的艺术效果，发掘思维深度的同时也提升学生语文综合素养。

转化矛盾则是另一种思维方式，多向思维将发现更多变通的可能性。因为辩证思维倾向整体、辩证地思考问题，强调"亦此亦彼""亦真亦假"地认识事物，并不相同于逻辑思维的"非此即彼""非真即假"。用发展与联系的眼光看待问题，能助力学生形成辩证的世界观与方法论。

例如，三年级下册《池子与河流》问题呈现：池子与河流表达出两种截然相反的观点，你是否能结合生活实际，说说这两种观点各自的好处与不足之处呢？面对这两种不同的生活方式，我们是否有更好的选择？通过对比分析，将原本对立的思维进行整合引导。[①] 五年级下册《自相矛盾》有"夫不可陷之于盾与无不陷之矛，不可同世而立"一说，问题呈现：矛与盾确实不能同时出现吗？究竟有没同世而立的可能呢？教师可出示坦克的图片，引导拓展阅读短文《矛与盾的集合》，使得学生从不同角度发现更多可能性。在解决问题中转化问题或者带着新问题新视角走出教室，是教师在高质量教学中的应有担当。

---

① 余虹，邹玲琦. 正—反—合：语文教学中的辩证思维训练[J]. 语文建设，2023（4）.

劣构问题情境下的阅读理解本身就是读者视域与文本视域相互交融的过程。就这样，教师利用好学生经验与新知冲突的学习关键时机，以助力学生通过冲突的渐隐，从而形成新的视野，提升思维能力。

三、以劣构问题的批判性情境提升思维品质

质疑与批判这种反思性思维既不一味地批评与反对，也不盲从于文本内容、材料、观点等。思维处在"思辨"的理性状态，谨慎而客观地发现文本可能存在的疑难点，提出观点，作出批评或批判，从而锤炼价值判断能力和分析理解能力。[①] 我们积极建构质疑的氛围，就是为了获取真知解决问题而主动思考，对某些观点进行评价推理并表明自己的观点，加深对文本的认识，又深入地思考剖析。在切实解决问题的同时，思维同步发展，学习不断深化，最终形成独立人格与独立思想。

问题驱动是开展单元统整教学的有效手段，大单元"问题链"情境下的"思维流"会更清晰，不仅有了清晰的论证思路，也形成了逐层探讨的分析思维。例如，四年级上册第四单元神话故事有《盘古开天地》《精卫填海》《普罗米修斯》《女娲补天》等文本，从大单元的角度呈现问题：同样是神，精卫与女娲、盘古等有什么差别呢？让学生通过阅读、列表、制作思维导图等方式比对，逐步发现精卫"神力似乎不足"而有"明显的人性光辉"。在查找其他中国古代神话故事之后，进一步发现故事中的"神"有着不畏生死挑战自然、勇敢大爱的共性。这样互文关照，思维路径更加深刻明晰。这样的阅读策略贯穿思辨阅读过程始终，改善学生阅读反应的容量、条理性与完整性。批判性思维犹如苏格拉底的"产婆术"，从任务探讨与质疑审思两个方面来引导，实现深度阅读。

再例如，五年级下册的思维单元，主旨为了解人物思维过程，学习思维方法。我们着眼单元整体提炼核心问题，也聚焦单篇的独特之处设置任

---

① 陆香. 在思辨性阅读中实现小学语文深度学习［J］. 小学语文教与学，2023（1）.

务情境:"大家来参加思维挑战赛,看看谁最具思维高手的潜质。"文本《田忌赛马》对孙膑提出的对策,进行批判性思考:他的思维可有破绽?此法一定能反败为胜吗?拓展阅读短文《围魏救赵》,穿越到古战场,来一场思维之战,揣摩围魏救赵的巧妙之处,在真实的情境之中还原他人思维过程和学着解决问题。文本《跳水》问题呈现:"孩子站在桅杆顶端的横木上摇摇晃晃,谁是本次意外事件的主要责任人呢?"在这个开放的问题情境里,引导学生关注水手们的笑、猴子的逗以及孩子的怒,明确不同人物身上存在的问题。学生在前后关联中,揣摩文本的表达,领略船长的"逆向思维"及"破局思维"。在复盘思维中逐渐成为自信自主的、有能力有思想的学习者。

问题解决的过程蕴含着知识建构、价值澄清、能力形成、品格养成的内在逻辑,问题解决中的思维能力,就是人对问题情境因素的调节能力。[1]学生对复杂得难以抉择的问题进行理性分析作出判断,发表看法说明理由,学会透过表象把握事物的本质规律,为将来在生活、工作中解决复杂问题奠定扎实基础。[2]

四、以劣构问题的创造性情境助力思维生长

劣构问题源自与真实生活紧密联系的大情境中,既注意单元整体学习,也应注意多学科资源整合开发,以及多元的社会文化情境考量。劣构问题情境下思维目标可以是,以适切的问题情境,感受社会的复杂多变,作出迁移性、创造性的改变来形成适应世界变化的能力。新课程标准提出:"合理地推测和猜想,在想象中验证和巩固思维训练的成果。"探究理性思辨,并不排斥感性想象。其实感性体验是理性思辨的必要基础与重要

---

[1] 余文森,龙安邦. 以问题为导引:指向核心素养的课堂教学过程[J]. 天津师范大学学报,2023(4).

[2] 刘荣华. 小学语文思辨性阅读问题设计与指导[M]. 上海:上海教育出版社,2022:18.

组成部分，为培养创新思维与创造能力积累资源。让学生在已知领域中探索更大的思维空间，向着更高更新更复杂的未知领域进发，终将达成思辨性阅读教学的目标。

创造性的核心是与聚合思维相反的发散思维，能创造出文本中尚未出现且需要的人物与情节。如四年级下册《猫》，请学生为文中的三只猫取名。问题之中有情境，情境之中有问题。学生取名妥帖与否，皆与文本阅读相互作用，同生共长。

美国认知心理学家奥苏贝尔提出"为迁移而教"的教学思想。学生的思维活跃起来，新认知生长起来，还需要"迁移"来检验。思维有很强的迁移性就会有很强的生命力，这也是学生适应未来生活需要的关键能力。如三年级下册《海底世界》问题呈现：在景色奇异、物产丰富的海底世界里，怎么开"Party"？"一群粉色的水母舞动着轻盈曼妙的身姿，突然像礼花一样绽放开来。海藻随着海浪飘舞，听！那悠扬悦耳的钢琴声，正是章鱼先生在表演'八手联弹'。看！几条海蛇腾空而起，围成圆环，梭子鱼们灵活地穿梭其中，赢得阵阵喝彩……"当学生的形象思维、抽象思维中的形式逻辑与辩证逻辑思维发展成熟时，创造思维、直觉思维与灵感思维才发展得更加完备。劣构问题情境为学生提供的开放性、创造性学习场域，有利于学生在真实的生活世界中阅读与思考。

高阶情境创设，离不开学生的文本想象力、思辨力、共情力、代入感。劣构问题将创造思维寓于抽象思维与形象思维之中，让语文学习和社会生活建构了新联系和新意义。让学生积极主动进行想象、推理、迁移等思维活动，完成没有固定答案的创造性任务。[①] 五年级下册《草船借箭》如果仅仅抓住问"你觉得诸葛亮是个怎样的人"思维含量显然不足，也容易导致学生用"神机妙算"之类的成语组成标准答案。如何设计劣构问题训练思维？问题设计：与周瑜对话之时诸葛亮心里可能在想什么？让我们

---

① 卫灿金. 语文思维培育学［M］. 北京：语文出版社，1999.

尝试补白"画外音"吧。补白人物内心所想，学生的思维在生长，原创性非常强，既避免了答案的唯一性，也体现了学生关联全文统筹思考的过程。同理，在诸葛亮邀请鲁肃取箭这一环节，也可以请学生尝试设计鲁肃与诸葛亮对话的画外音。从学生大量原创的画外音设计中，更深地认识到鲁肃的憨厚、诚信、顾全大局，诸葛亮的神机妙算识得人心。课堂教学得以扩充，思维得以生长。再例如，四年级下册《"诺曼底号"遇难记》，设问一：哈尔威船长具有什么样的品质？设问二：你如何看待文中的哈尔威船长？显然前者学生容易做机械化的判断与评价，后者的提问角度则使得问题空间更大更自由。[1] 可见，尊重学生个体、联系自身生活，学生更能有发自内心的思维产生。在这里，目标的达成也就意味着学生的思维在迁移，深度学习正在发生。

教育家布鲁纳说："教学过程是一种提出问题和解决问题的持续不断的活动，思维永远是从问题开始的。"对问题的深度探究有利于发现滋养学生的思维方式的方法。劣构问题情境应成为学生思维发展的依托与载体，促进高阶思维与深度学习。阅读教学中，教师应该充分利用劣构问题情境发展高阶思维，以实现知识的整体建构、学习的有效迁移，使素养得以落地。

---

[1] 何捷. 备课一线 [M]. 武汉：长江文艺出版社，2021.

第七章　新课程标准视域下以读促写教学案例

第一节　在书本中学观察
——以《学写观察日记》为例

一、设计要领

鲁迅先生说："要创作，第一须观察。"观察是思维的触角，是把握事物特征的重要方法。四年级上册第三单元以观察为训练要旨，语文要素指向"体会文章准确生动的表达，感受作者连续细致的观察"。顺承三年级的"留心生活，细致观察事物"，进一步引导学生学习连续观察，习作要求是"进行连续观察，学写观察日记"，旨在培养学生进行连续观察，写观察日记的能力。引导学生在书本中向名家学习观察，并结合生活实践中开放性地探究，把"连续细致观察的记录"转化为"准确生动表达的日记"。这是表达方式的创新，也是语言表达的解码，表达与观察并步前行，以读促写在提升观察能力中沿着表达的梯度水到渠成。

二、设计案例

【教学内容】统编教材四年级上册第三单元习作《写观察日记》

【教学目标】能进行连续观察，用观察日记记录观察对象的变化；能在小组内分享观察日记，并进行评价。

【教学过程】

板块一：创设单元主题，明确习作任务

1. 创设任务情境：本单元，我们跟随观察家们学观察，写记录，我们跟随诗人目睹江河的壮丽多姿；跟着叶老揭开爬山虎的脚攀爬的秘密；跟着法布尔发现蟋蟀建筑才能的卓越！我们不仅带上观察的放大镜去发现，我们还要学一学名家用心写作，把观察所得记录成文字，让每一位读到这些生动文字的人们，都感受到生活的美。

2. 学校科技节设计了"自然博览会"，这次习作活动中能获得"小小观察家"称号的同学将受邀带着自己的观察成果参加展览会。我手写我心，观察日记我们行！

板块二：交流观察事物，分享观察记录

1. 本次观察日记的呈现，要求有连续观察的过程，并用日记的形式来呈现观察收获。

2. 通过阅读习作提示，我们发现可以选择的观察对象非常广泛，可以是植物、动物、环境气象、天文地理，这些都可以作为我们观察的内容。

3. 在最近一段时间，你选择了什么作为你观察的对象呢？（绿豆、蚕蛹、天气……）展示观察记录，交流观察方法。

4. 展示学习单，交流以图文结合或表格的形式做的观察记录。

5. 小结：用眼看，用耳听，还要用心想，多角度、多感官、连续细致地观察，才能把事物观察得更清楚，更准确。

板块三：再识观察日记，明晰习作标准

1. 明确观察日记的特点，建立评价标准。

对比观察记录，阅读《燕子窝》，发现观察日记的特点。

（1）格式上的不同：观察日记呈现连续性。

（2）内容的不同：观察日记体现细致、丰富。

（3）语言的不同：观察日记更为准确、生动。

小结：我们通过对比"观察记录"、阅读《燕子窝》，一起找到了观察日记的特点，观察日记是用日记的形式，呈现我们连续观察后的收获。在格式上，正文前先要写清楚观察的时间，内容上更为丰富，经过连续细致的观察，抓住观察对象的变化特点，写清楚事物的变化过程，还可以写写自己的心情和想法，语言表达更为准确与生动。

2. 明确习作标准。观察日记，主要是记录观察对象的变化，还可以写写观察的过程，观察者当时的想法和心情，如果能附上图画或照片就更好了。

板块四：初试身手，从记录到日记

1. 回顾课文，借鉴写法。

（1）默读《爬山虎的脚》语句，回顾文段表达特点。"爬山虎的脚长在茎上，茎上长叶柄的地方，反面伸出枝状的六七根细丝，每根细丝像蜗牛的触角，细丝跟新叶子一样，也是嫩红的，这就是爬山虎的脚。"

（2）交流语句，学习写法。叶圣陶爷爷对爬山虎的脚观察得非常细致，写清楚爬山虎的特点，对它生长的位置、数量、形状，颜色，多方面进行观察和描写，并运用了准确的词语如六七根、嫩红、反面。从爬山虎的脚联想到了蜗牛的触角，特别形象，让人眼前一下子就浮现出了它的样子。

（3）总结写法。只有进行细致的观察，才能写得准确。同样，观察，用眼看，用耳听，用心想，抓住事物的特点，从多角度进行细致的描写。

评价要求：从内容上，要做到连续细致地观察，突出丰富；语言上，通顺准确；从格式上，正文前要写清楚观察的时间。

2. 学生分享交流。

（1）抓变化写，突出连续细致的观察。

（2）自己感兴趣、变化大的内容要重点写。比如绿豆破皮露出小芽，是你最感兴趣的内容，也是豆芽变化比较大的地方，可以重点写，再加上当时自己的想法与心情。

（3）抓住一两个事物变化的特征，从不同角度进行描写。比如要突出细致地观察，所以可以抓住它变化时的特点来写，比如绿豆，膨胀破壁式的柔软和可爱、叶子的玲珑小巧，以及小豆芽之前的憨态可掬，和后来的亭亭玉立的特点。

（4）为了让别人看清楚观察的过程，日记中还要交代必要的观察事件，比如：经过了三天的等待，漫长的一周过去了，也可以用上表示顺序的词，"刚才""之前""然后"把观察的过程衔接起来。

板块五：分享学生作品，修改观察日记

1. 出示学生例文，评价赏析。

评价要点："连续"——以日记的形式清楚描述观察对象的变化过程；"细致"——抓住一两个特征，从不同角度进行描写；"丰富"——有观察时的想法或心情；附上图片或照片更好。

这是小作者通过多角度、多感官、连续细致地观察之后，完成的属于自己独有体验的个性化的观察日记，只要你认真用心，也能写出属于你的观察日记。

2. 布置任务，完成习作。

课后请整理观察记录，按习作提示来完成观察日记，反复读读，用修改符号来修改错字和病句，然后对照着我们的评价标准进行自我评价。看看你能成为观察小达人吗？期待着同学们的优秀作品参展。

【范例】

我的"豆芽"生长日记（纪舒悦）

10月13日　晴　星期五

最近我迷上了种植，于是我准备从最简单的开始——种绿豆。我先拿来一个小碗，往里放了几勺绿豆，再加上水。绿豆们泡在水里，好像一个个蓄势待发的运动员，又好像一个个小娃娃正好奇地打量着美妙的新世界。它们圆溜溜的、绿油油的、硬邦邦的，我又给它们盖上了"被子"。好期待我的宝宝们明天会变成什么样子。

　　　　　　10月15日　阴　星期日

　　一起床，我就迫不及待地来看我的豆芽们。掀开"被子"的一瞬间，我突然被惊艳到了。它们脱下了衣裳，露出了雪白的肚皮，有的甚至长出了小芽。我忍不住伸出手去摸一摸，他们硬硬的、滑滑的。于是我小心翼翼地把这些刚发芽的绿豆们移到了一个更大的透明杯子里，埋上土，让它们可以舒舒服服地继续长大。

　　　　　　10月18日　阴　星期三

　　吃早饭的时候，我突然想起要给豆芽们浇水，我连忙跑去看我的孩子们。其中有一两棵已经长出了小叶子，我连忙帮他们扶正，使其可以沿着直线向上生长。我又拿起了喷壶，在土壤上方像小仙女散花一样给豆芽们浇水。土壤慢慢变得湿润了起来，我想：这下我的宝贝们该喝饱了吧！

　　　　　　10月20日　小雨　星期五

　　一放学，我又急切地跑来给豆芽们浇水。我猛然发现，他们突然蹿得老高，好像吃下了快速生长剂。我用手摸了摸它的筋，发现上面长了许多绒毛，似乎结了一层霜一样。透过透明杯，还可以隐约看到它的根正努力向下生长，我仿佛感受到了它想要立足于世界的迫切愿望。当我再次浇水的时候，有几颗水珠被豆芽的嫩叶挡住了。小芽儿好像在说："妈妈，我已经喝饱了，不用再喂我了。"我欣慰地笑了，原来当家长的感觉这么美妙！

第二节　学诗歌，写诗歌，写生活
——以《绿》为例

一、设计要领

　　现代诗歌是小学语文教材中占比不少的组成部分，统编教材中达43篇之多。其中低中年级侧重儿童诗，中高年级侧重抒情诗。在四年级下册第三单元"轻叩诗歌大门"这一综合性学习活动中就有鼓励学生自己创编诗歌的要求。因此这一单元学习可以划归于文学阅读与创意表达这一学习任务群。这也是学生第一次以单元形式接触现代诗歌。那么教学设计就应在落实新课程标准理念的基础上，使用好教材资源，在读写视角下设计诗歌教学，使学生达到乐于读诗歌、乐于写诗歌及乐于写生活的创作热情。

新课程标准指出："在真实的语言运用情境中，通过积极的语言实践，积累语言经验，体会语言文字的特点和运用规律，培养语言文字运用能力。""观察周围世界，能不拘形式地写下自己的见闻、感受和想象。""阅读描绘大自然、表现人类美好情感的诗歌、散文等文学作品，结合自己的生活体验，尝试用文学语言表达自己热爱自然、珍爱生命的情感。"现代诗歌语言形象含蓄，言简义丰，张力十足，且自由度比较高，往往在诗的形式与语言之中皆有着明显的意象化。每个人对现代诗歌的认识与理解不尽相同。因此笔者认为现代诗歌的教学并不宜过于深奥艰涩，也不必过度解读，学生能读懂能觉得有趣味即可。学生能自主阅读，个性解读，能从诗歌的联想与想象中链接到自己的生活，回扣解读诗歌的意境。教学中应遵循从触摸语言到理解情感产生共鸣，丰富学生的表达方式，引导尝试用诗意的眼光去观察世界与表达生活，在仿写或创编中获得个性化的审美体验。

严格意义上的诗歌创编对小学生来说偏难。但可以鼓励学生像文本那样，将自己在生活中的发现、感悟以诗句的形式呈现。诗歌的形式与语言皆可学习其"一鳞半爪"。且在此之前应扎扎实实指导读中感悟，体会意境与美感，逐渐喜欢上现代诗歌。

如四年级上册第一单元的《现代诗二首》，优美的文字，独特的意境，带给我们生动的画面与美的感受，也是颇值得学生以读促写、读后仿写的范本。以《花牛歌》为例，笔者的教学步骤为：自由读诗歌，圈画出诗中描绘了花牛的哪些活动画面；再引导理解一些词语如"霸占""偷渡"，联系上下文来猜测与解释；最后通过有节奏的朗读，将这些画面连贯起来进行想象，感受画面的静态与动感带来的美感与情趣。学生王涵之仿写诗歌

《鼓山之歌》"鼓山在雨里坐着，山泉唱着歌欢快地奔跑。鼓山在雾里坐着，像被放进没洗干净的牛奶瓶里。鼓山在阳光里坐着，爬山的人们给它挠痒痒。鼓山在黑夜里坐着，繁星半明半昧地微笑。"小作者以孩童的视角，刻画鼓山在"雨里""雾里""阳光里""黑夜里"这四个场景里的状态，写出了家乡的鼓山这一自然景观的特色与魅力。"山泉""爬山的人们""繁星"这些景物的加入，使得描绘更具画面感。拟人化的语言如"唱着歌欢快地奔跑""给它挠痒痒""半明半昧地微笑"等，风趣轻松地表现出孩童对自然的熟悉、融入与喜爱。诗歌的每一小节，语言形式相同，富有节奏又不拘一格，现代儿童诗歌的热情与俏皮跃然纸上。

以下为笔者指导徒弟在四年级下册《绿》的阅读教学中加强以读促写的探析案例。

二、教学设计

【教学内容】统编教材四年级下册第 10 课《绿》

【教学目标】能借助关键词句想象画面，感受诗歌的独特表达；通过比较阅读，进一步感受诗歌语言特点。

【教学过程】

板块一：谈话导入，揭示课题

1. 谈话导入。诺贝尔文学奖获得者、法国著名文学家加缪说："每个冬天的句点都是春暖花开。"绿是春天的象征，当看到"绿"字时你会想到哪些词语呢？你能够给"绿"组词吗？看，这是一些同学组的词语：苍翠欲滴、红飞翠舞、绿树成荫、青山绿水、绿草如茵、绿荫、草绿、绿油油、青绿山水、碧绿。看到这生机勃勃的绿实在赏心悦目。春天是充满诗情画意的季节，诗人艾青就写了一首诗《绿》，让我们跟随他一起走进春天绿意盎然的画卷中吧！

2. 板书课题，书写课题。简介作者艾青。

【设计意图】"绿"，是一种颜色概念，也是一种生活实景，既熟悉又陌生，从文学家的视角看绿色的世界，既是看见风景，也是看见一种内在的心情。以名人名言导入绿意世界的探索，让孩童进入绿意的诗意世界，将眼前之景化为口中之声，在声声诵读中，感悟作者心绪，与之产生诗意的共情及共鸣，触发学生的生活经验与阅读经验。

板块二：初读诗歌，整体感知

跟读诗歌，读准字音，读好节奏停顿。借助工具书、联系生活经验等方式来理解不懂的字词。

【设计意图】指向形象化的词语，在关键词语的诵读、理解、诵读循环中，理解诗句含义，明白诗人心境；在诵读中，想象诗中所见之景，勾连小读者生活所历之景，触发言说动机。

板块三：以声诵诗，想象诗景

1. 读中想象。脑海中出现了什么样的景象？

2. 指导朗读。第二节表示绿的颜色的词语要读出声调和语气的变换，读出绿颜色的不同。第三行的省略号，要放慢语速，读出绿的丰富。第三节，有三个"是绿的"和一个"也是绿的"，可通过语音的轻重变化来读出相同句式的语调变化。第四节，注意"挤、重叠、交叉"这几个动语，适当加重音调来读。第五节的"突然"，读得急促而短暂，体现景象的变化。请带着自己的理解，再读一读诗歌，体会诗人表达的独特。

【设计意图】讲述心中之景与诗中之景后，再次回到诗歌之中，诵读感悟；取法乎上，读出诗歌的独特表达，让写与读发生融合与交集，构建读与写的桥梁。

板块四：回环往复，感受表达

1. 任务驱动，感悟诗歌表达的独特。

师：在音乐中默读这首诗，用横线画出你认为写得奇特的诗句，并想想奇特在哪里？批注在课本上。

2. 交流表达奇特的诗句。

其一，品读句式。相同的句式，能很有气势地写出绿意盎然的景象。

读一读第三节，看看诗句中与现实景象不符的描绘有哪些呢？现实中的风雨都没有颜色，为什么在诗人眼里都是绿的？

其二，展开想象，以诗人视角置身情境之中理解诗句。"一切景语皆情语"，诗人对景物的描写，带着自己心灵的感觉与情感呢！带着一双发现美的眼睛，你也能描写你所发现所创造的美的世界！

诗歌表达的方法。一叶落而知秋天到，一花开而知春将来，表达出心底丰富的情感。

【设计意图】借朗读之力，扬想象之帆，感表达之奇。对比阅读，发现诗歌文体的特点，感受表达的诗意性与独特性，明晰表达的策略。

板块五：拓展比较，仿写诗歌

1. 不同文体对比阅读，强化诗歌的文体特点。

读一读课后的阅读链接，从诗的语言、节奏、内容与情感上，也从文体与表达对象方面，思考《绿》和"阅读链接"《西湖漫笔》的异同。

2. 小结写法，运用写法，仿写《绿》，主题不限。

孔子曰："诗可以兴，诗可以观，诗可以群，诗可以怨。"现代诗和古诗在内蕴上是一脉相承的，诗可以把人带到一个境界，诗是可以观赏的，诗可以唤起他人同样的心灵感动，诗可以表达忧思、难忘和明志等情怀。腹有诗书气自华，愿同学们在诗歌的海洋里感悟世界万物的美好，喜欢阅读，愿意创作。

【范例】

学生仿写短诗《绿》

红（朱一涵）

好像红色的调色盘倒翻了，到处都是红的……

到哪儿去找这么多的红：朱红、水红、土红、赤红、杏红、枣红……红得娇嫩、红得通透。

盛开的玫瑰是红的，飘落的枫叶是红的，火红的太阳是红的，祖国的国旗也是红的。

所有的红聚集在一起，挤在一起，叠加在一起，热热闹闹地聚集在一起。

突然一阵风，好像整齐的口令在指挥，所有的红就热烈地，按着韵律飘动在一起……

蓝（肖慎如）

好像蓝色的墨水瓶倒翻了，到处都是蓝的……

到哪儿去找那么多的蓝：蔚蓝、藏蓝、淡蓝、深蓝、天蓝、黛蓝……蓝得发青，蓝得出奇。

甜的蓝莓是蓝的，盛开的蝶豆花是蓝的，天边是蓝的，眺望大海的明眸也是蓝盈盈的。

所有的蓝集中起来，搅在一起，浸润在一起，悄然融合在一起。

突然一阵风，好像画家在挥动画笔，所有的蓝就松弛舒展着，翻动到天际去……

蓝（李司尘）

好像蓝色的琉璃盏打碎了，到处是蓝的……

上哪儿去找这么多的蓝：深蓝、浅蓝、钴蓝、宝蓝、碧蓝、天蓝……蓝得幽静，蓝得神秘。

飘的云是蓝的，映的霓是蓝的，泛的晕是蓝的，阳光也是蓝的。

所有的蓝集中起来，凑在一块，碰撞在一块，热热闹闹地紧挨在一块。

突然一声巨响，好像比赛枪声响起，所有的蓝就迅速地，自由自在地奔跑在一起……

第三节 体会场景、细节中的情感
——以《慈母情深》为例

一、设计要领

新课程标准在"文学阅读与创意表达"这一发展型学习任务群中指

出:"感受文学语言和形象的独特魅力。""欣赏和评价语言文字作品,提高审美品位。""表达自己独特的体验与思考,尝试创作文学作品。"体会场景与细节中的情感表达,是高年级笔头表达训练重点之一。以统编版五年级上册第六单元中的首篇精读课文《慈母情深》以读促写的教学设计为例,本单元以"感受亲情"为人文主题,以"体会作者描写的场景、细节中蕴含的感情,用恰当的语言表达自己的看法和感受"为语言训练目标。此文是著名作家梁晓声先生的中篇小说《母亲》中的节选,文质兼美,描写细腻,情感真挚。讲述了"我"的母亲在家境极端贫困的情况下,毫不犹豫地给"我"买《青年近卫军》的事。文章通过对工厂环境的描写,对母亲外貌、语言、动作、神态的刻画,勾勒出一位在极端恶劣的环境下,不辞辛劳地工作的母亲形象,体现了母亲对子女无私的爱,也表达了"我"对母亲的爱和感激。

聚焦场景细节,感悟慈母情深。笔者的设计理念是,根据统编教材特点,结合新课程标准理念,本教学设计注重以生为本,以读为本,以悟为本,教给阅读策略,培养学生质疑能力,尊重学生多元解读,让学生在走进文本、阅读文本的过程中学会研读、体验、感悟,让学生在自主学习、自主感悟、合作交流中深刻体会母亲对孩子无私的爱,并在悟的基础上实现以读促写。

鉴于梁晓声是位很有镜头意识的作家,所以课前激趣环节以小视频的方式唤醒学生的镜头印象。上课伊始,引导学生自主寻找能体现慈母情深的镜头,搜索出文中能体现慈母情深的场景、细节描写。汇报交流时,以环境描写解读为例,以镜头式阅读为阅读策略,教会学生通过镜头式的阅读方式,品读聚焦细节刻画的特写镜头。接着由扶到放,引导学生通过合作交流的方式去解读其他细节描写,边读边学边悟,并通过比较阅读举一反三触类旁通,最终达成以读促写,尝试联系生活去感受父母之爱镜头式的细节刻画,用恰当的语言表达自己的看法和感受。

二、教学设计

【教学内容】统编教材五年级上册第18课《慈母情深》。

【教学目标】默读课文，想象描写的场景、细节，体会"慈母情深"，体会文中反复出现的词语的表达效果；能联系生活实际，写出自己"鼻子一酸"的经历。

【教学过程】

板块一：课前激趣，欣赏镜头

1. 同学们，暑假你们看电影了吗？一部经典的电影是由一个个精彩的镜头组成，比如全景镜头、特写镜头、慢镜头、快镜头……观看视频交流镜头类型。（全景、慢、快、特写）

小结：特写镜头聚焦细节刻画，表情达意。这就是特写镜头的艺术魅力！

2. 艺术是相通的。电影艺术中的特写手法，文学作品中也经常用到呢！梁晓声曾说："写小说的时候，虽然手里执笔，也好像眼睛里面像摄影机那样在运动。"关于梁晓声，你了解多少？

【设计意图】梁晓先生既是作家，也是编剧，是位很有镜头意识的作家。课前激趣环节通过观看小视频说镜头类型的小游戏唤醒学生对电影的镜头印象，引入梁晓声先生说的话，用"镜头"将电影与文学作品联结起来，为后面教学镜头式的阅读方式做好铺垫埋下伏笔。

板块二：紧扣"深"字，引入文本

板书课题，根据"慈母"二字想象画面，齐读课题。紧扣"深"字，质疑课题。

小结：想象画面，关注课题，形成语文意识。

【设计意图】课题即文眼，通过解读课题、质疑课题，激发学生阅读兴趣，训练学生思维。问题意识将贯穿课堂，引领学生学习全过程。

板块三：默读课文，梳理"镜头"

1. 在课前预习的基础上，默读课文：寻找文中能体现"慈母情深"的镜头，提笔在相关文字边上做上批注。（生默读，圈画，批注）

2.（课件出示课文）请一位学生上讲台做现场批注。

【设计意图】不动笔墨不读书。在学生质疑的基础上，梳理出主问题，让学生带着疑问去默读课文，初步梳理文中"镜头式"描写。

板块四：交流体会，品味"镜头"

1. 空间非常低矮，低矮得使人感到压抑……使我感到犹如身在蒸笼。

体会环境的恶劣，场景模拟谈感受。联系上下文，品读理解"震耳欲聋"。交流环境描写的作用。补充资料，加深理解。

小结：学法，迁移过渡：如何从场景描写中体会到慈母情深这一主题？

镜头式阅读法，小组合作学习，继续寻找聚焦细节刻画的特写镜头并交流。

2. 我穿过一排排缝纫机，走到那个角落……头凑到缝纫机板上。

关注"极其"这一细节，联想：印象中，母亲的脊背应该是怎样的？今天，看到的又是怎样的？带着感受读！

3. 母亲掏衣兜，掏出一卷揉得皱皱的毛票，用龟裂的手指数着。

"龟"正音。"龟裂"的手，那是一双怎样的手？生活中，你在哪儿看到过？母亲的手为什么会龟裂？带着你的理解和感受读。

4. 背直起来了，我的母亲……我的母亲的眼睛……

体会动作背后的情感，带着个性化的理解再读。发现这句话的特别之处，改写原文，对比体会。慢镜头回放（老师范读）。你看到了怎样的画面？什么感受？在理解的基础上师生合作读。

仿写训练：如果是你，除了这些描写，你还会将特写镜头聚焦到母亲身上的哪些神情或动作？交流后完成学习单中的"随堂练笔1"，投影展示交流。

小结：当你刻画细节到了细致入微的程度，就能给读者留下深刻的印象。

5. 母亲说完，立刻又坐了下去……忙碌状态……

体会四个"立刻"。请生范读。师生合作，创设情境体会母亲忙碌与辛劳，带着理解读。

【设计意图】统编教材的编写力图突破既有的模式，在突出综合能力的前提下，注重基本写作方法的引导。此环节以环境描写解读为例，以镜头式阅读为阅读策略，教会学生通过镜头式的阅读方式，品读聚焦细节刻画的特写镜头。借鉴这一方法组织小组合作学习，选择自己感兴趣的"镜头"一起品读、交流。通过抓关键词，联系上下文，情景模拟，边读边想象，对比、换词等方式，读中感悟，最终达成以读促写。

板块五：补白文本，走进"镜头"

慈母情深深似海啊！作者和你们一样，有着强烈的感受，读"我鼻子一酸，攥着钱跑了出去……"此时此刻，"我"可能会想些什么呢？

【设计意图】在深入理解慈母情深的基础上，通过补白"我"的心理感受，去体悟"我"对母亲的爱和感激。

板块六：拓展阅读，检验"镜头"

我看见他带着……流下来了。——朱自清散文《背影》节选

快速默读片段，找出最能打动人心的镜头，体会到了什么？

小结：朱自清使用特写镜头刻画父亲艰难攀爬月台的动作，组成了一组慢镜头，不仅让作者流泪，也让我们每一个读者体会到父亲的那一份深情。

【设计意图】在镜头式阅读策略运用基础上，进行阅读拓展，以朱自清的《背影》为例，检验与巩固学法。运用捕捉镜头、关注细节的方式体味文字中的内涵。如此比较阅读，举一反三，触类旁通，也检验了学情。

板块七：总结提升，书写"镜头"

1. 时代变迁，父母之爱却亘古永恒。生活中，像这样的镜头随处可见。（课件出示图片及配乐）在享受父母之爱时，你也有过让你感动，让

你"鼻子一酸"的经历吗？

2. 联系生活经历，仿照课文的镜头式写法，用"特写镜头"写一个令你"鼻子一酸"的片段。

3. 课外阅读梁晓声先生的中篇小说《母亲》。

【设计意图】高年级的阅读课堂应指向写作。引导学生学习抒情，抓住细节，学会选材。让镜头引领启发学生去回忆自己生活中的经历，去感受父母之爱镜头式细节。让语文课更重视学生自主的阅读实践，并指向课外阅读，努力做到新课程标准所要求的"多读书、读好书、好读书、读整本的书"。故推荐《母亲》鼓励学生进行整本书的阅读。

【板书设计】

18 慈母情深

全景镜头			语言
特写镜头	场景		外貌
慢镜头	细节		神态
快镜头			动作

【范例】

仿五年级上册《慈母情深》

鼻子一酸（李金昊）

母亲在我孩提时期的印象中，事无巨细皆让我感动，但最让我记忆犹新的莫过于半夜发烧的那一次。

一个没有征兆的夜晚，我躺在床上看书，突然感到脑袋有点晕，浑身不舒服，便昏昏沉沉地迷上了眼。妈妈端着牛奶进屋发现后，赶快摸了摸我的头，嘀咕了一声，大概是发觉我头热得厉害，赶紧从抽屉里翻找出测温计，没想到将近摄氏39度的温度吓得妈妈不轻。匆匆忙忙给我服了一点退烧药，迅速帮我穿上衣服，抱着我便往楼下冲。我在恍惚间，感到妈妈似乎一边下楼一边焦虑地电话联系"滴滴"。她怕惊扰了生病的我，特意压低了嗓门，但言语之间有掩饰不住的慌乱与焦虑。出租车上，妈妈眉头紧锁，不时摸摸我的脑袋，捏捏我的掌心，嘴里还念念有词地说着什么，偶尔还叹息一声。

出租车似乎懂得母亲的心思，开得飞快。到了，车门一开，妈妈也不知哪来的气力，飞也似地将我从出租车上"拽"了下来马不停蹄冲向第900医院的急诊。也许是军属的缘故，也许是运气好，急诊居然一路绿灯很快就挂好了。我歪靠在椅子上迷糊了，但明显能感觉到妈妈来回穿梭的身影，只见她双手捧着一堆化验单，跑上跑下，跑来跑去，跑这跑那……终于，各种检查化验结束了，医生告知，这是细菌感染，没什么大碍，吃点药就好了。妈妈的眉头似乎没那么紧了，嘴角甚至还露出了丝丝笑容，长长地舒了一口气。当她脸颊再次挨到我发热的脑袋时，我明显感觉到妈妈的脸汗津津的，两鬓的丝丝白发比以往更加刺眼，并且刺在了我心里，生疼生疼的。

女子本弱，为母则刚。因为有我，原本在姥姥姥爷眼里的永远长不大的闺女，在军人爸爸眼里娇小柔弱的母亲，不知从何时起，已经变成了坚强勇猛、风风火火的女汉子。母亲的爱是那么无私，那么伟大！那天，母亲让我感动得稀里哗啦，鼻子酸不溜秋，尽管泪水在眼眶里打转，但最终，一句感谢的话也没有说出来。

梁晓声笔下的母亲形象令人鼻子一酸，天下的母亲何尝不是如此！今天，也就是现在，我真想对母亲说："谢谢您，亲爱的妈妈，你的付出我都看在眼里，记在心中，将来我必学有所成，得以回报您无私的厚爱！"

解析与简评：统编版教材语文五年级上册第六单元以"舐犊情深"为主题，展示了父母与孩子之间的点点滴滴，字里行间蕴含着真挚的情感，容易引起学生的共鸣与思考。《慈母情深》一文的写作引导学生品读作者描写的场景、细节，深入体会作者的情感。鼓励整体感知，能够联系多个场景、细节来体会人物情感。唤醒学生的生活经验与积累，引导发现感受生活小事中蕴含的父母之爱。设身处地地体会作者的感情，感受舐犊情深。这篇学生练笔同样将镜头聚焦母亲形象，按照事情发展顺序，抓"母亲发现我发热"与"母亲送我到医院急诊挂号检验"这印象深刻的两个场景、细节细细品味。在第一个场景之中，"她怕惊扰了生病的我，特意压低了嗓门，但言语之间有掩饰不住的慌乱与焦虑"。第二个场景之中，"当她脸颊再次挨到我发热的脑袋时，我明显感觉到妈妈的脸汗津津的，两鬓的丝丝白发比以往更加刺眼，并且刺在了我心里，生疼生疼的"。我们能看到小作者的视角颇有作家的"镜头感"，有聚焦，有"定格"，有"慢动作"，有极其细微地刻画，感受到小作者蕴含在字里行间的母爱和"我"呼之欲出的感恩之情。"尽管泪水在眼眶里打转，但最终，一句感谢的话也没有说出来。"同时，小作者提及所学课文，"梁晓声笔下的母亲形象令人鼻子一酸，天下的母亲何尝不是如此"！可见学生不仅学会从平实朴素的语言中描摹人物形象，含蓄表达主题宗旨，还能走进课文，深入课文意境，再回归自己的生活阅历，并主动地与课文作者产生情感上的共鸣。本单元的习作要求为"用恰当的语言表达自己的看法与感受"。就是在鼓励学生大胆发表自己感受与看法的同时学会得体到位的方式。因此回看这样的当堂练笔，酣畅淋漓，写作技巧到位，情感抒发也在场。

第四节　在关键句段中感悟表意方法
——以《匆匆》为例

一、设计要领

在占据统编语文教材"大半壁江山"的散文类文章教学中，尤其是具有独特的时代背景、作家的深邃思想以及特立独行的语言风格的名家名篇教学中，笔者发现学生往往因生活阅历不足以及年龄的原因，难以理解及抓住其语言规则及表达特色，在以读促写训练时兴趣平平，表达浅薄粗糙甚至无从下笔。鉴于此，笔者以统编版语文六年级下册第三单元习作单元中的《匆匆》为例，探讨如何在关键句段中感悟表意方法。在多元解读文本、感悟岁月匆匆的基础上，找准读写融合点，创设以读促写的情境，练笔中抒发内心感悟。

本单元语文要素为"体会文章是怎样表达情感的"，引导学生学习表达真情实感的方法，习作要求是"选择合适的内容写出真情实感"。《匆匆》语言优美、情感深厚，细节铺陈、排比反复、放大细节以及化无形为有形的表现手法，无论是思想内容还是语言表达都堪称经典。发掘这些文本之中对学生有价值的生长点，带领学生感受作家富有特色的语言表达与独树一帜的抒情方式，课堂上就能实现言语与生命的共同生长。

新课程标准指出："能品味作品中重要的语句和富有表现力的语言""表达自己对感人情境和形象的理解与审美体验"。根据文章语言表达特点笔者采用"以读为本，以说写相辅"的教学方法。在教学中引导学生充分地读，读出意，读出味，读出神，在读中理解文意，在读中培养语感，在读中受到潜移默化的情感熏陶和美的感染，学习表情达意的技巧。在读后辅以"说、写"体会作者反复表达的"时光一去不复返"光阴易逝的无奈，体会要珍惜时间，珍爱生命的每一天。

文章紧扣"匆匆"二字，细腻地刻画了时间流逝的踪迹，表达了作者对时光流逝的无奈和惋惜。课文开篇用一组排比句描绘春景，目的指向核心问题："我们的日子为什么一去不复返呢？""不复返"和"再来""再青""再开"形成了鲜明的对比。接着以连续三个追问，表达对时光匆匆的怅然若失的情感。接下来以文中第 3 自然段"我"的生活为叙写内容描写时光的匆匆流逝。他用"行走的太阳"具体化表现时光的流逝。这种"情化的自然"，是作者内心的写照。洗手、吃饭、睡觉等都是生活中让人不察甚至淡忘的寻常之事，特意写出才更令人恍悟时光流逝的匆匆。作者继续将抽象的时光流逝形象化，用细腻的描写替代空洞的议论，因而具体可感，他内心的焦灼与遗憾也跃然纸上，让人产生共鸣。最后再次不断追问表达焦急、苦闷甚至隐隐的恐慌，还有那种"不能平的"、不甘的情愫表现得淋漓尽致。篇末核心问题"我们的日子为什么一去不复返呢",与开篇形成了呼应。至此,作者情感历程得到了完整呈现。

对于六年级的学生来说,粗读几遍是能基本了解作者描绘的生活场景,能初步体会到修辞手法如排比、拟人的形象运用,能初步感受到作者对时光飞逝的惋惜与无奈之感。但作者如何化无形为有形的写作奥秘是什么?为什么表达能如此这般细腻动人?再者,有些学生认为,那些"起来的时候""洗手的时候""吃饭的时候""默默时""天黑时"等描写生活场景是不是过于琐碎与啰嗦?在他们学有困惑之时,笔者引导发现课文言语的精确妥帖,在品词析句中逐渐提升品读感悟能力,最终掌握关键语段中感悟表意方法。原来这就是作家书写情感的写作密码,把时间的流逝化成具体可感的生活场景,把真实的情感融入具体可感的事与物之中。"时间也同样在我们身边流逝,你是否也像作者那般发现了时光脚步匆匆?"当文本所传达出来的情感意蕴唤醒了学生的相似的生活经验记忆时,当学生脑海之中真正闪现表达的意愿时,以读促写就能水到渠成。只有学生真正读懂了理解了其表达特色,才能积极主动地将阅读之中学到的表意方法运用于表达实践之中去。

二、设计课例

【教学内容】统编教材六年级下册第8课《匆匆》

【教学目标】能抓住关键句段,体会作者对时光流逝的感受,感悟表达情感的方法。仿照第3自然段,表达自己对时光流逝的感触。

【教学过程】

板块一:阅读导读,初读课文

1. 今天我们要一起学习的是习作单元,学习本单元课文时,我们既要"体会文章是怎样表达情感的",又要学习"选择合适的内容写出真情实感"。

2. 板书课题,注意"匆"字,一长点要贯穿两撇。

3. 关于时间的名言，你们都知道哪些呢？了解朱自清生平。对于时间匆匆流逝，他有什么样的感触呢？

4. 听读课文，有感触之处做上记号。识记"涔"字，右边"岑"，唐代诗人岑参的"岑"；"涔涔"形容泪、汗等液体不断渗出的样子。"潸潸"形容流泪不止。"头涔涔而泪潸潸"就是指一边流汗一边流眼泪。"蒸"字，要特别注意中间部分是"丞相"的"丞"，下面"灬"表示火。"蒸融"就是指"被初升的太阳热得融化，蒸发消融"。

【设计意图】了解单元学习要求，明晰单元目标；分享关于时间的名言，激发他们对时间的思考和感悟；介绍朱自清先生的简要生平和对时间的感悟，让学生对作者有更深入的了解；交流重点字词，帮助学生深入理解课文。

板块二：朗读课文，感知大意

1. 面对时光匆匆流逝，作者有什么样的感触呢？作者对时光匆匆进行了直接追问，在段首与段尾，形成呼应，其写法叫"首尾呼应"。

2. 课文中间部分讲什么呢？请大家轻声读一读第2、3、4自然段。（这几段作者以"我"的生活为叙写内容，从多个角度写了时光是如何匆匆逝去的）

【设计意图】通过朗读课文和感知大意的方式，深入理解作者对时光匆匆的感触，了解课文的具体内容。

板块三：聚焦问句，体会效果

1. 聚焦第1自然段。有感情地朗读第1自然段，体会作者借燕子、杨柳、桃花起兴，是为了引发日子匆匆逝去。引导思考：这一段一共有几个问句？围绕哪一个问题提问？

2. 学生自主交流。体会第1自然段中作者连续追问，但作者想问的问题其实只有一个："聪明的，你告诉我，我们的日子为什么一去不复返呢？"引导学生体会作者通过一连串的追问，直接抒发对时间的惋惜和留恋之情。

小结：朱自清是个擅于从客观事物中捕捉形象，以抒发自己主观情愫的诗人。燕子来而复去，杨柳枯了又青，桃花谢了再开，这本是人所习见的自然现象。但诗人触景生情，从中联想到自己年轻的生命，引发了对时间的追寻。

3. 学习第 4 自然段：像这样发出一连串问句的，文中还有一段，请大家快速浏览课文，找一找在哪里。作者一连发出六问，它们之间有什么关系？有提问就可以有回答。如果我们把这些问句换成肯定或者否定式的表达，可以吗？

小结：追问，反问，责问，可见作者对自己只能"徘徊"感到深深自责与不甘虚度光阴、力求上进的一种精神状态。这种发问，直接畅快地表达出自己对于生命的理解，对于匆匆的体悟，让人印象深刻。这是作家写作的高妙之处，值得借鉴。

【设计意图】通过朗读和交流，深入体会作者通过问句抒发情感和表达对时间的惋惜之情的效果，培养学生对文学作品的感知和理解能力，向读学写，启发写作中运用问句等表达方式，直接表达内心的情感和思考。

板块四：聚焦三段，体会表达

1. 引读第 2 自然段：作者就这样问啊问，突然发现，自己的手确乎是渐渐空虚了。你们知道作者为什么"头涔涔而泪潸潸"吗？他是怎么描写自己的八千多个日子的？品读体味作者的语言魅力。

2. 学习第 3 自然段：这八千多日子是怎么匆匆逝去的呢？到底什么时候，从哪里偷偷溜走的呢？默读并勾画相关句子。

3. 点拨：同学们，时间的流逝本是司空见惯的现象，作者是怎么表达出来的？借助太阳这双脚，他发现时间什么时候偷偷溜走了？运用系列排比句、灵活多变的动词展示了时间飞逝的流。回想着这些熟悉的生活场景，你们听到时间轻巧、活泼的脚步声了吗？

【设计意图】通过朗读和默读的方式，深入体会作者对自己生活的描写和对时间流逝的感悟，理解作者通过比喻、排比句和动词的运用展示时间匆匆逝去的写作技巧，启发学生潜移默化地在写作中运用多样的语言表达手法，创造生动有趣的描写和抒发情感的方式。

板块五：小结写法，迁移仿写

时间本看不见、摸不着，但在这里，作者借助具体可感的生活场景，将时间匆匆流逝形象化，我们仿佛真切看到了时间的足迹，也深刻感受到了作者内心的焦灼与遗憾，使这些无情之物充满人情，这叫"形象见情"。

你们即将小学毕业了，这过去的每一天，你是怎样度过的呢？对时间的流逝又有什么样的感触呢？请你回忆自己的生活细节，仿照第3自然段的写法，将自己对时间的感悟写下来。可以像作者这样把时光流逝变成具体可感的生活场景，想想：除了洗手、吃饭、睡觉，你还把时间花在什么事情上了？通过生活中最细微平常的事例来写，更容易引起共鸣。也可以学习作者赋予时间以人的灵性，运用灵活多变的动词，把时间变得具体可感。

【设计意图】引导学生通过回忆自己的生活细节，借助具体可感的生活场景，表达对时间流逝的感悟，并运用灵活多变的动词来赋予时间以人的灵性，使写作更具有共鸣和情感表达。

板块六：了解背景，拓展阅读

1. 补充背景资料。

《匆匆》这篇散文写于1922年3月，当时朱自清24岁。五四运动时，他为光明和新时代的到来而欢呼。五四运动高潮过后，由于旧的东西没有被摧垮，新的社会蓝图又不清晰，朱自清很想为国家做出贡献，但是他找不到方向，没有目标，于是陷入了苦闷之中，徘徊在人生的十字路口。在犹豫、徘徊中，眼看宝贵的时光从身边白白地流逝，于是写下了这篇感人的散文。

从这一段文字，你们看到了一位怎样的作者？

2. 推荐阅读。作者真的是在犹豫、徘徊中度过一生吗？这个问题留待同学们去《朱自清传》里寻找答案。另外，朱自清先生一生勤奋写作，共出版著作百余部，主要作品有诗文集《踪迹》，散文集《背影》《欧游杂记》《你我》《伦敦杂记》，代表作有《荷塘月色》《背影》《绿》《春》等文章，这些作品都很值得我们去读。希望大家能珍惜时间，多读好书，让每一个日子少些遗憾、多些充实！

【设计意图】通过了解作者所处的背景，理解作者写作时流露出的情感和思考，帮助学生更好地走进作者的内心世界，感受他对时间流逝的深刻感悟。通过提出问题和引用朱自清的作品，激发学生对朱自清的生平和作品的好奇心，引导他们主动去寻找答案和阅读更多相关的作品。

【板书设计】

8　匆匆

朱自清

无奈、叹息　　触景生情

自责、不甘　　以"问"表情

　　　　　　　形象见情

【范例】

仿六年级下册《匆匆》

《匆匆》（林祉祎）

冬去春来，日落日升。新的一天又悄无声息地来到我的身边。早上，房间里射进两三缕暖暖的阳光。阳光他有脚啊，不知不觉地挪移，我也迷迷糊糊地跟着转动。于是——弹琴时，日子从悠扬的音符中越过；写字时，日子从顺滑的笔尖走过；发呆时，日子从慵懒的身上跨过；我察觉他去得匆匆了，振作起精神，他又从我窸窸窣窣忙乱的间隙中溜走了。

解析与简评：《匆匆》第 3 自然段写抽象的时间流逝，从日常生活小事说起，借助一系列生活中的例子，写"洗手""吃饭""默默""躺在床上""睁开眼睛"这些寻常之事，用"挪移""过去""跨""飞""溜""闪"等一系列的动作来赋予时间生命，将"无形化为有形"，叫人恍悟时光就是这样不知不觉流逝的。小作者一个"又"字透露了对时间流逝的些许无奈，然后抓住生活中"弹琴""写字""发呆"这些小事，运用动词"跃""走""跨""溜"也生动地写出了时间的匆匆。

附　录

一、关于核心素养背景下小学高段语文以读促写的教学行动研究问卷调查与思考

为了解小学中高年级学生阅读以及写作现状，发现小学生阅读以及写作中存在的痛点、难点，笔者与课题组成员做了以读促写课题研究之前与之后的问卷调查及梳理。二次调查为有针对性地尝试进行读写结合的课堂教学模式，培养中高年级学生有效阅读，高效阅读的能力，从而使阅读真正服务于小学生的输出和表达，全面提升学生的语文核心素养。

课题组调查对象为本校部分小学中高年级学生。二次调查时隔一年有余，皆采取随机问卷调查。第一次问卷主要面向本校中高年级学生，随机选择当场发卷填写，并当场收回的形式。第一次调查问卷总共发出 500 份，收回 492 份。问卷调查内容主要针对小学生阅读与写作中所面临的问题，阅读习得、写作兴趣，以及日常语文课堂学习模式等。第二次问卷调查为特定人群。发放问卷主要面向此前有意愿参与本课题组读写结合教学模式探索实践的语文教师所授课班级的小学生，以当场发卷填写，并当场收回的形式。调查问卷总共发出 500 份，收回 497 份。主要了解通过读写结合的课堂教学模式探索与实践后，学生在阅读与写作中，阅读与写作兴趣是否被激发，能力与思维是否得到有效提升。通过一年多来对以读促写教学模式的探索和实践，再次了解相应中高年级小学生的阅读以及写作现状，

对读写结合的课堂教学模式的尝试与实践效果进行梳理、归纳、总结。

(一)前期问卷反馈及思考

从填写问卷的男女生人数来看,本次问卷的男女生人数分别是男生245人,女生247人。男女生参与调查比例基本为1∶1。从问卷中也可以看出,由于男女生思维的差异,在对写作的兴趣上,女生比男生的兴趣更加浓厚。在本次问卷中,有73.4%的学生表示不喜欢写作,不喜欢写作的原因中,不会谋篇布局的占18.7%,缺乏素材的占15.6%,不知道怎样写具体的则占到了55.8%。由此可见,对小学生来说,怎样运用写作方法,有效捕捉素材中可加以拓展与延伸的细节并展开描写是一个难点。

对于阅读与写作的重要性,81.5%的学生基本都认为同样重要,看来,学生们对阅读与写作有着潜在的渴望和兴趣。但从接下来的几道问题回答情况来看,学生对于怎样有效阅读,怎样"以读促写"仍然存在迷茫。57.9%的学生完全没有"以读促写"的概念,而对于"阅读是否能够促进写作水平的提高"这一问题,显然学生虽然耳濡目染,隐约觉得阅读对写作有正向的促进作用,但这样的认知仍然是不明确的,是模糊的,因此高达48.7%的学生对"阅读能促进写作水平的提高吗"这个问题选择了"也许能",甚至还有21.1%的学生认为"不能"。在接下来的"习作难点"这个多选题中,学生们给出了答案,48.7%的学生觉得习作难点在选材,另外22.3%、62.6%、48.9%和27.5%则分别选择了段落布局、写作方法、组织语言和准确修改。显然,对于大部分学生而言,写作方法和语言表达,仍然是习作的主要难点。对于阅读后有写作兴趣的仅占24.7%,而把这样的写作兴趣变为习惯的则只剩下了13.9%。也因此,大部分高年级的学生阅读仍然仅停留在对阅读对象的情节刺激上,在"阅读时,主要关注作品的哪个方面"这个问题中,高达73.1%的学生选择了"故事情节"。这使学生在阅读中,往往只注重了情节的享受,而忽略了对阅读对象更深层次的发现与研究,使阅读只停留于"知其然,而不知其所以然"的浅层阅读。

接下来的关于教师阅读以及习作教学的行为调查中，则可以看出，仅有19.2%的老师能够在阅读教学中引导学生关注写作技巧和方法的迁移运用，即使有56%的老师关注到了阅读教学中知识和技能的传授，但没有语文实践的知识与技能，终将成为空中楼阁——这样的结果显而易见，在本次问卷的第11题中，当问及老师习作课的教学情况时，24.5%的学生选择了背范文这一选项，41.1%的学生表示平时的习作课，老师往往只"给出作文题，让学生自己写"，剩下19.7%的老师在课堂上能"给出作文题，读几篇范文"，仅仅只有14.7%的学生表示老师在习作教学中能够"回顾单元课文学习，总结有效的习作方法，并指导运用"。教学中的有效引导不足，也使仅有36.9%的学生会在每次习作后，关注教师的批改。由此衍生的是，学生日常学习中，仅极少数能有意识地通过阅读学习写作手法，积累服务于主题、内容和观点的文章结构和语言知识，这个比例只占11.7%。

通过本次调查，我们不难发现，在小学中高年级学生中，能够有意识地提高阅读的有效性，并通过阅读积累服务于习作的情况，并不乐观。面对这样的情况，很有必要对当前的课堂教学模式做一次深入的探索与尝试，以便我们采取切合实际的教学方法，使学生的写作情况，以及由此所指向的语文核心素养得到全面的提升。

（二）后期问卷反馈及思考

你喜欢写作吗？你认为阅读和写作哪一方面更重要？你对"以读促写"有概念吗？你认为阅读能促进写作水平的提高吗？如果选择"能"，你认为阅读对提高写作水平主要体现在哪些方面？你阅读的主要目的是哪些？你在阅读后有写作的习惯吗？你有阅读后写作的兴趣吗？老师在阅读教学中，是否引导关注写作方法技巧的发现与运用？习作课上，老师是怎样教大家写作文的？是否回顾单元课文学习，总结有效的习作方法，并指导运用？是否在课文教学中，引导关注写作方法，并进行练笔实践？你觉得老师在阅读与习作教学中所传授的写作方法对你的写作有帮助吗？日常学习中，你会有意识地通过阅读学习写作手法，积累服务于主题，内容和观点的结构和语言知识吗？……

　　从填写问卷的男女生人数来看，男生 257 人，女生 240 人。男女生参与调查比例基本为 1∶1。从问卷中可以看出，经过以读促写课堂模式的实践推广，不论男生还是女生的写作兴趣都得到了有效激发。在问卷一中，有 73.4% 的学生表示不喜欢写作，但通过一年多来有效教学模式的实践推广，不喜欢写作的学生仅占 9.8%。由此可见，有效的教学模式对于学生习作兴趣的引导激发有着十分重要的意义。

　　通过调查结果可以看出，通过一年多的努力，在授课教师有意识进行"读写结合，以读促写"的教学模式的渗透与引导，对"以读促写"这一概念有认知的学生比例有了显著提升，高达 98.8%。而对于"阅读是否能够促进写作水平的提高"这一问题，通过有效引导与课堂模式的正向反馈，89.6% 的学生认为能，仅 8.3% 的学生选择了"也许能"，2.1% 的学生认为"不能"。在接下来的"你认为阅读对提高写作水平主要体现在哪些方面"这个多选题中，学生们也给出了积极的答案，43.7% 的学生觉得阅读对习作的选材有帮助，另外 52.4%、62.6%、87.8% 和 29.5% 则分别选择了段落布局、写作方法、组织语言和准确修改。有效的读写结合的方法引导给学生指出了习作提升的明确方向，让学生对阅读与写作之间的促进作用有了更加清晰的认知，从而也使学生的阅读更加正向地积极地作用于日常的习作中，让学生们尝到了以读促写的甜头。

　　这样的正向反馈和积极促进不仅体现在学生对于方法的认知更加清晰，也体现在学生们日常的阅读有效性与良好读写习惯的养成上——在"阅读的主要目的"这一多选题中，有 88.3% 的学生选择了"享受阅读的快感"，64.7% 的学生选择了"积累相关知识"，59.2% 选择了"明白人生道理"，83.1% 选择了"学习写作方法"。相较于第一份问卷中，大部分孩子只关注情节起伏带来的阅读快感，在读写结合教学模式的有效引导下，学生们能够对阅读对象进行深层次的发现与探究。对于"阅读后是否有写作兴趣"这一问题,选择"有"的学生已经占据了85.9%,在"阅读后是否有写作习惯"的问题调查中,也有81.4%的学生选择了"有",这些令人振奋的数据,都显示着有效的课堂模式对于学生"以读促写"能力的提升有着举足轻重的作用。

接下来的关于教师阅读以及习作教学的行为调查中则可以看出,通过"以读促写"教学模式的推广实践,在课堂上,已有76.3%的老师能够在阅读教学中经常引导学生关注写作技巧和方法的迁移运用。同时,通过读写结合教学模式的实践与探索,也极大地提高了习作教学的有效性,在本次问卷调查中,当问及老师习作课的教学情况时,没有学生反馈老师在以"背范文套题"等无效且有害的方式进行习作教学,其中有48.9%的学生选择老师在习作教学中,能够"回顾单元课文,总结有效的写作方法,并指导运用",51.1%的学生选择了"在课文教学中,引导关注写作方法,并进行练笔实践"。同时,经过读写结合模式的推广实践,84.4%的学生认为老师在习作教学中,所传授的写作方法对自己的写作有很大帮助。在此基础上,学生日常学习中,已有大多数能够有意识地通过阅读学习写作手法,积累服务于主题、内容和观点的文章结构和语言知识,这个比例占到83.6%,相较于前期调查中11.7%的比例,学生阅读写作的目标性与自主性显然有了巨大的飞跃。

本次调查的结果显然是令人惊喜的。前后对比可见一个实实在在的教学模式的推广和实践,不仅促进了学生核心素养的提升,也促进了教师个人教育教学水平的成长,促进了教学相长的良性循环。我们相信,在小学中高年级学生中,有意识地引导学生关注以读促写,读写结合的阅读与习作技巧,是一项功在当前、利在长远的优秀教学模式。

二、以读促写随文练笔一览表

三年级上册

单元主题	读写结合训练点	课题	写作方法	具体训练内容	训练形式（仿写、朴写续写、扩写、改写、缩写）
第三单元：中外童话	仿写	10.在牛肚里旅行	仿写句子，运用语言描写	展开想象，仿照课文中的对话，再写两三句语言描写，语言要符合人物的性格	结合习作："我来编童话"仿写
	仿写	11.一块奶酪	仿写句子，写曾经遇到的有诱惑力的事	联系生活中曾经遇到的这样有诱惑力的事，当时怎么做的？今后在生活中面对诱惑该怎么做	仿写
第四单元：趣味故事	预测	12.总也倒不了的老屋	根据题目，插图、旁批、课后题展开想象，进行预测，从自读中感悟，尝试运用合作交流、独立运用	根据文章内容，发挥你的想象，预测老屋后来又遇到了谁？故事的结局到底会是怎样呢	结合习作："续写"故事

续表

单元主题	读写结合训练点	课题	写作方法	具体训练内容	训练形式（仿写、续写、扩写、缩写、补写、改写）
第五单元：留心观察	预测	13. 胡萝卜先生的长胡子	根据文前的学习提示及课后题，顺着故事情节，边阅读边预测故事的发展、结局	胡萝卜先生的胡子帮助了那么多人。当他继续往前走，还会发生什么神奇的故事呢？用你的画笔画下来并也写一写你的故事吧	续写
	仿写	15. 搭船的鸟	学习作者细致观察，结合课外观察实践活动，让学生观察自己感兴趣的一种动物、植物或者一处场景，抓住事物的特点留心观察，积累生活素材	要求学生连续观察身边的一种动物、植物或一处场景，在"观察记单"上简要地记录观察所得	结合习作："我们眼中的缤纷世界"仿写
	仿写	16. 金色的草地	根据前一课布置的观察任务，引导学生调整观察对象，如睡莲、夜来香等，让学生记录不同时间中观察对象产生的变化	要求学生连续观察身边的一种动物、植物或者一处景物，把观察发现写下来	仿写

213

续表

单元主题	读写结合训练点	课题	写作方法	具体训练内容	训练形式（仿写、续写、扩写、改写、缩写、补写）
第六单元：祖国山河	仿写	18.富饶的西沙群岛	根据课文的学习，引导学生从"颜色、样子、神态、动作"等方面说说画中的事物是怎么样的	根据课后图片，从下面选择其中一幅图，写几句话	结合习作："这儿真美"仿写
	扩写	18.富饶的西沙群岛	根据课文的学习，引导学生从"颜色、样子、神态、动作"等方面说说画中的事物是怎么样的	根据课后图片，从下面选择其中一幅图，写几句话	仿写
第七单元：我与自然	根据课文内容，大胆想象生活中美妙的声音	21.大自然的声音	根据课文写景想象的方法，描写生活中你想象到的大自然的声音	你听到过哪些美妙的声音？试着写几句和同学们交流，如，鸟儿是大自然的歌手……厨房是一个音乐厅……	结合习作："我有一个想法"仿写
第八单元：美好品质	根据课文内容，补写心理想法	26.灰雀	根据课文内容，补写心理想法	想一想，列宁和小男孩在对话的时候，他们各自心里想的是什么？试着写一写	补写

三年级下册

单元主题	读写结合训练点	课题	写作方法	具体训练内容	训练形式（仿写、补写续写、扩写、改写、缩写）
第一单元：可爱的生灵	试着把观察到的事物写清楚	3. 荷花	根据课文中的总分结构，及排比句式"有的……有的……"进行片段仿写：仿照写一种你喜欢的植物	第2自然段写出了荷花不同的样子，仿照写一种你喜欢的植物	结合习作："我的植物朋友"仿写
第二单元：寓言故事	读寓言故事，明白其中的道理	6. 池子与河流	举例说明的方法，可采用人物对话的方式进行描写，心理描写来丰富形象。（结合前面三篇文章）	结合实际生活说一说，池子与河流的观点你赞成哪个？（结合本单元的寓言故事道理）	仿写
第三单元：中华优秀传统文化	试着围绕一个意思把一段话写清楚	11. 赵州桥	根据课文中的总分结构，及排比句式"有的……有的……"还有的……"进行片段仿写：仿照写一处历史文化遗产	第3自然段写出了赵州桥"美观"的特点，仿照写一处历史文化遗产	结合单元导语："围绕一个意思把一段话写清楚"进行仿写
第四单元：观察与发现	观察事物的变化，把实验过程写清楚	13. 花钟	仿照课文中表达鲜花开放的语句（排比、拟人），写一写你喜欢的花	文中运用了排比、拟人的手法写出了花随着时间不同而开放的状态，写出了花的千娇百媚	仿写

215

续表

单元主题	读写结合训练点	课题	写作方法	具体训练内容	训练形式（仿写、续写、补写、改写、扩写、缩写）
第五单元：大胆想象	发挥想象写故事，创造自己的想象世界	习作例文：一支铅笔的梦想	引导学生通过阅读交流，抓住铅笔的特点，走进奇妙有趣的想象世界；再启发学生联系生活开展想象、扩展思维，写出自己的美好想象故事	想一想铅笔还会有哪些美好的梦想。然后仿照例文写下来	结合习作"奇妙的想象"，仿照"一支铅笔的梦想"进行续写
第六单元：多彩童年	写一个身边的人，尝试写出他的特点	19. 剃头大师	根据课文"剃头大师"通过一件事情描写一个人的特点，题目用上表示人物特点的词语	通过抓住人物的语言、动作、神态以及人的典型事例来写出人物的特点	结合习作"身边那些有特点的人"仿写一个人的特点
第七单元：奇妙的世界	初步学习整合信息，介绍一种事物	22. 我们奇妙的世界	学习课文从哪几个方面把事物写清楚，从而初步学会整合信息，介绍一种事物	从局部来体现整体，从普通而美好的事物，体现世界的奇妙。学会从普通的个体或部分中体现整体的特点	仿写
第八单元：有趣的故事	展开想象，尝试编写童话故事	25. 慢性子裁缝和急性子顾客	发挥想象，编写童话故事	假如裁缝是急性子，顾客是慢性子，他们之间又会发生怎样的故事呢	结合习作："选一种动物作为主角大胆想象"编写童话故事

216 ｜走向有魅力的读写课堂——核心素养视域下以读促写案例设计与指导｜

四年级上册

单元主题	读写结合训练点	课题	写作方法	具体训练内容	训练形式（仿写、朴写续写、缩写、改写、缩写）
第一单元：自然之美	按一定的顺序描写景象	1. 观潮	描写顺序：运用一些表示时间的词语，按景物的变化展开描写。描写方法：景物+想象。先描写景物，再根据景物运用比喻或拟人等手法展开联想。描写对象：生活中的一切事物，例如云朵、火车，夏天的雨……	《观潮》一课按"潮来前——潮来时——潮去后"的顺序，描绘了农历八月十八日钱塘江大潮雄奇、壮观的景象。其中，第3—4自然段运用比喻拟人等修辞手法，描写了潮来时的惊心动魄，气势恢弘。今天，让我们按这样的写法也来写一段话吧	仿写
	留心观察，准确使用词语描绘自己所见所想	2. 走月亮	1. 联系生活，调动眼、耳、鼻等多种感官，表达出景物的美与浓郁的情感； 2. 穿插运用排比、拟人、比喻等修辞手法，让表达更有画面感。	读读课文第6自然段，说说你的所见所想。你还记得月下的某个情景吗？仿照写一写	仿写

217

续表

单元主题	读写结合训练点	课题	写作方法	具体训练内容	训练形式（仿写、续写、补写、扩写、改写、缩写）
第二单元：阅读策略	借助教材拓展思维，学习借助事例具体表达的方法	7.呼风唤雨的世纪	运用举例子和作比较的说明方法（第4自然段），巧妙地揭示科学技术对人类生活的意义	"现代科学技术必将继续创造一个个奇迹，不断改善我们的生活"，联系生活实际，谈谈自己的理解	仿写
	展开想象，用自己的话说说诗中描绘的景象	9.古诗三首	结合生活中的观察，借助诗句的意思，将诗中描绘的景象的变化过程写具体	想象"一道残阳铺水中，半江瑟瑟半江红"的景象，用自己的方法说一说	扩写
第三单元：连续观察	从生长位置、样子、颜色等方面描写一种熟悉的植物	10.爬山虎的脚	选择一种植物，对它的根、茎、叶、花、果实等进行连续观察，采用图文结合的方法或观察表格进行观察。记录好以前记录的地方，留心观察对象变化的地方。通过观察记录，真实客观地呈现观察对象的变化过程	选一种植物，观察一段时间，着重用"资料袋"中提供的方法，记录它的变化	仿写

218 ｜走向有魅力的读写课堂——核心素养视域下以读促写案例设计与指导｜

续表

单元主题	读写结合训练点	课题	写作方法	具体训练内容	训练形式（仿写、补写续写、改写、缩写、扩写、缩写）
第四单元：魅力神话	从外形、性格、生活习惯等方面写熟悉的动物	11. 蟋蟀的住宅	从外形、性格、生活习惯等方面观察一种熟悉的动物，运用拟人的手法来写，写出对它的喜爱之情	运用拟人的手法写动物，写出对它的喜爱之情	仿写
	用自己的语言写写这个故事	13. 精卫填海	尝试根据起因、经过、结果的结构把一件事写清楚	理解课文内容，梳理《精卫填海》的起因、经过、结果，并用自己的话将故事写具体	扩写
	完整复述故事	14. 普罗米修斯	按照起因、经过、结果的顺序，完整地复述故事，感受故事神奇	按照起因、经过、结果的顺序，讲一讲普罗米修斯"盗"火的故事	改写
第五单元：写一件事	把事情的经过写清楚	16. 风筝	运用准确的动词、有条理地把事情的经过写清楚	你做过风筝吗？试着做一个风筝放一放，再用一段话把放风筝的过程写下来	仿写

219

续表

单元主题	读写结合训练点	课题	写作方法	具体训练内容	训练形式（仿写、补写、续写、扩写、改写、缩写）
第六单元：成长故事	把印象最深的内容写清楚	19. 一只窝囊的大老虎	通过细节描写把印象最深的内容写清楚	排练时的情形，"我"记忆很深刻，而表演时"到底怎么演完的，我一点儿也记不起来"。你有过类似的经历吗？写下来和同学交流	仿写
	把你印象深刻的一次游戏过程写下来	20. 陀螺	把一件事情的过程细节写清楚，把过程中人物的神态和动作写具体	小时候和小伙伴一起玩游戏一定非常开心吧，请你把你印象深刻的一次游戏过程写下来	仿写
第七单元：家国爱情怀	熟读古诗，将古诗中的画面具体描述出来	21. 古诗三首	学习景物描写的具体方法，按照一定的顺序去写，如：移步换景、时间顺序、空间顺序等	根据对古诗的理解，按照顺序将古诗画面描述清楚	仿写
	把一件事的理由写具体	22. 为中华之崛起而读书	通过具体的事例把写清理由	如果有人问你"为什么读书"，你的回答是什么？想一想，写下来，注意写清楚理由	仿写

续表

单元主题	读写结合训练点	课题	写作方法	具体训练内容	训练形式（仿写、补写续写、扩写、改写、缩写）
第八单元：历史传说故事	改编课文为剧本并演一演	26. 西门豹治邺	根据课文内容，按照"阅读链接"中剧本的格式和要求改编课文	试着根据"阅读链接"中的剧本开头改编课文，并演一演这个故事	改写

四年级下册

单元主题	读写结合训练点	课题	写作方法	具体训练内容	训练形式（仿写、补写续写、扩写、改写、缩写）
第一单元：乡村生活	仿写片段	2. 乡下人家	采用总分结构谋篇布局。按一定的顺序表达。抓住景物特点细致刻画，展示景物不同姿态、不同形式的美。采用比喻、拟人等手法，融情于景	你眼里的乡村景致是怎样的？用一段话写下来	仿写
	模仿写法	3. 天窗	学习作者虚实结合的手法，从"无"中看出"有"，从"虚"中看出"实"。用上"也许……也许……"的句式	选择一个情境，学习第7自然段的写法写一段话	仿写

221

续表

单元主题	读写结合训练点	课题	写作方法	具体训练内容	训练形式（仿写、朴写续写、扩写、改写、缩写）
第二单元：从不同角度思考问题	用自己的话说琥珀的形成过程	5.琥珀	通过学习课文，了解课文中琥珀形成的过程并用自己的话表达出来	根据课文内容用自己的话来说一说文中琥珀的形成过程	改写
	注意文中列数字的描写，仿写一段话	6.飞向蓝天的恐龙	采用总分结构。运用列举、列数字等说明方法	选择一种事物，运用分类、对比列举、列数字等说明方法写具体	仿写
	想象纳米技术在现实生活中的运用	7.纳米技术就在我们身边	根据"学习文章内容——了解纳米技术——展开想象"的步骤，想象纳米技术还能做什么	如果让你利用纳米技术，你会把它运用到生活中的哪些地方？发挥想象写一写	想象续写
第三单元：轻叩诗歌的大门	仿写一节诗歌	9.短诗三首	根据课文中表达情感的方法，仿写一节诗歌	根据自己记忆深处难忘的经历，仿写一节诗歌	仿写
	学习诗歌，仿写一节诗歌	10.绿	学习作者借助关键词的方法，感受诗人的独特表达，并仿写诗歌	学习作者借助关键词的方法，感受诗人的独特表达，并仿写诗歌	仿写

续表

单元主题	读写结合训练点	课题	写作方法	具体训练内容	训练形式（仿写、补写续写、扩写、改写、缩写）
第四单元：可爱的动物	学习诗歌，仿写一段诗歌	11. 白桦	学习课文中描写景物的方法，仿写一段诗歌	学习课文中描写景物的方法，回想春天的早晨给你怎样的印象呢？仿写一段诗歌	仿写
	学习诗歌，仿写一段诗歌	12. 在天晴了的时候	学习课文中描写景物的方法，用诗歌的形式写一写雨后天晴的景象	学习课文中描写景物的方法，用诗歌的形式写一写雨后天晴的景象	仿写
	学习课文，模仿写法	13. 猫	学习第2自然段"先概括，后具体""对比"的方法写某种动物性格的多面性	学习第2自然段写法上的特点，写出某种动物性格的多面性	仿写
	学习课文，仿写片段	15. 白鹅	运用对比、比喻的修辞手法写出动物的某种性格	参照课后第三题的两个例句，用对比或比喻的修辞手法写一段话，写出动物的某一性格特点	仿写
第五单元：自然景观	学习课文，仿写片段	16. 海上日出	抓住自然景象的变化特点。写景象变化时，用上表示时间变化的词语，如：过一会儿，到了最后等。把情感融入景物之中	你注意过日落、刮风、下雨、叶落等自然景象的变化过程吗？试着学习课文第3自然段的写法，描述一种变化中的自然景观	仿写

223

续表

单元主题	读写结合训练点	课题	写作方法	具体训练内容	训练形式（仿写、朴写续写、扩写、改写、缩写）
第六单元：少年成长	学习课文，仿写片段	17. 记金华的双龙洞	按游览顺序，将见闻、感受、生动具体地记录下来，使人身临其境	仿照孔隙的写法，结合自己游海洋馆、吊桥等地方写出自己游历的经过和感受	仿写
	借助小标题，概括课文主要内容	18. 小英雄雨来	快速阅读课文之后，拟小标题；提炼共同的中心，以串联的方式，勾连内在的呼应；删繁就简，集中要点，把握长课文的主要内容	概括课文的主要内容	缩写
	运用细节描写来刻画人物	19*. 我们家的男子汉	围绕人物形象选择材料，要真实可信，有感染力，能体现人物的品质。拟个小标题，通过对人物的语言、行动、心理活动等角度刻画人物的品质	写一写身边的男子汉（女汉子），把事例写具体，把人物写生动	仿写
第七单元：伟大的品格	根据课文内容续写故事	23. "诺曼底号"遇难记	合理想象当时的场面，选择有代表性的人物进行描写。人物的动作、语言、心理活动要符合人物的性别、年龄和职业特点。从当时人物的语言、动作、环境等方面入手想象当时的场面	想象哈尔威船长和"诺曼底号"一起下沉后，人们的语言、动作、心理及当时的场面，然后续写这篇课文	续写

224　|　走向有魅力的读写课堂——核心素养视域下以读促写案例设计与指导　|

续表

单元主题	读写结合训练点	课题	写作方法	具体训练内容	训练形式（仿写、补写续写、改写、缩写）
第八单元：奇妙的童话	感受童话的奇妙，按自己的想法新编故事。	25.宝葫芦的秘密	抓住具体的段落和语句，体会宝葫芦的奇妙	整体把握课文内容，根据情境，新编故事	改编
	品读童话故事，感悟人物，拓展补充故事	26.巨人的花园	借助文中关于花园和孩子们玩耍时的描写，加以扩充，具体描绘	发挥想象，把孩子们在巨人花园里尽情玩耍的情景写下来	续写
	抓住文中打动自己的地方想象画面	27.海的女儿	引导学生充分阅读，抓住关键语句展开想象，体会童话的奇妙想象	根据人物形象和文章主题，展开合理的想象改写结局	改编

225

五年级上册

单元主题	读写结合训练点	课题	写作方法	具体训练内容	训练形式（仿写、补写续写、扩写、改写、缩写）
第一单元：花花世界	白鹭大大而显得生硬，即使如粉红的朱鹭或灰色的苍鹭，也觉得大了一些，而且太不寻常了	1. 白鹭	通过对比突出特点	选择熟悉的人或者事物，突出其中一个特点	仿写
	作者由落花生领悟到了做人的道理	2. 落花生	借物喻人的写作方法	从身边的事物中选择一种写一写，自己从中领悟到了什么	仿写
	作者看到了他乡的桂花，想到自家院子里的桂花树，想起了摇花乐，思乡情油然而生	3. 桂花雨	借物抒情的写作方法	写身边的一个事物，结合背后的故事，表达自己的感情	仿写

226　｜ 走向有魅力的读写课堂——核心素养视域下以读促写案例设计与指导 ｜

续表

单元主题	读写结合训练点	课题	写作方法	具体训练内容	训练形式（仿写、补写续写、扩写、改写、缩写）
	第7自然段：先起，这个小家伙一会儿落在……一会儿啄着……一会儿撞得……第9自然段：落……俯……瞧……跑……	4. 珍珠鸟	排比句式，动作描写	运用排比句式及一系列动作描写表现事物的具体特点，表达作者的感情	仿写
第二单元：阅读策略	经常到山里的人，……理所当然的是	5. 搭石	通过具体事例表现人物特点	选择熟悉的一个人，先说明这个人的特点，用一件事，说明这个特点	仿写

|附 录| 227

续表

单元主题	读写结合训练点	课题	写作方法	具体训练内容	训练形式（仿写、朴写续写、扩写、改写、缩写）
	蔺相如看这情形，知道秦王没有……说："这块璧有点小毛病……您看。"	6. 将相和	通过具体事例表现人物特点	请用典型事例的方法写一写你的老师	仿写
	什么比猎豹更快的速度，以具体事例说明	7. 什么比猎豹的速度更快	用具体事例说明事物特点	用一件事说明一个东西的特点	仿写
	第6自然段，敌人尝到地道的厉害，想方设法来破坏，什么火攻啊，水攻啊，	8. 冀中的地道战	总分的构段方式，并列的叙述顺序。举例子的说明方法	运用先总后分的写作方法，通过并列叙述说明事物的特点，向大家介绍一种事物的特点、用途或作用	仿写

续表

单元主题	读写结合训练点	课题	写作方法	具体训练内容	训练形式（仿写、补写续写、扩写、改写、缩写）
第三单元：民间故事	毒气攻啊，都用遍了。地道的式样有一百多种。就拿任丘的来说吧……大木了转移到旁边的村子去				
	根据课文内容创造性地复述猎人海力布的故事	9. 猎人海力布	创造性地复述故事	根据课文内容，给那块变成海力布的石头写上一段话，简要介绍它的来历	续写
	课文中老牛突然会说话了，它知道织女何时下凡，这是为什么呢	10. 牛郎织女	创造性地复述故事	为什么老牛突然会讲话，为什么它会知道织女的事情？请发挥你的想象写一写	续写

229

续表

单元主题	读写结合训练点	课题	写作方法	具体训练内容	训练形式（仿写、补写续写、扩写、改写、缩写）
	这是一篇很长的传说，故事情节跌宕	11. 牛郎织女（二）	缩写故事	这是一篇很长的传说，故事情节跌宕，请抓住主要情节缩写故事	缩写
	《题临安邸》的诗句具有一定的情节	12. 古诗三首	编写故事	学生根据诗句的内容，发挥自己的想象空间，编写诗句的故事情节	扩写
第四单元：爱国情怀	文中第2自然段都是四字词语的排列，很有特色	13. 少年中国说	四字词语、排比句式	选择一处景物或一处景，用上四字词语、排比句式来仿写一段话	仿写
	文中第5自然段有描写英法联军入侵圆明园的场景，但是比较简单	14. 圆明园的毁灭	想象画面、描写场景	发挥想象，把英法联军入侵圆明园的场景详细地写出来，用上动作、语言、神态等描写方法	扩写

230　　|走向有魅力的读写课堂——核心素养视域下以读促写案例设计与指导|

续表

单元主题	读写结合训练点	课题	写作方法	具体训练内容	训练形式（仿写、补写续写、扩写、改写、缩写）
第五单元：说明文	文中第35自然段后面有一个省略号，留给学生补白	15. 小岛	想象、续写	学生根据上文的故事情节，想象将军将会说些什么话	续写
	说明太阳的"远、大、热"三个特点，用说明方法，描述的特点说明具体	16. 太阳	采用了列数字、作比较、举例子、打比方的说明方法。采用正反两方面进行对比说明	选择生活中一种具体的事物，运用所学的说明方法，将事物的特点说具体，运用两种以上说明方法	仿写
	课文第4自然段在写到松鼠搭窝的经历时，采	17. 松鼠	采用了打比方、举例子、作比较、拟人的修辞手法。采用"先……再……然后……"等连接词	仿文第4自然段松鼠搭窝的过程，另选一种动物的生活习性，采用"先……再……然后……"等连接词，将动物的特征写清楚	仿写

附录　231

续表

单元主题	读写结合训练点	课题	写作方法	具体训练内容	训练形式（仿写、补写续写、改写、缩写）
	用"先……再……然后……"等连接词使搭配过程更加清晰				
第六单元：父母之爱	文中为了体现"慈母情深"，多处运用了动作、语言、神态等人物描写手法，体现了母亲对我的爱	18. 慈母情深	正面描写与侧面烘托相结合。运用了语言、动作、心理等人物描写的方法	联系上下文，说说为什么"我"拿到钱时"鼻子一酸"。你有过"鼻子一酸"的经历吗？试着写一写	仿写

232　　走向有魅力的读写课堂——核心素养视域下以读促写案例设计与指导

续表

单元主题	读写结合训练点	课题	写作方法	具体训练内容	训练形式（仿写、补写续写、扩写、改写、缩写）
	以"父爱之舟"为题，记叙了关于父亲的多件小事，体现了父亲对我的爱以及我对父亲的感激与怀念	19. 父爱之舟	文章的线索分明，首尾呼应，事例突出	你的父亲与作者的父亲有什么不同？他肯定也很有特点吧，请你通过一两件小事，表达一下父亲对你的爱	仿写
	文中父亲和母亲对巴迪表达爱的不同方式	20."精彩极了"和"糟糕透了"	对比手法。运用神态、语言、动作、心理等描写手法	你以"我的爸爸妈妈"为主题，举一两件小事，写父母是如何教育你的	仿写

续表

单元主题	读写结合训练点	课题	写作方法	具体训练内容	训练形式（仿写、补写续写、扩写、改写、缩写）
第七单元：四季之美	尝试运用动态描写，写出景物之美	22.四季之美	按总分结构，选取自己最喜欢的一个季节，写出景物之美。充分运用描写，抓住景物的动态进行比喻、拟人、排比等手法，发挥自己的想象，使语言生动形象	课文所写景致不多，却营造出美的氛围。仿照课文，用几句话写一写自己印象最深的某个景致	仿写
	采用动静结合的写法，营造出美的氛围	23.鸟的天堂	将景物的变化分解成一帧一帧的画面，并用恰当的动词描写出来。注意抓住景物的形状（大小、形状、姿态）、色（颜色）以及细节来描写。以静写动或以动衬静等，写出景物的趣味	鸟的天堂真热闹啊！现实生活中你遇到过的哪些热闹的场面？（菜市场、过年情景、拔河比赛……）	仿写
第八单元：谈读书	学习三篇短文中介绍的读书方法，并谈谈自己的看法	25.古人谈读书	三篇短文分别选自《论语》《训学斋规》《曾国藩家书》，分别从不同的角度告诉我们读书的不同方法	翻译其中的一篇，并谈谈你自己对这篇文章观点的看法	扩写

续表

单元主题	读写结合训练点	课题	写作方法	具体训练内容	训练形式（仿写、补写续写、扩写、改写、缩写）
	作者在不识得全部字的情况下，坚持把书看完，你是否赞同这种方法	26. 忆读书	文章按时间顺序来写。能围绕一个中心来写："读书好，多读书，读好书。"	课后练习题：你是否赞成作者的读书方法？请结合自己的经历谈谈自己的读书方法	仿写
	结合课文，联系自己的实际，谈谈自己从书中获得了哪些道理	27. 我的"长生果"	恰当地运用比喻。列举事例阐述道理。在结构上，开篇点题，总领全文。按时间顺序来写，线索清晰	列举一本你看过的书，并说说你从中悟出了哪些道理	仿写

附 录

235

五年级下册

单元主题	读写结合训练点	课题	写作方法	具体训练内容	训练形式（仿写、补写续写、改写、缩写、扩写）
第一单元：童年往事	学会把一件事的重点部分写具体	1.古诗三首	把古诗的意思说完整。适当加入自己的想象，想象儿童的神态、动作、心理等	根据《四时田园杂兴》和《稚子弄冰》的内容，展开想象，选择其中一首改写成短文，要把事情的经过写具体	仿写
	寄情于物，把抽象的情感变成可感的物	2.祖父的园子	选择适合表达情感的寄托物。展开想象，选择恰当的表现手法、修辞手法等	从身边的事物中选择一种写一写，自己从中领悟到了什么	仿写
第二单元：古典名著	学写读后感	6.景阳冈	梳理故事经过。关注人物的细节描写，体会细节背后人物的心理和品质。对人物进行多元评价	武松给你留下深刻的印象，结合故事情节谈谈你对他的看法	创写
第四单元：伟大的品格	重现情景	10.青山处处埋忠骨	抓住作者对主席的语言、动作、心理描写，表现他那撕心裂肺、肝肠寸断的痛	这一夜，对于主席而言注定是一个难眠之夜。你仿佛看到、听到了什么	扩写

236　|　走向有魅力的读写课堂——核心素养视域下以读促写案例设计与指导　|

续表

单元主题	读写结合训练点	课题	写作方法	具体训练内容	训练形式（仿写、补写续写、扩写、缩写、改写）
第五单元：人物描写	以故事中的角色讲故事	11. 军神	以"术前、术中、术后"为线索，加上动作、语言、内心独白等表现沃克医生的内心变化	找出沃克医生动作、语言、神态描写，体会内心变化，以他的口吻讲述这个故事	改写
	动作描写	13. 人物描写一组	分阶段写清楚动作，准确具体出人物的连续动作，展现人物的动态情景	课间十分钟，观察一位同学，试着将他做事的动作写具体	仿写
	细节描写	14. 刷子李	以绰号为题目，选取典型事例，写人物的动作、神态、语言。注意人物的角度	运用细节描写的方法写一个片段，表现一个人物的特点	仿写
第六单元：思维的火花	了解人物的思维过程	17. 跳水	联系事件过程，梳理人物思维	危急时刻，船长是怎么想的？他的办法好在哪里	扩写
第七单元：动静之美	运用先概括后具体写动村静的写法	18. 威尼斯的小艇	从不同角度来表达中心意思。运用比喻、夸张、拟人等手法给文章增色	围绕一个意思写一段话；以动衬静写景	仿写

续表

单元主题	读写结合训练点	课题	写作方法	具体训练内容	训练形式（仿写、补写续写、改写、缩写、扩写）
第八单元：语言的魅力	看漫画，写出自己的想法	22.手指	梳理五官的特点和作用。展开合理想象，把事物当作人来写，把事物当作其他事物来写。围绕中心意思写一段话	仿照《手指》这篇课文的表达特点，从人人的五官中选一个，写一段话	仿写

六年级上册

单元主题	读写结合训练点	课题	写作方法	具体训练内容	训练形式（仿写、补写续写、改写、缩写、扩写）
第一单元：山川湖海	边观察边想象，融入感悟	1.草原	仔细观察，用心感受事物的特点，把真切的感受融入到所描写的事物之中	游览名川大山，玩赏名胜古迹，体验自然的风霜雪雨，请你选择一个观察的片段写下来	仿写
	结合生活，写出思考	2.丁香结	用心观察，发挥想象，写出自己独特的感受	选择自己喜欢的一种植物，进行仔细观察，思考它有什么象征意义，把你的发现描写出来	扩写

续表

单元主题	读写结合训练点	课题	写作方法	具体训练内容	训练形式（仿写、补写续写、扩写、改写、缩写）
第二单元：革命岁月	展开想象，扩写诗句	3. 古诗词三首	根据诗句意思，开合理想象，抓住关键景物展现具体，使画面更加具体生动	每一句诗都是一幅画，任选一首古诗词，说说你"看"到了怎样的画面	扩写
	从物的视角展开奇特的想象	4. 花之歌	把自己想象成一种事物，从物的视角展开联想，表达自己独特的感受	写草的自述：草之歌	仿写
	点面结合，描写场面	6. 狼牙山五壮士	一个场面包含着人、事、景、物等，依序进行具体描写	选取一个熟悉的场面，运用点面结合的写法把场面写具体	仿写
	点面结合，描写场面	7. 开国大典	分清主次，突出重点。抓住场景中的主要人物进行刻画。"点"的描写要灵活运用修辞手法	借助图片，运用点面结合的方法描写国庆礼群众大场面，写出场面的壮大与群众的激动与自豪	仿写
第三单元：阅读策略	通过具体事例分享美好	10. 竹节人	注意选材要新颖，观点要独特，事情的经过要紧扣"让生活更美好"来写	寻找生活中的美好，让你的生活变得更美好了，想一想是什么，简述一两件影响你生活的事的事例	仿写

附录

239

续表

单元主题	读写结合训练点	课题	写作方法	具体训练内容	训练形式（仿写、续写、补写、扩写、改写、缩写）
第四单元：人物小说	学写颁奖词	13. 桥	简要概括一下人物的主要事迹，对人物的精神品质和人格进行概括性的评价，最后评价人物的意义	读完《桥》一文，你一定被文中老汉那种高风亮节、无私无畏、不徇私情、英勇献身的崇高精神深深感动。请你为他写一段颁奖词	改写
	学写心理活动	14. 穷人	通过内心独白这种心理描写，表达人物丰富和复杂的思想感情	沉默中，桑娜会想些什么呢？联系课文内容，写一写桑娜的心理活动	补写
第五单元：立意为宗	围绕中心意思写	16. 夏天里的成长	选取最有代表性、最能表现中心意思的典型事例，选取新颖生动的事例	请以"……的……"为中心意思写一段话。如：秋天的热闹，冬天的印记……	仿写
	学写心理活动	17. 盼	用直接描写，行动表现，语言表现，神态表现，环境衬托来写心理活动	请围绕"颁"字写几句话，写出你的心理活动	仿写

续表

单元主题	读写结合训练点	课题	写作方法	具体训练内容	训练形式（仿写、补写续写、扩写、改写、缩写）
第六单元：保护环境	学习拟写宣传标语	19.只有一个地球	标语要简洁，能引发人们思考，给人警醒	针对书中提到的现象设计一两条保护环境或解决资源的宣传标语	创写
	以情以理发起号召	20.*青山不老	晓之以理，动之以情的事例，能唤醒人们的实践、履行的愿望	学校里新装了方便大家的"直饮水机"。新鲜事物落户到你们学校了。同学们有什么举动呢？你想给大家什么建议呢	创写
第七单元：艺术之美	借助音乐展开想象	23.月光曲	聆听音乐，借助音乐的高低起伏变化，联想到具体的景物，并展开想象	聆听一听自己喜爱的音乐，展开联想和想象，把想到的情景写下来	仿写
第八单元：走近鲁迅	运用场景描写	25.少年闰土	先交代所写人物的年龄和外貌，再写出人物做某事时的动作、神态等，突出人物的特点	照片凝刻了我们生活中的一个个瞬间。从你成长的照片中选一张，仿照第1自然段写一写	仿写
	抓住人物特点写	26.*我的伯父鲁迅先生	在记忆中搜寻一个有鲜明特点的人来写，找准典型事例，在文字中注入人情感	为你最无法忘记、让你感受到美好的那个人，制作一张最值得纪念的名片吧！根据他（她）的特点寻找相关生活、学习、工作痕迹吧	仿写

241

六年级下册

单元主题	读写结合训练点	课题	写作方法	具体训练内容	训练形式（仿写、续写、扩写、缩写、改写、补写）
第一单元：风俗民俗	仿照文章的写法，写家乡的春节	1. 北京的春节	按一定的顺序进行写作，详略得当	你是怎样过春节的，仿照老舍先生的写法，按照时间的顺序，注意详略得当	仿写
	模仿作者写腊八粥受人们喜爱的写法，写一种食物	2. 腊八粥	运用拟人、夸张等修辞手法，写出对食物的喜爱	作者笔下的腊八粥让人垂涎欲滴，仿照课文的第1自然段，写一种你喜爱的食物	仿写
	根据古诗词展开想象，写出脑海中的画面	3. 古诗三首	联想、想象	《十五夜望月》每一行诗句就是一幅画，发挥你的想象，写写你想象中的画面	补写
	模仿课文的写法，介绍自己所搜集到的资料	4. 藏戏	搜集资料，采用多种修辞手法来形象地说明事物	我国还有许多各有特色的剧种呢？根据你搜集到的剧种，选一种进行生动形象的描述	仿写

续表

单元主题	读写结合训练点	课题	写作方法	具体训练内容	训练形式（仿写、朴写续写、扩写、改写、缩写）
第二单元：国外文学名著	掌握文章主要内容，梳理鲁滨逊面对困难解决困难的办法	5.鲁滨逊漂流记	学会梳理解决办法	面对生活和学习中可能遇到的困境，借鉴鲁滨逊迹仿写，尝试宽慰自己	仿写
	了解作者虚实结合的表达方法，并在学习中模仿续写	6.骑鹅旅行记	联想、想象	经过八个月的旅程，尼尔斯一定有许多想对他的旅伴雄鹅或大雁们说。如果你是尼尔斯，在给他们的信中，你会说些什么呢	续写
	把握课文主要内容，了解人物性格特征，模仿写人物性格特征	7.汤姆·索亚历险记	能围绕中心写一段话，突出人物性格特征	你可有从汤姆·索亚的身上发现自己或是你的小伙伴的影子呢?写一写	仿写

243

续表

单元主题	读写结合训练点	课题	写作方法	具体训练内容	训练形式（仿写、补写续写、扩写、改写、缩写）
第三单元：真情表达	选定事物，抓住特点，围绕特点，细致描写，表达感悟	8. 匆匆	抓住校园中的点滴小事写生活感悟	仿照课文第3自然段，用一段话把你在校园的感触写下来	仿写
	围绕一件事，写出自己的真情实感	9. 那个星期天	能够在具体的叙述中，表达自己的内心感受	请你围绕一件事，在具体细致的叙述中，真实自然地表达内心的真情实感	仿写
第四单元：理想与信念	从课文中选一首自己喜欢的古诗词，改写成一篇短文	10. 古诗三首	借景抒情	从本课中选一首自己喜欢的古诗词，改写成一篇短文	扩写

244　　｜走向有魅力的读写课堂——核心素养视域下以读促写案例设计与指导｜

续表

单元主题	读写结合训练点	课题	写作方法	具体训练内容	训练形式（仿写，朴写续写，扩写，改写，缩写）
第五单元：科学精神	按被捕前，被捕时，被捕后，法庭上的叙述顺序，首尾呼应	11. 十六年前的回忆	学习仿写首尾呼应的写作方法	使用首尾呼应的方法，让课文的主题更突出，试写这样的片段	仿写
	围绕中心论点展开论述	12. 为人民服务	学习围绕中心论点，结合具体事例的写作方法	围绕一个观点，通过一些具体事例来表现观点，突出观点	仿写
	选定事物，抓住特点，围绕特点细致描写，表达感悟	14. 文言文二则	运用对比，多角度把感受写下来	写自己"第一次"的经历及之后的感受	改写
	学习运用不同的方法表现，赞美科学精神	15. 真理诞生于一百个问号之后	用具体事例说明一个观点，如业精于勤荒于嬉	仿照课文的写法，用具体事例说明一个观点，如"有志者，事竟成，玩也能玩出名堂"	仿写

附录

245

续表

单元主题	读写结合训练点	课题	写作方法	具体训练内容	训练形式（仿写、朴写续写、扩写、改写、缩写）
	从相关句子中体会人物的形象	16. 表里的生物	用人物描写方法，突出人物形象	按照这一课的写作方法，写一篇文章，能突出人物形象	仿写
	启发学生对小学生活难忘的人、事的记忆	17. 他们那时候多有趣啊	感受对小学生活的深情，学习表达	写自己难忘的老师和同学、难忘的校园生活、难忘的一节课、难忘的一次活动	仿写

三、培训心得

教育部 2018 国培计划中小学一线优秀教师教研员研修项目培训小记

醍醐灌顶，审视自我

培训第一天，我这拥有 26 年教龄的老教师就像个新入学的孩子，认认真真坐在南通师范专科学校精心安排的报告厅里，第一排，真实感受与大师零距离接触的激动与幸福。满满的欣喜，满满的收获，犹如醍醐灌顶，我需要好好审视自我，重新出发。

尽管多次拜读过吴忠豪教授的多篇教育专著文章，见本尊，亲见平易近人的风范，聆听循循善诱的话语，还是难掩无比的激动，笔记满满，生怕错过大师的每一个字。因为"听君一席话，胜读十年书"啊！"夯实一个基础，强化两项实践。""用课文学语文。""强化表达实践是语文学习的重点。"……

下午苏州大学的陈国安教授的"体味文字的魅力——文学文本的细读"同样令人耳目一新。他讲古诗词，讲外国文学，讲当今教材改编，甚至讲一个小小标点。他的朗诵那样动情，信手拈来却振聋发聩。学者独见颇有见地，令人不得不赞。尤其他对读书那样痴迷，家中藏书那样丰富，想必现当今国内没有几位学者能出其右。是的，我也要埋头读书，从现在开始。

情境教育，一生挚爱

得知能有机会亲见情境教育教育家李吉林老先生，难掩心中无比的激动！从学生时代起，就无数次学习她的情境教学法，无数次想象她的风采、话语，今天终得亲见，何其有幸！

老太太颇有风采，82 岁高龄却耳不聋眼不花，平易近人侃侃而谈从善如流。她从大家起立鼓掌中谈情感切入情境教育，谈她年近四十岁开始教学改革，谈她天不亮骑自行车去郊外"踩点"观日出，谈她在资源有限的情况下悉心揣摩《文心雕龙》，谈她连上5节公开课给远道而来的老师们……更难能可贵的是，她只字不提她的辉煌、她的众多熠熠生辉的奖项，却实实在在地和盘托出她近几年的新思考。从情境教学到情境教育，她把目光投向更广阔的空间，造福一代代孩子快乐而高效地学习……改革教育的大家，只是谦虚地说自己是改革大潮中的弄潮儿。

正如李吉林老师所言，她心无旁骛，眼里心里只有儿童，她永不退休，和孩子在一起，她童心永葆。我们成为不了大师，但可以一样与她同行，在境中学，择美构境，境美生情，以情启智，学、思、行、冶的儿童情境学习。让我们都做一名幸福的、永葆童心的小学语文老师。

我坚定了走情境作文的路

何其有幸！聆听了教育家李吉林先生的大弟子，著名的特级教师施建平的小学情境作文教学讲座！如获至宝！

施老师对情境教育有极其完整的认识。从他平实的描述与信手拈来的种种灵动的作文教学案例中，我们深深感受到，自20世纪80年代起就孜孜不倦地跟从李吉林老师做情境教学研究，他也为情境教育思想做了毕生的探索与贡献。在情境作文教学领域，他孜孜不倦地，多方式多方法系统地设计作文的方式与内容，使得作文不再是学生的负担而受到孩子的喜爱。这何尝不是一位语文老师最大的幸福！

"真实是作文的生命，情感是作文的灵魂。"这也引起了我，一位平凡的一线语文老师的强烈共鸣！回想起我上作文指导《记一次体验》也绞尽脑汁费尽心力，为了模拟一次盲童体验，我布置相关的场景，组合各种声响、环境，给全班孩子们准备眼罩甚至拐杖……做了诸多准备，最终课堂收效良好，我是多么满足啊！今天听君一席话，胜读十年书。我更加明确了自己的探索之路。今后我要更多地关注施建平老师，积学炼识，快意行吟！

得语文者得天下，得作文者得语文。倾听施建平老师最平实的话语，我更加坚定了走情境作文的路。我愿意更加用心地围绕着儿童的生活，让作文成为孩子们喜爱的功课而不是负担。

绿阴不减来时路，添得黄鹂四五声
——卢永霞小学语文名师工作室2022年暑期研修心得

提笔写下轻松愉快的曾几《三衢道中》诗句，是因为自己在学习之路上行走，幸运地得到更多的生机与意趣，欣喜而感恩。这次的暑期研修是一场学习盛宴，一场精神大餐。8场专家讲座，4节精彩课例，2场即兴研讨，我们全神贯注聆听笔记，我们恍然大悟频频感动，我们乐在其中不知疲倦，我们心满意足满载而归。

回忆满满，采撷一二。

其一，欣赏永霞老师的专题讲座《新课程标准指导下的教学方式变革——以语文学科为例》，引领性强，落到实处。

永霞老师的讲座首当其冲，字字珠玑，特别富有正能量。她讲到"立德树人""培根铸魂"的人才培养目标之"有理想有本领有担当"，讲到"积极向上有目标，服务社会有贡献，承担责任有……"语音清亮沁人心脾，其浩然正气感染在座的每一位倾听者。她讲到教学评价，条理清晰，深入浅出。如讲到"改进结果评价，强化过程性评价，探索增值评价"时，不仅强调在日常教学中嵌入过程性评价实现教学评价常态化互动，更提及"重建纸笔考试的试题"，无应用情境就无知识测试。考点必须"生长"在产生知识或者应用知识的"土壤"之中，大家豁然开朗频频点头，真正明白了"核心素养只有在复杂情境中才能体现"。

她的现场互动，灵气又利落，语言极其幽默。"全世界把酱油做到极致的又是哪一个国家？"问得特别有生活气息。"整本书阅读是'责任田'，不再是可有可无的'自留地'啦！"大家露出会心一笑。从"育人目标"

到"课程目标"再到"教学目标",即是从"想得到的美丽"到"看得到的风景"再到"走得到的景点"。她的引经据典,提及王荣生教授所言"所谓阅读能力,就是在阅读中看出点什么,尤其是看出点不同……"

在实施建议部分,永霞老师提及五点——"教材内容组织结构化""创设生活化的学习情境""设计关联性学习任务""制定过程化的评价标准""呈现可视化的学习成果"等。这五点实施建议都将理论结合实例,剖析得分条析理。如她提及"创设生活化的情境"的实例举隅《两小儿辩日》,从"咏文"到"思义"再到"悟法"最后"用法",再次提示我们,把课文作为学习资源来用。她提示我们,回到知识的情境,知识才是有用的;回到写作的情境,写作才是有意义的。

"怕什么真理无穷,进一寸有一寸的欢喜(胡适)"这句共勉的话,实实在在地鼓励着在场每一位课标研习的教师。此外,永霞老师宽严相济、智慧有爱的素养与品质也时时深深地感染大家。

其二,感悟于江苏省张忠诚老师《基于学习任务群的自然单元整体教学的设计与实施》专题讲座,他山之石可以攻玉。

为什么要进行单元整体教学?这是许多老师还不甚明确的好问题。在单元统整的情境、活动中,在整体推进过程中,学生能够找到自己,能够成就自己,发展自己。学生个性能得到生长,真正实现语文课程的育人功能。单元整体教学的三种基本形态是什么?基于教材自然单元的整体教学,基于学习任务群理念下的教材自然单元整体教学的内容统整,以及指向学生真实需求的单元设计。哦,这么娓娓道来,我们清清楚楚地听得透彻明了。

接下来张忠诚老师引导我们去分析教材的四套系统——课文系统、助读系统、练习系统、知识系统,其中心的目的是要找焦点做判断。我们要看到这四套系统聚焦在哪些问题上,进而由它们的焦点出发,去判断教材编写者的设置意图,去思考这个单元,教材编写者赋予它的教学价值,以及我们根据这种教学价值提取出来的教学目标。是啊,新课程标准来了,语文老师还是要踏踏实实读教材、教参，解读单元语文要素，让语文要素与单元导语建立联系。

最后，张老师如数家珍地介绍了他一贯以来的习作教学研究。向读学写，一直是我自己特别喜欢研究的方向。的确是呀，看那些篇童真童趣的习作《小鸡喝酒》《捉老鼠》当真是有意思极了，特别有感触的我不禁在网络上搜索了他的相关讲座《小学习作教学的基础、习作的核心要素以及教学策略》，的确颇为受益，还得慢慢消化。

其三，震撼于青年教师庄婷霞的《任务群引领下，整本书阅读教学》，潜心阅读与潜心教学的典范。

正如燕琼老师感言，"文言文整本书阅读多难啃，何况引导学生们读得那么扎实、深入、卓越，这都是阿庄本身的学识、眼界、情怀和胸怀造就的，真让人敬佩"！是的，新课程标准四个核心素养，"文化自信"首当其冲，阅读中华经典著作将越来越受到重视。婷霞老师思考的是："小古文阅读，主要是解决释义，以应对考试吗？"她为学生想得长远，"碎片化阅读导致人们获取的知识只鳞片甲，认知较为片面，甚至因此形成错误的概念，并且难以构建起有深度的知识体系，由于阅读的难度较低，也造成能力难以提升。""整本书阅读一般难度要高于单篇短章的阅读，相应的，它对学生各项阅读素养的要求也比较高，而且有利于学生构建起较为全面，或是更有深度的知识体系，不易遗忘。""整本书阅读还利于磨炼学生阅读的意志力，以其丰富的思想内涵对学生产生深远的影响。"

有爱心也有行动力的她，采取的有效策略是先挑选若干突出的人物，再精心拣择相关短章，再设计学习主题。读懂了这些短章，了解了相关人物，学生就从整体上把握了整本书的框架与内容。她的内容重构，她强化学生"我要学"的意识，她领悟到整本书阅读教学，要注重从学习者的角度出发和设计，她分享学生仿写佳作，组织写人物评论文、辩论、制作"腰封"等活动，用心良苦也颇具匠心。

庄婷霞老师还非常年轻，她的课例与讲座也许仍需打磨一二，但她的阅读力与对学生的爱,非常触动我。今后的教学实践中,如何再自我努力一些,扎扎实实为学生多筹谋一些。

此外,有诸多的专家讲座,精彩纷呈,还来不及回味与内化学习。来自连江的陈济贤校长的《新课程标准对小学语文教学的启示》专题讲座,讲到未来"教案"将蜕变为"学案",厦门肖俊宇老师《真实情境与表达交流》指导大家如何从"表层文字"中挖掘"思维训练点",发展学生的思维能力。省教院朱姝老师讲座《学习任务群之"整本书阅读"的设计与实施》,等等,无一不给我们带来耳目一新的见解,留下思考与研学的方向……

"知之愈明,则行之愈笃。"夏夜西湖之畔的大梦书屋,"研课标,促成长,共话教育新样态"为主题的研修汇报,我们字字肺腑而又轻松风趣。正如永霞老师所言"走在一起,是缘分,一起在走,是幸福……"这絮叨的研修小记,一起纪念这次温馨而有力量的研修活动,一起感恩这温馨而有力量的研修团队。

汲取·思考·成长
——卢永霞小学语文名师工作室2023年暑期研修心得

加入省教育学院卢永霞名师工作室以来,我就一直满怀欣喜与感恩。每一次的研修都是干货满满,每一次的聚会总是身心愉悦。值得期待的2023年暑期研修又是一场学习盛宴、一场精神大餐。为期六天的研修活动,聚焦新课程标准,共研新课堂,既有理论高度且接地气的专家讲座,又有精彩纷呈且各具特色的公开课,还有积极投入的现场课例研讨,形式多样、内容丰富。这次研训活动带给我们无尽的收获与欢喜,助力我们在研修的道路上不断思考与成长。

一、数场专题讲座,引领性强,落到实处

龙岩学院姜燕琴教授的讲座《发展教师情感智商,建立教育良好关系》，为大家带来超级实用的"情绪疏导六步骤"，讲座互动感十足，大家在现场操作不亦乐乎笑声不断。我们在感受姜教授诙谐率真的风格之时，不禁暗暗感动于永霞老师的编排，如此关注教师团队的心理健康建设。

工作室领衔人卢永霞老师精彩开讲啦！她带来的《新课程标准背景下单元整体教学备课思路》，堪称理论结合实际的典范。讲座无论是对单元整体教学的精辟解读，还是案例分享，都精辟入里，妙语如珠。课标究竟如何落地，一线教师该如何努力？卢老师的"路虽远，行则将至，事虽难，做则必成"给予我们满满的信心与能量。

来自三明的刘友乾校长是位颇有造诣的书法家，汉字有怎样的文化价值，如何进行汉字审美教学，书法艺术如何鉴赏，他的《写字教育的审美理念与实践》娓娓道来，讲座风格与书法造诣同样富有魅力。

省教育学院张静副教授的讲座《小学语文学习任务群中的整合与实施策略》，以丰厚的理论内涵为我们诠释单篇教学、单元教学与学习任务群教学的关系。"倡导语文学习任务群并不是否定单篇教学的价值，语文学习任务群的真正意义在于给予我们一种语文课程的整体观照意识。"这样的理念，给大家留下深深的思考。

莆田的吴素琴老师带来《整体观照，发现至上，运用为要——统编教材"词句段运用"栏目教学探析》，古田县陈巧新老师带来《整本书阅读学习任务群教学的实践与思考》。两场讲座皆让大家眼前一亮，因为她们所关注的"词句段运用教学"与"整本书阅读教学"既精彩又务实，实践性非常强，有着特别接地气的可借鉴之处。

在习作教学领域，龙岩卢晓荣老师的《中年级习作教学的困境与突围》与闽侯包丽星校长的《学习任务群理念下习作教学的构建与实施》，从不同角度分享了她们的实践研究成果，提出了独到的见解与建议。讲座中阐述关于"写清楚"的三个要义特别令人信服，关于"实用性阅读与交流""跨学科学习"这两大任务群下的习作教学颇有见地。

安溪林秋田校长的《"双减"背景下小学语文课堂提质增效的策略》，

与罗源余向阳老师的《指向语文核心素养的情境化试题命制》同样引人注目。"双减"政策下课堂如何提质增效、情境化试题如何命制,可都是咱们一线教师的"刚需"呀。试题命制就是特殊的作业设计,是教师应具备的教学能力之一。教师要让学生在真实的语言运用情境中完成语言文字运用任务,并形成语言文字运用能力。

二、多节精彩课例,他山之石可以攻玉

在聆听专家的理论指引后,我们认真观摩了两节阅读教学课例——五年级下册《跳水》和五年级上册《"精彩极了"和"糟糕透了"》,两节整本书阅读指导课例——三年级下册《中国古代寓言》启动课和五年级下册《西游记》推进课,两节习作指导课例——二年级上册《看图写话》和六年级上册习作《变形计》。这些课例精彩纷呈,各具风采。如《跳水》,教师着眼单元整体提炼主问题,也聚焦这一篇的独特之处设置任务情境:"大家来参加思维挑战赛,看看谁最具思维高手的潜质。""孩子站在桅杆顶端的横木上摇摇晃晃,谁是本次意外事件的主要责任人呢?"学生在开放的情境里,在前后关联中,揣摩文本的表达,在复盘思维过程中逐渐成为有自信、有能力、有思想、自主的学习者。教师匠心独运,聚焦船长临危的反应,借孩子的视角来展开对话,以语用为主线来促进学生对小说关键情节的理解,来赏析船长的"逆向思维"及"破局思维"。这样的课堂学有所得,必然出彩。我们一线教师常常感到困扰的问题——如何处理单元学习任务与独立的文本解读之间的关系,在这里似乎有了答案。教学中应注意多元关联,少教孤零零的知识;强化思辨意识,警惕机械与盲从;注重整合,以避免零碎与肢解,在单篇教学基础上关联整合。新课程标准背景下的教学也就与时俱进了。

观课之后,同伴们分别围绕"任务群视域下的阅读教学""任务群视域下的整本书阅读""任务群视域下的习作教学"等主题进行小组讨论及现场汇报。敢于不断磨炼自己课堂评价的能力,这也是语文老师的专业发展。我们的共同感受是,一堂好课的起点应该是"文本、师本、生本",实施路径是"活动",目标是"语文核心素养"。好课来源于一双好耳朵,借助声音倾听孩子不同的见解。好课来源于一双好眼睛,借助眼神捕捉孩子内心的波澜。听话听音,看孩子是否充满自信;听言听义,看同伴是否彼此欣赏。老师一个眼神的鼓励,一个手势的点化,不经意就生成神奇的交互力。大家特别有感触的是,在"大单元"极其"盛行"的当下,单篇文本还能扎扎实实地上好,真棒。毕竟,大单元教学要对接真实的课堂教学,需要突破认识上的一系列束缚,给一线教师适当的探索空间,否则将很难对接真实的课堂教学。由此,我特别赞成永霞老师的"单元整体教学""整体观照"的思想理念。

三、伙伴亦师亦友,志同道合携手共进

"学而不思则罔,思而不学则殆"。才情兼备的主持人永霞老师,她的缜密思维和完美的控场能力,令人赞赏。她妙语如珠,常令大家有醍醐灌顶、豁然开朗之感。永霞老师组织培训,邀请或推荐的讲课专家,一定是她熟悉的、了解的、认同的,确认培训主题和内容是适合受训教师的。各位专家讲座培训中分享的观点、选择的案例,以及在中间穿插故事活跃气氛,编排相关环节组织交流互动,事前需要教师做什么准备等,她都心中有数。因此,作为研修的受益者,我们也不禁叩问自己:在平时的教育教学中,如何能像她那样,总是给予学生最好的编排与指导?

六天的研修活动中,工作室的同伴们互相交流沟通探讨,大方分享收获与快乐。上课的专注,课间的打趣,梦山书屋里谈论的《吃六顿晚餐的猫》,永霞老师为大家准备的水果……时常有小感动、小惊喜。每一个人心里都是暖暖的、轻松的。这样的研修甚至比外出旅行更快乐呢。

纸上得来终觉浅,绝知此事要躬行。优秀的学习同伴,令我惭愧地想起自己平日里大量的随机的、偶然的、碎片式的阅读,特别欠缺的就是专业阅读。那基于完美模型的阅读,强调通过一定的路径与方法,构筑具有丰赡的知识结构的专业头脑。我不由得联想到卢老师的"一间有营养的咖啡屋"。她总是不遗余力地牵引着大家，助力我们不断前行。因此，我认认真真告诉自己，榜样就在身边哦，别掉队。虽然我已不再年轻，但在新课改的大道上仍必须不断汲取，思考，成长。

四、随笔

山　行

我注定是要走山路的了。

不是不留恋家的温馨，不是不依赖母亲的臂弯，只是深知，在人生旅途上，有许多全新的环境等待着我们去适应，有许多风景等着我们去认识，有许多歌声等待我们去吟唱。

白雪似的云絮把那山轻轻拢在怀里，云隙里隐约可见的山尖似乎要冲破天穹。走出儿时的童话，走进青年的瑰梦，我的世界将有一片广袤的天空。山路蜿蜒，给背着沉甸甸行囊的我独享一份美景。生命亦是路，伸延我的快乐与希望。

已经有泪水洒在山路上了，已经有梦想在山林里滋长了。我的信念与爱，开始在山野里花朵般绽放……

起初只闻路边小草们的耳语，偶尔两声鸟儿展翅的声响，继而看到孩童骑着牛儿吹着草哨儿，抑或大声大声地吟唱："锄禾日当午，汗滴禾下土……"再后来看到了小桥流水，疏疏爽爽几座农舍安详依偎于青山绿水之间。

路边群伙的孩童，坐成久候的姿势，老远就用目光迎着我，上下打量。也许是猛然认出了我一定是他们所等的人，马上欣喜得野鸽子般欢呼雀跃，个个争着用泥尘小手上前来拎箱夺包。他们打赤脚走得飞快，时而又回顾落在后面的我。

心底长吁：好在我的心从不曾远离这一方土。

今后的岁月里，我将在这方土地上农夫般地辛勤耕耘，将无怨无悔酝酿自己的神韵和风采，不弃不舍地创造自己的绚丽和烂漫，不卑不亢用一生的青春和热血，亮出令自己怦然心动的色彩。在这里我会遇上春花、秋叶，也许还有骤雨，抑或莽莽雪野，但我义无反顾。

放下行囊，蓦然回首，来时路早已隐没黛色群山之间。"路漫漫其修远兮，吾将上下而求索。"也许，岁月将我归家的路途越拉越远，也许……

而此山行，无悔。

（1994年10月21日发表于《闽北日报》948期）

走进九月

九月，迈着轻盈的脚步，悄悄地来到了人间。一首民歌与鱼米的芳香，从小村升起。梦中那条蔚蓝的河流，在人们的心脉中有力地搏动。

九月的朝阳从草尖上一点点升起来。越过丛林，穿过树梢，薄雾中她柔和地抚摸着丰蕴的大地。苍山壮美，湖水温柔，在宁静而明丽的晨曦里，更加坦荡无私地润泽乡野自然。

九月，已近秋天，正是一年之中优美的时光。青果对于金黄的憧憬不再遥远。而山村小学校里，是一派生机盎然，新意如春。绿篱边，墨菊已初具神韵，山茶花也悄悄蕴蓄蓓蕾，枫树的脸却红了，哦，许是嫉妒着在校园里晨读的朝气蓬勃的孩童吧！那琅琅书声听来如园中飘着的栀子花的香味一般，沁人心脾……

沿着微留着竹笤帚条痕的小径，走进简陋的教室。轻轻执起的教鞭，在黑板上随孩童清澈的视线指点着，比画着。让清纯的心灵之路，滋润泥屋的童稚，亮堂一双双纯真的明眸。

"叮铃铃……"课间小广播欢快地忙碌起来了。一曲《快乐的节日》清亮亮地唱响，在小操场上喜洋洋地回荡。间或还有"播音搭档"们为找唱片在喇叭里轻轻地争执。空气里灌满了他们脆铃一般的笑声。心境便在一片橙黄的乐流中滑翔出去，和纯如蓝天的童心融成一处。

我知道走进九月，没有春花的炫耀，却有秋实的奉献。那弯弯的长春藤，把根深深地扎入山区的沃野，脉管里流淌着质朴的爱和执着，枝叶上回响着阳光的赤诚和金色的希望。她结满孩童的彩裙和发结，捧托着孩童的稚嫩和欢乐，载起安徒生童话和白天鹅的舞姿。她们微笑着，让一粒粒青涩的幼果，变成山乡绚丽的风景线，变成山乡腾飞的故事……

（1996年9月26日发表于《闽北日报》280期）

母亲，您是我最爱的一本书
——写给母亲的一封信

亲爱的母亲：

　　展信佳！

　　窗外清风徐来，露台上四季桂的芬芳沁人心脾，宛如您身上一贯的淡淡幽香。在这春风沉醉的夜晚，一向在这个点儿翻阅杂志的我，竟然无端地、迫切地合上书本，想着提笔与您写封久违的信，诉说女儿心中珍藏已久的那份情愫。

　　在现如今的微信 QQ 时代，似乎已经许久没有谁愿意提笔书信了吧？但我却极其怀念从前的水墨书写慢时光，怀念骑自行车去邮局寄信的日子。且提起笔来，铺开信笺，让心底里的思绪静静流淌，让我心中的那份牵挂与问候，飞向您日渐苍老的双眸，扑进您依然温暖有力的胸膛。

　　母亲，您是我最爱的一本书，最是书香能致远。案前一册微黄的书卷，是许多年以前你赠与我的贾兰坡的《悠长的岁月》。真是岁月悠悠啊，曾记儿时，您总爱想尽办法带着我细细读书。在那课外书还非常匮乏的二十世纪七八十年代的闽北山村，漫长的寒夜，橘黄的灯光下，我跟着您捧读《隋唐演义》《红楼梦》，读《子夜》《红岩》，读《东方少年》《大众电影》，读《福建教育》《班主任语录》……我总是爱听你的循循善诱，也爱书中的娓娓动听。领略文学之魅力，聆听历史之脉搏，仰望思想之天空，咀嚼人生之甘苦。睿智的您点亮了我生命中那一盏心灯。那些记忆中的所有的书册上的每一个标点，贪婪的我都不容许自己错过。那或厚实或薄薄的书册里，文字散发的美，语言产生的能量，无一不引领我踏踏实实一路向前，且行且歌，憧憬着雀跃奔向属于我的人生。

母亲，您是我最爱的一本书，静默敦厚，倾囊相授。扎根闽北农村三十余载，您早已把自己的青春与热情无私奉献给乡村教育。最初的记忆中牙牙学语的我，多想扑向您的温暖怀抱呀。而你总是狠狠心推开我，把我塞进竹筐里："乖娃，你坐一边自己玩，妈的课还没上完呢。"那是一个极其偏僻的自然村，母亲一个人一座学校，自己是校长，自己是后勤，上午化身为语文老师数学老师，下午就教起音乐美术与体育课，使尽浑身解数，忙得像个陀螺。课后她还利索地背起我，去村里这个最捣蛋的娃家里聊一聊，或者是到那个爹妈早就说想让娃弃学去山坡放牛的家里唠唠。有时候村民家里热情挽留吃饭，您总是不肯，只偶尔接过人家自制的酸枣糕地瓜干啥的，递给饥肠辘辘的我。那又酸又涩又甜的滋味，至今不忘。天色将晚，您深一脚浅一脚地背着我回去，逗着我读"不要人夸好颜色，只留清气满乾坤"，或者是"飞流直下三千尺，疑是银河落九天"。"妈，什么是乾坤？""乾坤在这里啊。"您眨眨眼指指竹篮里的书。"妈，银河在哪里？哦，是不是就在路旁这条瀑布的最顶上面？""哈哈，也许就是呢！"就这样一路洒落笑语，洗尽一身疲惫。多少年过去，当初的书本上《吃水不忘挖井人》的课文插图还历历在目，泛黄的页面印在了多少你引领下走出大山的学子的心里啊！

母亲，您是我最爱的一本书。宛若最亲密的精神伴侣。桃李不言下自成蹊。在您的言传身教下，我选择了您的选择。犹记得毕业分配到山村去，你不断与我通信嘱我"慎独"，不断寄去我喜欢的书籍。归家时，你静静听我数落班级琐事，成为我的"忘忧草"与"解语花"。而今，我也将走过教书育人的第三十个年头，当我获评省级优秀班主任，您的眼里满是欢喜，比自己获奖还要乐乎。当我在省电视台"空中课堂"里上课，您比看春晚还要积极响应，呼朋唤友，一个个电话打过去，大姨二舅全招揽了来守着电视。你戴起老花镜，生怕错过每一个细节，甚至与我探讨当下的教材教法。那一刻，你精神焕发俨然就是我在教育教研岗位上并肩伙伴。

哦，母亲！在岁月侵蚀你日渐浑浊的眼眸里，也许忽闪过你当初为山里的娃娃因陋就简，别出心裁排练出《歌唱二小放牛郎》啊《小兵张嘎》啊，也许追忆起你喜欢带头唱一句"牛儿还在山坡吃草……"所以我能理解你总是爱看抗日神剧，那是您这一代人的情怀吧。那时多年轻啊，一转眼就像几辈子之前的事情了。很多时候，生命中充满了隐喻，把自己也要变成书中人了。就算是热爱读书，也难免边读边忘，返回去再看一遍，好像从来未曾相见。

哦，母亲，我深深知道，当沉思昏睡时，你一定还会回忆起自己走过的无怨无悔的时光。

"书卷多情似故人，晨昏忧乐每相亲。"我深深知道，母亲与书，都滋润了我的生命。给予我人生有力的支撑。母亲，是我永远珍藏心间的书本。细细品读，一生珍藏。

爱您的女儿
4月28日夜

（本文获 2022 年 6 月福建师范大学工会委员会"玫瑰书香"读书活动一等奖）

参考文献

一、著作类

[1] 刘荣华. 小学语文思辨性阅读问题设计与指导［M］. 上海：上海教育出版社，2022.

[2] 林珊. 小学语文"课韵"教学思想研究［M］. 长春：东北师范大学出版社，2022.

[3] 石修银. 批评与重构［M］. 福州：海峡文艺出版社，2022.

[4] 何捷. 备课一线［M］. 武汉：长江文艺出版社，2021.

[5] 吴欣歆. 培养真正的阅读者——整本书阅读之理论基础［M］. 上海：上海教育出版社，2019.

[6] 郭晓莹. 打造儿童阅读课堂［M］. 福州：福建少年儿童出版社，2018.

[7] 李吉林. 激情萌发智慧——李吉林情境教育论文选［M］. 北京：教育科学出版社，2016.

[8] 叶圣陶. 叶圣陶语文教育论集［M］. 北京：教育科学出版社，2015.

[9] 黄国才. 语文课——用心做语文的事［M］. 福州：福建教育出版社，2015.

[10] 管建刚. 跟着管老师教作文［M］. 福州：福建教育出版社，2014.

［11］卫灿金. 语文思维培育学［M］. 北京：语文出版社，1999.

［12］章熊. 中国当代写作与阅读测试［M］. 成都：四川教育出版社，1995.

［13］程端礼. 程氏家塾读书分年日程［M］. 合肥：黄山书社，1992.

二、期刊类

［1］李丽华. 我国传统语文读写结合演变与反思［J］. 河北师范大学学报（教育科学版），2023（11）.

［2］张玲玲. 思维导图：提升学生习作思维品质［J］. 七彩语文，2023（12）.

［3］林瑜. 在阅读理解中渗透逻辑思维训练——以跳水为例［J］. 福建教育，2023（8）.

［4］裴利军. 以读促写融入小学作文教学策略［J］. 天津教育，2023（7）.

［5］郭学锐. 对"真实情境"的概念理解、特征分析与路径创设［J］. 中国基础教育，2023（6）.

［6］余文森，龙安邦. 以问题为导引：指向核心素养的课堂教学过程［J］. 天津师范大学学报，2023（4）.

［7］余虹，邹玲琦. 正—反—合：语文教学中的辩证思维训练［J］. 语文建设，2023（4）.

［8］卢西芳. 基于思辨能力培养的中华智慧故事教学探索［J］. 语文建设，2023（4）.

［9］费勤. 小学语文"以本为范，以读促写"教学法探究［J］. 中华活页文选（教师版），2023（4）.

［10］黄娟. 新时代背景下小学语文教师如何进行以读促写［J］. 安徽教育科研，2023（4）.

［11］陆香. 在思辨性阅读中实现小学语文深度学习［J］. 小学语文教与学，2023（1）.

［12］张宁. 阅读冲突的建立与渐隐：提升学生思维能力［J］. 语文建设，2023（1）.

［13］林润生. 基于单元整体　落实以读促写——以统编版小学语文六年级上册第四单元为例［J］. 教师，2022（8）.

［14］张群秀. 导读写结合点，探读写结合路［J］. 中小学写作教学，2022（1）.

［15］张海联. 在分与合中发挥教材的读写范例功能［J］. 语文建设，2022（1）.

［16］黄淑梅. 多维度拓展，以读促写提升语文素养——小学语文高年级读写一体化例谈［J］. 福建教育学报，2021（11）.

［17］谢慧云. 统编教材习作例文的内涵及教学策略［J］. 语文建设，2021（10）.

［18］魏存兴. 以读促写，读写结合——初中语文课堂阅读与写作有效融合策略分析［J］. 文理导航，2021（7）.

［19］吴忠豪. 统编教材高年段语文要素解读［J］. 语文建设，2021（7）.

［20］王灿明. 情境：意涵、特征与建构——李吉林的情境观探析［J］. 教育研究，2020（9）.

［21］黄淑梅. 关注情景交融，引导向读学写——六年级语文下册《那个星期天》教学策略探析［J］. 福建基础教育研究，2020（9）.

［22］庄燕红. 核心素养背景下初中阅读写作一体化的实践与思考［J］. 语文教学通讯，2020（9）.

［23］黄志锋. 立足文本拓展阅读［J］. 华夏教师，2020（4）.

［24］张小康. 初中语文以读促写、读写结合教学模式的运用［J］. 新课程研究，2020（3）.

［25］陈燕菊. 读写结合让语文课堂更精彩［J］. 教育，2020（2）.

［26］辛桐.《文心雕龙·物色》篇"情景交融"说新探［J］. 齐鲁师

范学院学报,2019 (12).

[27] 张志娟. 读写结合　以读促写 [J]. 华夏教师,2019 (12).

[28] 王荣生. 语文课程的层级单位、疆界、维度及古今问题 [J]. 全球教育展望,2019 (10).

[29] 瞿海溶. 以读促写,以写促读 [J]. 甘肃教育,2019 (7).

[30] 王荣生. 写作课堂教学：现状与出路 [J]. 中学语文教学参考,2019 (1—2).

[31] 温儒敏. "部编本"语文教材的编写理念、特色与使用建议 [J]. 课程·教材·教法,2016 (11).

[32] 黄淑梅. 小学语文综合性学习资源开发与利用——以综合性活动"水果餐与语文餐"为例 [J]. 福建教育学报,2015 (12).

[33] 胡艳华. 关于小学语文综合性学习主题选择之感悟 [J]. 课外语文,2015 (2).

[34] 赵顶. 如何利用小学语文综合性学习资源 [J]. 学科教育,2015 (1).

[35] 常笑梅. 小学语文综合性学习初探 [J]. 学科教学探索,2014 (17).

[36] 黄淑梅. 中年级阅读教学与口语交际同构共生探究 [J]. 福建教育学报,2014 (11).

[37] 黄淑梅. 让习作与绘画同构共生——我的"作文如画画"教学尝试 [J]. 小学教学研究,2013 (4).

[38] 潘新和. 语文教学的新范式：写作本位——走向以写促读,以写代读,写读互动 [J]. 语文教学通讯,2011 (9).

三、标准类

[1] 中华人民共和国教育部. 义务教育语文课程标准（2022 年版）[S]. 北京：北京师范大学出版社,2022.